고재수 교수 기념세미나 자료집
고재수 교수의 생애와 신학

목차

편집자 서문 · 4

1부_____ 제1회 고재수 교수 기념 신학강좌

강연 1 고재수의 생애 · 10
강연 2 고재수의 신학과 고신교회 · 18
강연 3 고재수 교수의 가르침과 우리의 나아갈 방향 · 70
강연 4 고재수의 한국 생활과 사역 · 103
강연 5 동료로서 본 고재수의 고려신학대학원 교수 사역 · 113
강연 6 고재수의 삶과 고신교회 · 132

2부_____ 제2회 고재수 교수 기념 신학강좌

강연 1 고재수 교수와 '구속사적 설교' · 152
강연 2 구속사적 설교에 대한 신학적 회고와 전망' · 184

3부 　　고재수 교수의 미발간 설교

1. 야곱의 씨름(창 32:22~32)· **264**

2. 요셉과 함께하신 하나님(창 39:7~23)· **244**

3. 구원의 은혜에 감사하자(왕하 7:1~20)· **254**

4. 느부갓네살 왕의 순종(단 4:28~37)· **266**

5. 목자 없는 양(고별설교)(마 9:36~38)· **274**

6. 항상 기도하라(눅 18:1~8)· **287**

7. 예수 그리스도 자신은 생수를 주시는 분이다(요 7:37~39)· **297**

8. 성령님이 무엇을 하러 오셨는가(행 2:22~32)· **307**

9. 강복선언(축도)의 바른 이해(고후 13:13)· **315**

10. 교회 성장(엡 4:11~14)· **325**

4부 　　부록

영문 강의안 1 General Life · **334**

영문 강의안 4 Life Niek Korea · **345**

영문 강의안 5 A Colleague's Perspective on Dr. N. H. Gootjes' Service as a Professor at Korea Theological Seminary · **359**

화보 제1회 신학강좌 이모저모 · 386

편집자 서문

그는 말씀의 사람으로 우리 곁에 머물렀다

1952년 신사참배 반대로 옥에 갇힌 신앙의 선배들이 무릎 꿇고 드린 기도 속에서 고신교회가 태어났습니다. 그들의 첫 기도는 자신들의 억울함이 아니라 한국 장로교회의 회개와 회복이었습니다. 그 기도의 눈물이 한 교회의 탄생을 이루었고, 그 위에 세워진 교회는 언제나 '말씀으로 개혁되는 교회'(Ecclesia reformata semper reformanda secundum Verbum Dei)를 사모했습니다.

그로부터 30년 뒤, 하나님께서는 고신교회에 한 사람의 말씀 사역자를 선물로 주셨습니다. 1980년, 네덜란드 개혁교회(해방)의 신학자 고재수(Nicolaas H. Gootjes) 교수는 고려신학대학원의 부름을 받아 부산에 도착했습니다. 그는 낯선 언어와 문화 속에서도 오직 말씀을 해석하고, 말씀을 전하는 일을 자신의 소명으로 삼았습니다. 그가 남긴 10년의 발자취는 고신교회 강단의 뿌리를 더욱 견고하게 만들었고, 이후 캐나다 해밀턴의 개혁교회신학교로 부름받아 또 다른 세대의 설교자들을 세웠습니다. 2023년 8월, 하나님께서 그를 영원한 안식의 나라로 부르셨지만 그의 신앙과 신학, 그리고 말씀의 흔적은 여전히 우리 안에 살아 있습니다.

지난해(2024년 10월 29일) 우리는 고재수 교수의 삶과 신학, 그리고 고신교회에서의 사역을 전반적으로 조명하는 첫 번째 신학강좌를 열었습니다. 고서희(디니) 사모가 '고재수의 생애와 한국 사역'을, 유해무 교수가 '고재수의 신학과 고신교회'를, 최승락 교수가 '그의 삶과 신학을 고신교회가 어떻게 계승할 것인가'를, 박도호 교수가 '동료로서 본 교수 사역'을, 권수경 목사가 '고재수의 삶과 고신교회'를 주제로 발표했습니다.

올해(2025년 11월 24일) 우리는 제2회 신학강좌를 통해 그의 학문과 목회적 중심 주제였던 '구속사적 설교'를 다시금 조명하려 합니다. 신득일 교수가 '고재수와 구속사적 설교'를, 김재윤 교수가 '구속사적 설교의 역사와 과제'를 발표하며, 고재수 교수가 우리 강단과 신학에 남긴 유산을 되새깁니다.

우리가 그의 삶을 기념하는 이유는 인간 고재수를 높이려는 데 있지 않습니다. 하나님께서 고신교회에 '말씀으로 교회를 세우는 신학자'를 선물로 주셨기 때문입니다. 고재수 교수는 학문으로서의 신학을 가르쳤지만 언제나 그 중심에는 설교와 예배, 말씀의 봉사가 있었습니다. 그의 강의실에서 신학은 예배로 이어졌고, 교리의 탐구는 말씀 선포로 연결됐습니다. 그것이 바로 그가 남긴 참된 개혁신학의 정신입니다.

교회는 예수 그리스도의 명령대로 말씀과 성례로 세워져야 합니다(마 28:19~20). 구속사적 설교는 교회의 전 시대와 모든 지역에서 이어져 온 복음 선포의 본질이며, 이는 결코 특정 시대의 유행이 아닙니다(요 5:39, 히 1:1~2, 딤후 3:15~17). 우리 고신교회 강단이 다시 이 복음의 중심으로 돌아올 때, 말씀의 흥왕이 회복될 것입니다.

이 책은 제1, 2회 신학강좌의 내용을 중심으로, 고재수 교수의 생애와 신학, 그리고 그의 미발간 설교문을 함께 엮은 것입니다. 제1회 강좌에서는 그의 삶과 신학을 전반적으로 조명하였고, 제2회 강좌에서는 평생의 신학적 주제였던 '구속사적 설교'를 깊이 탐구했습니다. 더불어 그의 실제 설교문 일부를 수록함으로써 그가 어떻게 성경을 해석하고 그리스도를 선포했는지를 생생히 보여주고자 했습니다.

이 책은 고재수 교수가 보여준 '말씀으로 교회를 세우는 신학자의 길'을 오늘의 고신교회가 다시 회복하기를 바라는 신앙적 간구의 기록입니다. 그의 신학은 과거의 유산이 아니라 지금도 우리 교회 정체성을 일깨우는 살아 있는 등불입니다.

이 책을 통해 하나님께서 고신교회에 주신 말씀의 선물을 새롭게 발견하시길 바랍니다. 그리하여 우리의 모든 설교가 다시금 '성경이 증언하는 그리스도'(요 5:39)를 향해 나아가기를 소망합니다.

2025년 11월
고재수 교수 기념 신학강좌 준비위원회

1부 ___ 제1회 고재수 교수 기념 신학강좌

강연 1 **고재수의 생애**

강연 2 **고재수의 신학과 고신교회**

강연 3 **고재수의 삶과 신앙을 고신교회가 어떻게 계승 발전시킬 것인가?**

강연 4 **고재수의 한국 생활과 사역**

강연 5 **동료로서 본 고재수의 고려신학대학원 교수 사역**

강연 6 **고재수의 삶과 고신교회**

강연 1

고재수의 생애
고서희 사모

먼저, 오늘 남편의 삶과 사역에 대한 강연회를 가능하게 해주신 준비위원회에 감사드립니다. 또한, 고려신학대학원, 고신언론사, 개혁정론, 개혁주의 목회자 성경공부 모임, 보편교회를 꿈꾸는 목회자 성경공부 모임에도 감사드립니다.

남편은 1948년 7월 16일, Hendrik Gootjes와 Zwaantje Gootjes-Kooistra의 아들로 태어났습니다. 네 명의 형제 중 둘째 아들이고 자매는 없습니다. 네덜란드 북부 Leeuwarden 시에 살았습니다. 그곳 자유 개혁교회에 다녔습니다. 부친은 처음 과일과 채소 가게를 운영했습니다. 나중에는 국제 트럭 운송 회사 관리자가 되었습니다. 그 회사는 기독교 회사는 아니지만, 그의 아버지는 모든 운전자가 주일에 가정에서 쉴 수 있도록 항상 신경 썼습니다. 그래서 원한다면 교회에 갈 수 있게 했습니다.

남편은 기독교 초등학교와 고등학교에 다녔습니다. 그는 언어보다 수학에 뛰어났습니다. 그가 언어, 특히 라틴어와 그리스어에 집중하기 시작했을 때, 수학 선생님은 서운해했습니다. 목사가 되려는 그의 마음을 알고는 응원을 보냈습니다. 제 자녀들도 수학을 잘합니다. 그건 분명 저를 닮은 것이 아닙니다. 남편은 항상 언어를 어려워했지만, 매우 열심히 공부했고, 결국 10개의 외국어를 말하고, 읽고, 쓸 수 있게 되었습니다. 고등학교 3학년 말, 남편의 아버지가 50세의 젊은 나이에 갑작스럽게 사망하는 큰 슬픔이 가족에게 닥쳤습니다. 아버지의 죽음은 결코 잊을 수 없는 슬픈 그림자로 남았습니다.

남편은 어린 시절부터 목사가 되고 싶어 했습니다. 어린 시절 부엌 의자에 서서 형제들에게 설교를 하기도 했습니다. 고등학교 졸업 후, 그는 캄펀(Kampen) 자유 개혁교회 신학교에 신학을 공부하러 갔습니다. 그는 특히 야콥 반 브루헌(J. van Bruggen) 박사 밑에서 신약을 즐거이 공부했습니다. 졸업 후, 그는 바로 목회에 들어가지 않고, 석사 학위 과정을 밟기로 했습니다. 그는 교의학을 더 공부하기로 했습니다. 교의학이 중요한 과목이지만, 캄펀에는 교의학을 지원하는 사람이 거의 없었습니다.

공부 외에도 취미가 있었습니다. 탐정 소설을 좋아했고, 음악을 즐겼습니다. 그는 훌륭한 오르간 연주자였습니다. 학생 시절 레슨을 받고 싶어 했지만, 부모님은 그것을 감당할 수 없었습니다. 직장을 다니던 그의 형(Kees)이 고맙게도 레슨 비용을 주었습니다. 남편은 큰 교회 오르간과 작은 풍금, 펌프 오르간을 연주했습니다. 우리는 네덜란드의 첫 집에 풍금을 가지고 있었고, 나중에 한국에서도 작은 풍금이 있었으며, 해밀턴에서는 전기 모터가 달렸고, 건반이 두 개이고, 완전한 형태의 페달을 갖춘 오르간을 가지고 있었습니다. 정말 큰 행복이었습니다. 남편은 퇴근 후 종종 오르간을 연주하며 휴식을 취했습니다. 그는 바흐를 사랑했지만, 슈베르트와 슈만의 독일 가곡도 연주하고 노래했습니다.

캄펀에서 석사 학위를 공부하는 동안, 남편은 여름 선교 캠프에도 참여했습니다. 그곳에서 우리 교회의 젊은이들이 캠프 참가자 자녀들을 위한 프로그램을 운영했습니다. 아이들에게 큰 텐트 안에서 성경 이야기를 들려주고, 노래를 가르치고, 노작 활동도 했습니다. 프로그램은 큰 인기였습니다. 부모들은 조용한 오전을 즐길 수 있었기 때문입니다. 저도 친구 때문에 그 프로그램에 참여하게 되었는데, 그렇게 우리는 처음 만났습니다. 어느 날 저녁, 제가 승마 학교에서 승마 수업을 돕고 있을 때, 제 형제 중 한 명이 자전거를 타고 저에게 달려왔습니다. "지금 당장 와, Niek Gootjes가 너와 이야기하고 싶어 해." 저는 진짜 낡은 바지와 더러운 부츠를 신고 말똥 냄새가 나는 상태로 자전거에 뛰어올라 그에게 달려갔습니다. 남편은 그런 저를 보고도 좋아했으니, 진정한 사랑이었습니다. 우리는 1975년 약혼하고, 1976년 결혼했습니다. 전국 각지에서 많은 손님들이 왔습니다. 대부분 자가용이 없었기 때문에 당시 남편은 큰 버스를 빌려 부모님 집에서 시청, 식당, 교회로 손님들을 이동시키는 멋진 아이디어를 냈습니다. 다들 그 아이디어를 칭찬했습니다.

결혼을 준비하는 동안 남편은 목회자 후보가 되었습니다. 일곱 개의 교회로부터 초청을 받았습니다. 일곱 교회를 모두 방문했습니다. 많은 고민과 기도 끝에 우리는 네덜란드 서부의 역사적인 도시인 레이던(Leiden)으로 결정했습니다. 레이던에서 우리는 매우 행복한 시간을 보냈습니다. 남편은 설교, 교리 교육, 그리고 교회 성도들과의 교제를 참 좋아했습니다. 또한 장로와 집사의 아내들 사이에서도 인기가 많았습니다. 남편이 레이던에 오기 전에는 회의가 자정이나 그 이후까지 계속되는 경우가 많았지만, 남편이 회의를 주재할 때는 보통 10시 30분이나 11시쯤 끝났습니다. 그는 보통 다음날 아침 일찍 출근해야 하는 바쁜 장로와 집사의 시간을 낭비하고 싶지 않았습니다. 레이던에는 좋은 대학 도서관도 있었습니다. 교회 당회는 남편이 박사 학위를 위해 일부 시간을 사용하도록 허락해 주었습니다.

1977년 8월 첫 아이 아들 Henk(행군)가 태어났습니다. (이것은 그와 그의 가족의 최근 사진입니다.) 2년 뒤 Albert(요한)가 태어났습니다. 우리가 한국에 살고 있을 때 두 명의 아이를 더 낳았습니다. Kees(네리)와 우리의 유일한 딸인 Jentine(연이)입니다. 나중에 캐나다에서 우리는 또 한 명의 아들, Gerard를 낳았습니다. 그는 한국 이름이 없지만 김치를 매우 좋아합니다. 우리 아이들은 모두 신앙을 가진 배우자와 결혼했고, 12명의 손주를 두고 있습니다.

남편은 늘 행복하고 감사하는 아버지였으며, 아이들을 사랑했습니다. 그는 아이들과 놀기를 좋아했는데, 특히 책 읽어주기를 좋아했습니다. 아주 어린 나이부터 그렇게 했습니다. 매일 저녁, 그는 큰 의자에 앉아 아이들을 무릎에 앉히고 주변에 둘러앉게 했습니다. 그는 아이들에게 책을 많이 읽어주었습니다. 몇 줄만 있는 단순한 아기 책부터 시작하여 톨킨의 〈반지의 제왕〉 같은 두꺼운 책까지 읽었습니다. 〈반지의 제왕〉은 두 번이나 읽었습니다. 처음에는 Henk와 Albert를 위해, 몇 년 후에는 Kees와 Jentine을 위해 읽어주었습니다.

둘째 아들 Albert가 태어난 날이었습니다. 우리는 아기를 바라보며 한가롭게 있었습니다. 그날 전화 한 통이 걸려 왔습니다. "축하합니다"라고 하는 것입니다. 아무런 설명도 없이 말이죠. "당신은 한국에 가서 가르칠 수 있게 되었습니다"라는 전화였습니다. 꽤 충격이었습니다. 우리에게는 선교지가 선택 사항이 아니었습니다. 먼 나라로 가는 것을 한 번도 진지하게 고려해 본 적이 없었습니다. 그런데 한국이 선택지로 등장한 것입니다. 우리는 레이던에 온 지 3년이 채 되지 않았습니다. 레이던을 정말 좋아하고 있었습니다. 더구나 한국에 대해 아는 것이 거의 없었습니다. 솔직히 말해 그 전화를 받은 후 처음으로 지도를 펼쳐 한국이 어디에 있는지 확인해야 했습니다. 물론 남편은 캄펀에서 박성복 교수를 만나 한국에 대해 약간 알긴 했습니다. 그는 심지어 김치도 먹어본 적 있었습니다! 어려운 결정이었지만, 결국 우리는 주님이 그곳으로 부르신다고 느꼈고, 그래서 우리는 고려신학대학의 청빙을 받아들였습니다.

주님의 섭리로 우리가 살던 레이던은 네덜란드에서 유일하게 대학에서 한국어를 가르치는 곳이었습니다. 그래서 한 학기 동안 우리는 한국어 학생이 되었습니다. 우리는 "한국말이 어렵지만 재미있습니다 (Hankook mali orioptchiman, chaemi issumnida)"와 같은 표현을 배웠습니다. 그렇게 1980년 2월, 우리는 네덜란드를 떠나 부산으로 갔습니다.

　우리는 1989년까지 거의 10년 동안 한국에서 살았습니다. 그 10년은 어렵기도 했지만 복이었습니다. 오늘 오후에는 그 시절 한국에서의 삶과 사역에 관해 이야기할 것입니다. 10년이 끝날 무렵, 우리는 네덜란드로 돌아가고, 남편은 다시 목사로 봉사하리라 생각했습니다. 그러나 그때 캐나다 해밀턴에 있는 캐나다 개혁교회 신학교에서 연락이 왔습니다. 남편은 목사 경력이 3년밖에 없지만, 교수 경력은 9년이 넘기 때문에 교수로의 부름에 응답했습니다. 그러나 캐나다로 가는 선택은 어려웠습니다. 남편은 이렇게 말했습니다. "어떤 면에서 목사의 일은 교수의 일보다 더 보람이 있습니다. 목사는 주님의 백성들 가운데서 더 직접적으로 주님을 섬길 수 있습니다."

　우리는 1989년 9월에 해밀턴에 도착했습니다. 그곳에는 다음과 같은 것들이 있었습니다.

- '새로운 집'(외부는 캐나다식, 겨울에는 많은 눈, 내부는 한국을 떠올리게 하는 많은 것들)
- '새로운 교회'
- '새로운 동료들이 있는 새 신학교'
- '새로운 차'(레이던에서는 모리스 미니, 해밀턴에서는 가족 모두를 위한 스테이션 왜건)
- '새로운 취미'(차고 세일, 골동품 찾기, 필요하면 수리하기)
- 그리고 4개월 후, '새로운 아기의 탄생', Gerard!

캐나다 생활 10년은 참 좋았습니다. 학생 수는 한국보다 훨씬 적었지만, 가르쳐야 할 과목은 오히려 더 많았습니다. 한국처럼 일부가 아닌 교리 전체, 윤리학, 철학 개론, 신조학, 신학 개론, 변증학 등을 가르쳤습니다. 교리는 벨직 신앙고백서에 집중했고, 2008년에 그의 책 『벨직 신앙고백서, 그 역사와 기원』이 출간되었습니다. 강의 내용을 엮은 것으로 남편의 가장 중요한 책입니다. 그 전에 낙태와 안락사, 영화 감상 등에 관한 작은 책들이 출판되었고, 일부는 학생들과 함께 썼습니다.

2001년은 우리에게 중요한 해입니다. 결혼 25주년과 목회 25주년이 되는 해입니다. 우리는 가정에서 축하 행사를 했고, 우리 교회와 신학교도 축하 행사를 했습니다. 우리 자신을 위해, 남편과 나는 네덜란드를 방문하여 레이던의 옛 교회를 포함한 여러 곳을 방문했습니다. 25년 전 신혼여행 때 방문한 런던에도 갔습니다.

그 후 몇 가지 하이라이트는 2004년 남편이 해밀턴 신학교에서 공부한 우리 아들 Albert에게 목회학 석사 학위를 수여할 수 있었던 날과, 2006년 남편이 딸 Jentine과 사위 Matt의 결혼식을 주례한 날입니다.

그러나 이미 2001년 남편은 (당시에는 몰랐지만) 질병의 초기 징후를 보이기 시작했습니다. 그는 우리가 이야기한 것을 잊어버리곤 했고, 운전 중에 길을 잃기도 했으며, 컴퓨터를 다루는 데 어려움을 겪곤 했습니다. 2008년 더 이상 신학교에서 가르칠 수 없을 정도로 나빠졌습니다. 처음에는 과로라고 생각했지만, 2010년 그는 초기 발병 알츠하이머병 진단을 받았습니다. 그 소식은 우리 모두에게 큰 충격이었고, 받아들이기 힘든 일이었습니다.

남편은 5년 동안 집에 머물렀지만, 2013년에는 증상이 심해졌습니다. 그래서 2013년 6월 남편은 해밀턴에서 30분 거리에 있는 Grimsby의 Shalom Manor라는 요양원에 들어갔습니다.

Shalom Manor 요양원은 그 지역의 기독개혁교회 집사회에 의해 45년 전 시작되었습니다. 그것은 네덜란드 문화를 지향하는 기독교 요양원입니다. Shalom Manor는 우리 모두에게 복이었고, 남편이 생애 마지막 10년 동안 사랑과 돌봄을 받은 곳이며, 우리가 항상 환영받고 집처럼 느낀 곳입니다. 2023년 8월 20일 주님이 그를 본향으로 데려가신 날까지 그곳에서 살았습니다.

남편이 세상을 떠난 지 1년이 지난 지금, 한국의 교회가 남편을 기념하는 자리를 준비해 주셔서 진심으로 감사드립니다. 남편의 한국 생활은 신학자로서 가장 활동적인 시기였습니다. 남편은 여기서 많은 학생을 가르쳤고, 그들 중 일부와 관계를 지속해 왔습니다. 남편은 구속사적 신학에 관한 특별 세미나를 조직하기도 했습니다. 그리고 남편은 한국어로 많은 책을 출판했으며, 그중 일부는 지금도 재판되고 있습니다. 오늘 남편을 기념하며, 남편의 사역이 우리 주 예수 그리스도의 더 큰 영광과 그분의 교회를 위한 것이었다는 사실을 함께 기억합시다.

강연 2

고재수의 신학과 고신교회

유해무 교수(고려신학대학원 은퇴교수)

　　고신교회는 고려신학교의 정당성을 지지하는 교회로 출발하였다. 유일한 장로교 평양신학교는 1938년 1학기를 마지막으로 폐교되었다. 일제에 협력하던 이들이 1940년에 조선신학교를 설립하고, 1946년에 장로교 총회에 청원하여 총회 직영신학교로 인정받았다. 신사참배를 거부한 고백자들은 해방 후 조선신학교 측과 이른바 교계 지도자들로부터 일제의 박해에 버금가는 배척과 박해를 받았다. 이들은 1946년에 새로운 신학교를 설립할 수밖에 없었다. 이는 신사참배 거부 정신과 실천은 세상의 풍조를 거스르는 믿음의 행동이었고, 이 믿음의 고백을 계속 실천하기 위하여 목사 양성을 위한 신학교를 서울이 아닌 부산에 세웠다. 이 또한 시대와 공간에 얽매인 세상의 풍조를 거스르는 행동이었다. 이제 우리는 지금 여기에서 세상의 풍조를 거스르는 이 고백자들의 후예인지 확인할 책임을 인식하고 실천해야 한다.

    고려신학교와 고신교회의 정체성의 배경에는 틀림없이 복음을 전한 선교사들의 사역과 영향이 깃들어 있다. 장로교 선교사들은 성경을 하나님의 말씀으로 고백하고 가르쳤으며, 초기부터 웨스트민스터 고백서와 소교리문답을 소개하였다. 이런 전통에 이어 고려신학교 설립 취지서에는 정통신학운동에 기초한 교회 재건과 더불어 조국을 주님의 진리대로 받드는 천국의 진리운동을 표방하면서 또 다른 신학적 배경을 암시한다. 특히 성경 진리에 기초한 국가 건립은 보통은혜 원리의 영역이라는 사실이다.[1] 부산/경남 지역은 호주 장로교회의 선교지이었지만, 고려신학교의 신학적 배경에는 웨스트민스터 신조를 수용하는 미국 장로교 전통과 보통은혜 곧 일반은혜를 강조한 화란 개혁파 신학이 초기부터 깃들어 있었다고 볼 수 있다.

    우리는 이로부터 성경을 가르치고 선포하는 설교, 신조, 그리고 일반은혜 원리 및 이와 연관된 일반계시/신지식/신의식의 주제를 채집할 수 있다. 성경관과 설교는 한국교회의 공통적인 관심사이지만, 후자의 두 주제는 고신교회의 독특성을 보여준다. 그런데 고려신학교와 고신교회에서 사역한 고재수 교수의 활동과 그의 신학 작업의 관점에서 보자면, 첫 주제 역시 고신교회의 최근사에서 동일한 독특성을 보여준다. 즉 그는 구속사 설교를 소개하였고, 그 신학적 기초를 제시하였다. 이것은 설

---

[1] 이상규, 최수경 편, 『한상동 목사, 그의 생애와 신앙』 (부산: 글마당, 2000), 312. '보통은혜'라는 용어에서 보듯 이 설립 취지서를 그 당시 화란 신학을 거의 유일하게 접하였던 박윤선 목사(1905-88)가 작성했을 가능성이 크다. 고려신학교는 이후 명칭이 여러 차례 바뀌었지만, 본고에서는 편의상 '고려신학교'를 계속 사용할 것이다.

교뿐 아니라 신학의 텍스트인 성경 이해와 사용도 포함한다. 나아가 그는 자기의 일터였던 한국교회 안에서 토론의 소재였던 성령세례를 다루면서 성경과 고백 위에서 이를 분석하고 비판하면서 올바른 성령론을 정립하려고 노력하였다.

1. 고재수와 한국 사역

고재수는 1948년에 태어났다. 1974년에 네덜란드 캄펀 소재 개혁교회 신학교를 졸업하고, 1976년에 석사 학위를 취득하였다. 그해 9월 레이던 교회에서 목사 임직을 받았다. 고려신학교 교수회의 요청으로 그는 1980년 2월에 한국으로 와서 교의학(서론, 신론)과 헬라어/라틴어를 가르쳤다. 1985년 1월에는 모교에서 『하나님의 영성』으로 박사 학위를 받았다.[2] 1989년 10월에 캐나다 개혁교회(Canadian & American Reformed Churches)의 총회는 해밀턴(Hamilton) 소재 신학교 이사회에게 그를 교의학 교수로 임명하였고, 그는 1990년 1월부터 교수 사역을 시작하였다. 그는 2007년까지 교수로 사역하다가 2023년에 별세하였다.

고재수는 모국어인 화란어와 한국어와 영어로 여러 저서와 논문들과 다양한 글들을 발표하였다. 저서만을 살피자면, 『하나님의 영성』(1984), 『구속사적 설교의 실제』(1987), 『성령으로의 세례와 신자의 체험』(서울:

---

2 N.H. Gootjes, *De geestelijkheid van God*. Franeker: Wever, 1984.

기독교문서선교회,[2] 1991), 『교의학의 이론과 실제』(천안: 고려신학대학원 출판부, 2001), 『십계명 강해』(서울: 여수룬, 1998), *Both in Life and in Death: Biblical Notions in Connection with Today's Tendency Towards Euthanasia*(1994), 『세례와 성찬』(서울: 성약, 2005), *The Belgic Confession: Its History and Sources*(2007), 『그리스도와 교회와 문화』(서울: 성약, 2008)[3], *Teaching and Preaching the Word*(2010), 『그리스도를 고백함』(서울: 성약, 2010), 공저로는 *Watching Movies: No? Yes? How?*(1996)가 있다.[4]

2. 구속사 설교

한국교회가 성경을 사랑하고, 성경의 영감을 고백하며, 주야로 성경을 묵상하는 교회로 알려졌다. 사경회의 전통은 한국교회의 자랑거리에 속한다. 말씀 사경회 또는 말씀 부흥회라는 말도 우리 귀에 익숙하다.

고재수는 "설교자의 임무는 자기의 생각이나 체험을 전달하는 것이 아니라 하나님의 말씀을 전달하는 일"이라고 천명한다. 이 일을 잘 드러내는 방식이 구속사적 설교이며, 그는 신학생으로서 자신의 모교에서 이를 배웠고, 목사로서 그렇게 설교하였고, 교수로서 고려신학교에서 이

---

[3] 『교회에 대한 예수 그리스도의 중요성』(성약, 2003)의 개정 증보판이다.

[4] 본고는 고재수 교수가 한국에서 사역한 업적을 그의 저술을 중심으로 살피면서 그 이후 나온 작품들을 참조하는 방식으로 전개할 것이다. 그가 고려신학교에서 헬라어와 라틴어 강의 외에, 주로 교의학 서론과 신론을 강의하였는데, 그의 강의안을 구하기 어려워 본고에서는 다룰 수 없어 아쉽다.

방법대로 설교하였다.⁵ 그는 신학생들의 요청을 받아, 주로 고려신학교 경건회에서 행한 설교들을 묶어 『구속사적 설교의 실제』를 출판하였다.⁶ 이 책 말미에는 이 설교 방법에 대한 개괄적인 해설도 첨부하였다.⁷

고재수는 설교에서 '하나님 우선'을 강조한다. "성경에 기록된 역사를 설교하는 자는 항상 하나님과 인간에 대해 말해야 합니다. 하지만 설교자는 인간을 출발점으로 삼아서는 안됩니다. 기록된 역사는 하나님의 행동으로부터 묘사되고 그 범위 안에서 인간적 반응이 나타납니다. 구약에 기록된 역사를 연구할 때 설교자가 물어야 하는 첫 번째의 질문은 하나님이 무엇을 행하시고, 무엇을 원하시며, 무엇을 의도하시느냐는 것입니다. 또 그 시각으로부터 다음으로 설교자는 인간의 행동을 고려해야 합니다. … 신약에 기록된 역사에 대해서도 이 규칙은 마찬가지입니다. 복음서에는 예수님과 사람이 서로 만나는 이야기가 많이 나옵니다. 그때에도 예수님과 그분의 사역과 말씀이 중심적이 되야 합니다. 설교자는 사람이 예수님 앞에서 어떻게 행하느냐를 중심으로 삼아 그것으로부터 오늘 신자가 예수님을 어떻게 만나면 되느냐의 문제에 적용시켜서는 안됩니다. … 성경에서 역사가 이야기되어진 방식, 곧 삼위 하나님

---

5 고재수가 교수직에서 퇴임할 때, 그가 사역하던 신학교가 그의 논문들을 편집하여 출판하면서 서명에 말씀의 가르침과 설교를 넣은 것은 그의 평생 사역을 잘 드러낸다, *Teaching and Preaching the Word: Studies in Dogmatics and Holiletics*, C. Van Dam ed. (Wnnipeg: Premier Publishing, 2010).

6 고재수의 모국 개혁교회는 하이델베르크 요리문답(1563년) 129문답을 52주일로 나누어 주일 오후에 체계적으로 설교하였다. 93-113문답까지 십계명을 다루는데, 그는 요리문답 설교를 기초로 하여 『십계명 강해』를 저술하였다. 요리문답 설교에 대해서는 다음을 참고하라: "요리문답 설교에 대하여", 『그리스도를 고백함』 (서울: 성약, 2010), 181-227.

7 『교의학의 이론과 실제』, 167-169 참조.

이 우선적 위치를 가진다는 사실이 설교의 초점을 결정하는 것입니다."[8] 이런 그의 입장은 다른 신학적 사안들에도 영향을 미친다. 아래에서 보겠지만, 그는 자연계시를 다루면서 계시의 주체인 하나님 우선이기 때문에 신의식의 존재에 대한 칼뱅의 입장에 동의하지 않는다.

둘째, 성경 역사에는 다시 재현되지 않는 역사적 발전이 있다. 발전이라 하여 불순종, 쇠퇴, 배반을 배제하지 않는다. 다만 구속사의 과거로 우리는 돌아갈 수 없다. 다만 현재의 상황 속에서 과거의 사건을 돌아보고 그 사건이 우리에게 무엇을 의미하는지를 물어볼 수 있을 뿐이다. 성육신이 되풀이되지 못하듯, 오순절 성령 강림 사건도 마찬가지이다.

셋째, 성경은 구속사의 이야기이기 때문에 구원자 예수 그리스도께서 당연히 중심적 위치를 가진다. 예수님 중심성은 구약에도 해당하며, 승천 후에도 계속된다. 그분의 인격뿐만 아니라 선지자요 제사장이며 왕이신 그분의 사역 전부를 말하며, 구원 중심이기 때문에 설교에서 하나님의 심판과 진노까지 포함하는 하나님의 완전한 사역을 말한다. 설교자는 어떤 본문이든지 그리스도와 구원과 어떤 관계인지를 분명히 해야 하며, 다양하게 구원을 접근할 수 있다.[9] 즉 가정생활과 사회생활, 정부의 임무도 구원과 관련하여 다룰 수 있다.

고재수는 모범적 설교에 대해서도 말한다. 홀버다(B. Holwerda, 1909-1952)는 역사적 성경 본문을 다룰 때 모범적이 아니라 그리스도

---

8 『구속사적 설교의 실제』, 196-7. 아래 괄호 속의 숫자는 이 책의 쪽을 지시함.

9 "구약의 역사적 본문에 대한 기독론적 해석", 『교의학의 이론과 실제』, 2010, 210-244, 특히 227.

중심적, 곧 구속사적 설교이어야 한다고 주장하였다.[10] 그는 모범적 설교보다는 성경의 인물들을 그들의 시대와, 그리고 하나님께서 그들에게 주셨던 사역과 분리해서 설명하는 것을 거부하였다. 홀버다는 히브리서 11장에 거론된 인물들은 교리적 설명에 대한 예화로 보는 반면, 트림프(C. Trimp, 1926-2012)는 예화라는 말에 동의하지 않고, 하나의 증거로 보면서 모범이 굳이 역사를 무시할 필요가 없기 때문에 역사는 예화요 권면이며 경고로 본다.[11] 고재수는 성경 본문을 단지 일반적 규칙의 예화로 사용하거나 역사적 배경과 분리시키는 것, 한 요소만을 설교하고 적용하는 것은 피해야 한다고 강조한다. 또 성경의 사건은 역사적인 차이와 발전을 고려하면서 오직 성경 본문으로부터만 모범으로 사용할 수 있다.

성경은 하나님의 의도를 알도록 예시적인 모범을 사용한다. 즉 하나님 우선이다. 성경은 하나님께서 행하시는 사역의 역사와 언약 백성과의 교제의 역사를 묘사할 때, 그분의 행동은 언제나 우선적으로 나오며, 인간은 이에 근거하여 응답한다. 인간의 응답은 하나님을 모범으로 삼는다.[12] 또한 그리스도의 유일한 구원 사역을 설교하면서 그분의 순종을 모범으로 언급할 수 있다.[13] 이 관점에서 인간도 모범일 수 있다. 가령, 라합의 거짓말의 경우는 하나님께서 여호수아에게 가나안 땅을 이스라

---

10 『교의학의 이론과 실제』, 249 이하.
11 C. Trimp, 『구속사와 설교』 (1986), 박태현 역 (서울: 솔로몬, 2018).
12 『교의학의 이론과 실제』, 256 이하.
13 『교의학의 이론과 실제』, 265.

엘 백성에게 주시기로 약속한 다음에, 라합이 하나님을 고백하는 믿음이 나온다(수 2:11). 그러나 그녀의 믿음이 설교의 한 요소는 될 수 있지만, 핵심은 될 수 없다. "핵심은 하나님이 라합의 믿음을 통하여 이스라엘 백성의 구원을 이루시는 사실에 있습니다."[14] 그리고 그녀의 믿음을 모범으로 사용할 수 있다. 성경에 기록된 예화와는 달리, 성경 밖의 예화는 오히려 성경의 메시지를 제한하거나 본문의 의미와 방향을 바꿀 수 있다. 게다가 성경보다 예화의 흥미로 관심을 끌다가는 청중의 주의를 분산시킬 수 있다. "오늘 청중들의 생활에 직접적으로 성경 본문이 적용되도록 하는 것은 어떤 훌륭한 예화보다도 유익한 것입니다."[15] 마지막으로 고재수는 설교의 중심 사상을 주제와 대지로 제시하여 회중이 설교의 흐름을 쉽게 따라가도록 배려할 것을 제안한다.

우리는 고재수가 제시하고 실행한 구속사 설교의 실제를 이해하기 위하여 히브리서 11장을 본문으로 삼은 고려신학교 설립자인 한상동 목사(1901-76)의 설교와 그의 설교를 비교하려고 한다.[16]

한상동은 히브리서 11장 1-6절을 본문으로 삼아 "신앙은 소망의 생활"이라는 제목으로 '인생은 소망을 가지고 삽니다', '땅 위의 소망은 완전한 것이 아닙니다', '인생의 참 소망은 하늘나라입니다'라는 대지를 구성한다.[17] 11장이 말하는 믿음은 소망을 보여주며, 소망은 기대되는 것

---

14 『구속사적 설교의 실제』, 206.
15 『구속사적 설교의 실제』, 208.
16 『구속사적 설교의 실제』, 177-183.
17 이상규, 최수경 편, 『한상동 목사, 그의 생애와 신앙』, 108-114.

이 아니라 확실성이 있는 기다림의 소망이다. 믿음은 장래 세계, 곧 하늘나라를 보여준다. 동물계에는 소망이 없으며, 인생만이 소망의 동물이다. 소망을 두고 사는 사람에게는 발전이 있다. 인간 세상의 모든 학문이 소망을 준다고 하나 그 소망이 이 땅에서 다 이루어지지 않는다. 믿음 없이는 인생은 허무한 존재이며, 믿음의 세계에서 이루어지는 소망은 영원하다. 곧 하늘나라 소망이다. 이 내세에 소망을 둘 때, 현세의 어떤 어려움도 참고 살 수 있다.

고재수는 히브리서 11장 1절을 본문으로 삼아 "히브리서 기자는 약해진 신자들에게 믿음에 대해 가르친다"라는 제목으로 '1. 믿음의 대상, 2. 믿음의 특징, 3. 믿음의 중요성'을 대지로 제시한다. 히브리서 수신자 중에는 믿음의 일면을 무시하는 자들이 있었다. 삶의 핵심적 요소인 믿음은 무엇인가? 믿음이 바라는 것의 실상인데, 바라는 것은 책상이나 자동차는 아니다. 하나님께서 약속하신 것들이다. 믿음은 내가 원하는 것이 아니라 하나님께서 약속하신 것을 바란다. 그 약속은 하나님의 나라에 들어가는 것이다(12:28). 그 나라에서 우리는 사죄로 영생을 얻으며, 말할 수 없는 기쁨을 누린다. 실상은 근거나 확신을 주신 것을 뜻한다. 하나님은 약속하신 것을 다 이루시려고 예수 그리스도를 보내셨다. 이런 성취에 기초하여 장래에도 모든 것을 우리를 위하여 성취하실 것을 확실히 안다. 곧 믿음은 바라는 것들의 실상, 또는 확신이다. 믿음의 특징은 근본적으로 하나님을 신뢰하고 그분이 약속하신 것을 받을 줄을 확신함이다. 그런데 이 약속을 받았음에도 우리는 종종 잊고 무시한다. 수신자들에게 인내가 필요하였다(10:36). 사단의 공격, 사람들의 박해, 또 마음에 남아 있는 죄 때문에 예배 생활에 열심이 식어지고 (10:25) 생활 속에서도 다시 옛날 죄로 돌아가며 다른 사람처럼 사는 모습을 갖기 시작하였다(10:39). 이런 어려움 속에서 그들은 어떻게 신자로서 살아갈 수 있을까? 믿음을 통해서이다. 믿음은 이 세상에서 당하는 핍박보다 더 중요한 것이 있는 줄을 아는 것이다. 왜냐하면 믿음이란 하나님이 약속하신 것을 성취하실 줄을 확실히 아는 것이기 때문이다. 하나님이 약속하신 것들을 바라는 신자는 핍박을 당하면서도 믿음을 통하여 계속해서 그리스도인으로 살아갈 수 있다. 그리고 마지막으로 적용이다. 한국 신자들이 박해당하고 있지는 않지만, 이 세상에서의 위치나 이익을 우선적인 것으로 여김으로써 하나님의 약속을 무시할 수 있다. 어떻게 우리가 이 시험에 빠지지 않는 것이 가능할까? 믿음을 통해서이다. 하나님이 약속하신 것들을 항상 기억하고 바라보는 이런 믿음이 있기를 권면하면서 설교를 마친다.

두 설교자의 설교는 크게 보아 일치한다. 특히 믿음이 바라는 실상을 하늘나라, 하나님 나라로 본 것에서 일치한다. 다만 한상동은 하늘나라를 요한복음 14장 1절에서 제시한 반면, 고재수는 히브리서 12장 28절을 인용한다. 한상동은 땅과 하늘을 대비하는데, 고재수는 돈이나 세상의 지위를 경계하고 믿음이 바라는 실상을 하나님 나라임을 강조하지만 그런 대비를 말하지 않는다. 이 차이는 어디에서 오는가? 한상동은 설교 제목 "신앙은 소망의 생활"에서 소망을 강조하고, 세 대지도 다 소망을 말한다. 믿음은 인간의 힘으로 되지 않는 일을 가능하게 하며, 믿음은 장래에 대한 소망을 실현한다고 서론에서 언급한 다음, 설교의 본론에서 소망과 바람을 중심으로 삼는다. 그는 소망이 인간의 특권이지만, 인생이 바라는 허무하지 않은 소망은 분명코 믿음의 세계에서만 해결된다고 강조한다. 고재수는 인생이 그런 식으로 바라는 소망을 배제하고, 소망은 약속을 바람, 곧 믿음이요, 믿음의 특징은 근본적으로 하나님을 신뢰하고 하나님이 약속하신 것을 받을 줄을 확신함이라고 거듭 반복한다.

두 사람 모두 바라는 것들의 실상을 하늘나라로 보았지만, 두 설교는 그 전개에서 상당한 차이를 보인다. 굳이 근거를 찾는다면, 한상동은 '나의' 믿음(fides qua creditur)[18]과 이에서 나아오는 바람인 소망을 주로 제시하였고, 고재수는 믿음의 '내용' 또는 대상(fides quae creditur)[19]인 하나님 나라를 바라게 한다.[20] 한상동은 인간 심리 이해와 분석에 설교의 상당 부분을 할애하고 인생이 허무한 것을 소망한다고 책망하는 반면, 고재수는 히브리서 전체 맥락을 고려하면서 시종일관 약속하시고 그리스도 안에서 약속을 지키시는 하나님을 앞세우면서 영구한 소유(히 10:34)를 바라고 믿음을 통해서 계속 신자로 살아갈 것을 권면한다. 굳이 대비하면 한상동의 설교는 한국교회의 전형적인 성경관과 설교 형태에 속하며, 사람에게서 시작하여 하늘나라로 나아간다면, 고재수는 하나님에게서 시작하여 사람에게로 나아간다. 한상동은

---

18 faith by which it is believed

19 faith that is believed

20 "믿음은 바라는 것들의 실상"에서 '바라는'은 소망을 명사로 삼는 동사이다. 한상동의 설교에는 '바라는'과 함께 '바라보는'도 나오는데, 이는 정확하지 않은 표현이다.

땅과 하늘나라를 대비시켜 하늘나라를 소망하라고 말하지만, 고재수는 이런 박해와 유혹 중에서도 계속해서 하나님의 명령대로 살도록 격려한다.

비록 신약 본문이지만, 고재수는 구속사 설교의 특징인 하나님 우선, 발전과 쇠퇴, 그리고 본문에서 찾는 적용을 잘 드러내고 있다. "하나님께 우선적 위치가 주어지지 않으면 그 설교는 아무리 많은 진리를 표현한다 하더라도 실패할 수밖에 없다."[21] 가령 사울이 갈멜에 자기 기념비를 세운 것을 사무엘이 경고한 일을 두고 교만을 경고하는 설교를 할 수 있다. 그러나 하나님이 없는 설교이면, 서당이나 법당에서도 들을 수 있는 설교가 되고 만다. 하나님이 없는 도덕적 교훈은 설교가 아니다. 사울의 죄는 교만이 아니라 아말렉 왕과 가축을 죽이지 않는 불순종이다. 사울은 하나님의 말씀을 불순종하고 하나님을 우선시하지 않았기 때문에 교만하게 행하였다(삼상 15:22-23).[22] 우리 신앙의 근본적 태도는 하나님이 계시하신 말씀을 계속 듣는 것이다. 혈루증을 앓은 여인을 다룬 본문에서, 그녀의 믿음을 중심으로 해석할 수 있을까? 그녀가 예수님을 두려워하였으니 이는 믿음의 첫 성격이요, 그분 앞에 엎드렸으니 겸손이 두 번째 성격이요, 마지막으로 그분께 다 고했으니, 고백이 믿음의 세 번째 성격인가. 고재수는 사울보다는 이 여인의 믿음을 말하는 것이 훨씬 낫지만, 설교에서 그녀의 믿음보다는 혈루증이라는 불결을 용납하신 예

---

21 『교의학의 이론과 실제』, 31.

22 47-54.

수님과 그분의 깨끗하게 하심이 중심이 되어야 한다고 말한다. 적용 역시 구약이나 신약의 사람들로부터 하나님과 특히 그리스도를 통하여 오늘의 청중에게로 가야 하는 것이지 그 당시 사람으로부터 하나님과 그리스도를 배제하고 직접 청중에게로 가서 적용하지 말아야 한다. 고재수는 "하나님의 우선되심이라는 신학 원리를 항상 설교하는 일과 관련시키라"[23]고 조언한다. 곧 하나님 중심, 예수님 중심이다.[24] 여기에는 성경 전부를 사랑하고 묵상하면서 구체적인 본문을 깨닫고 전하려는 그의 목회적이고 실천적 태도도 서려 있다. 이런 배경에는 성경 이해를 위한 신앙고백에 대한 존중이 있다.

3. 신앙고백과 요리문답

고재수는 첫 신학의 원리로 제시한 하나님 우선을 고백에서도 찾는다. 그는 "신앙고백과 교회 교육"에서 교회의 교육을 위하여 신앙을 정리한 사도신경과 요리문답 특히 웨스트민스터 요리문답을 살피면서 두 고백서가 하나님 중심임을 주목한다. 비록 사도신경은 매우 함축된 형식으로 신앙의 내용을 요약하고, 웨스트민스터 소요리문답은 신앙을 더욱

---

23   35.

24   고재수는 구약과 구약의 인물을 지나치게 그리스도의 모형으로 보려는 기독론적 해석을 경계한다. 가령 S.G. de Graaf가 여기에 속한다, 220-225. 언약역사를 다룬 그의 책은 영어에서 중역되었다, 박권섭 역, 『약속 그리고 구원』 (서울: 크리스찬서적, 1987). 고재수는 이런 위험을 벗어나면서도 그리스도의 동정녀 탄생과 순종 등을 성경 말씀을 따라 면밀하고 풍성하게 다루었다, 『그리스도를 고백함』 (서울: 성약, 2010).

광범위하게 설명하는 특징과 차이가 있지만, 사도신경은 사실 삼위 하나님을 중심으로 구성되어 있으며, 웨스트민스터 소요리문답에서는 하나님의 중심 자리가 이미 첫 문답에 강조한다.[25] 신학의 원리가 아주 실천적인 교회교육, 그리고 성인이나 신학생이 아닌 어린이에게서도 작동하고 있음을 보여준다.

고재수는 웨스트민스터 신앙고백도 어디서나 하나님 우선을 말한다고 강조한다. 고백은 신론에 앞서 성경을, 그리고 신론 다음에는 작정, 창조와 섭리와 죄 등을 진술한다. 성경은 하나님께서 자기를 알리시는 방식을 설명하며, 작정은 그분이 모든 것을 결정하셨음을, 창조는 삼위 하나님께서 어떻게 천지를 창조하셨는가를, 섭리는 그분이 어떻게 만물을 다스리시느냐를 말하며, 죄는 하나님의 법을 어김이요 하나님이 벌 주심을 고백한다. "신앙의 모든 주제에서 하나님은 우선이 되신다."[26]

그렇다면 신앙고백이 교회교육에 왜 중요한가? 세례와 연관된다. 새 신자는 수세 전에 교리의 요약인 사도신경을 배워 암기하고 수세 시에 고백하였다. 집례자는 미리 그에게 삼위 하나님 신앙을 사도신경에서 요약하고 설명하고 넓게 가르쳤다. 그런데 중세교회는 이런 설명 없이 암기만을 요청하였고, 신자들의 신앙은 약해졌다. 루터는 심지어 개혁에 가담한 신부들조차 사도신경을 잘 설명하지 못하거나 암기하지 못한다는 사실을 알고, 그들이 교회의 교리를 설교로 설명하도록 대요리문답

---

25   361-2.
26   31.

을 썼고, 또 아이들을 교육하기 위해 소요리문답을 썼다. 아이들은 사도신경뿐만 아니라 소요리문답의 질문에 대한 답도 외워야 했다. 그리고 웨스트민스터 회의는 목사마다 자기 의견대로 교리를 설명해서는 안 된다고 생각하여 요리문답을 작성했다. 그 요리문답의 목적은 교회의 통일이었다.

고재수는 신앙고백을 중심으로 교육할 개인의 한계를 해결할 수 있다는 점을 강조한다. 모든 인간이 그러하듯 목사와 교사도 제각기 기호가 다르다. 그 결과로 신앙교육이 어느 한쪽으로 치우칠 수 있고, 또 같은 교파 내에서도 생각이 다른 그룹들이 나올 수 있다. 하지만 신앙고백은 완전한 교리를 제시하므로 교사의 한계를 해결할 수 있다. 교사는 고백을 따라 치우치지 않고 모든 것을 설명할 수 있기 때문이다. 마찬가지 결과로 가르침을 받는 신자들 가운데도 신앙의 일치가 형성된다. 이렇게 온전한 고백을 따라 세계 모든 교회의 교사들이 가르치고 교인들이 배운다면 온 세계 교회 안에 바른 신앙의 일치가 이루어질 것이다.[27]

고재수는 "신앙고백의 특성과 역할"에서 한국교회가 고백을 대하는 태도를 지적하면서 고백의 울타리가 하나님의 말씀의 설교와 교육에서 지닌 역할을 자세하게 다룬다.[28] 1890년 이전에는 번역된 사도신경과는 달리 한국교회 안에서 웨스트민스터 신앙고백과 대소교리문답의 입지는 불투명하다는 사실을 지적한다. 1907년에 장로교회는 소교리문답

---

27 364.

28 366-383.

만을 인도교회의 12신조와 함께 채택하였기 때문이다. 이런 배경에서 웨스트민스터 고백들이 한국교회에서 많이 사용되지 않을 뿐만 아니라 무시당한다는 인상을 받았다고 실망한다. 선교사들이 성경을 강조했지만 고백은 크게 강조하지 않았기 때문에 한국교회는 신조들을 실제 생활에 적용하지 못하고 무시하였다는 것이다. 더구나 웨스트민스터 신조들이 서양교회의 생각을 반영하기 때문에 한국에 뿌리를 내리지 못하였다는 주장도 있다. 고백은 우리의 동의를 요구하는 선언이기 때문에 그는 이런 반론에 동의하지 않는다.

첫째, 출애굽기 3장 14절, 로마서 8장 15절, 마태복음 16장 16절, 로마서 10장 9절 등에 기초하여, 하나님은 우리가 자기 자신에 대하여 말하도록 허락하셨을 뿐만 아니라 이를 원하고 계시며, 우리는 그분이 그러하신 것처럼 그분을 고백하고, 그분의 놀라운 사역을 말하라고 명령하신다. 둘째, 고백은 하나님과 예수님을 믿는다는 고백과 함께, 그분이 누구신지, 곧 그분에 대한 우리 믿음의 내용까지 포함한다. 따라서 삼위 하나님을 믿는 고백에는 그분들이 행하신 사역들, 곧 그분에 대한 교리까지 포함한다. 셋째, 우리는 개인의 경험이 아니라 하나님께서 계시하신 바를 고백한다. 하나님에 대한 우리의 경험이 아니라 우리에 대한 하나님의 계시가 우리 고백의 근거를 이룬다. 물론 고백은 느낌을 수반하는 행위이지만, 고백의 기원은 우리의 느낌이나 체험이 아니라 하나님의 계시이다. 넷째, 고백은 계시에 첨가하는 것이 아니라 하나님의 계시를 반복한다. '오직 성경'의 기초 위에서 우리가 믿는 바를 제시한다. 마지막으로, 고백은 성경 내용의 재생이기 때문에 개인의 확신을 선언하지 않고 교회의 신앙이며, 교회를 하나로 묶는다. 우리는 고백을 믿음의 선조로부터 받으며, 우리 자녀들과 하나님을 믿으려는 모든 이들에게 가르친다.

이어서 고재수는 고백의 기능과 활용을 논한다. 고백의 일차적 기능은 하나님의 영광이다. 고백은 "아버지여 주님께서 이것을 우리를 위하여 하셨고 또 하고 계십니다. 그로 인하여 우리는 주님께 감사드립니다."라고 영광을 돌린다. 고백의 두 번째 기능은 대외적으로 교회 밖의 사람들을 향하여 우리가 믿는 바를 알게 하는 일이다. 세 번째 기능은 대내적으로 교육적 기능이다. 가르치는 사람에게 교리교육의 잣대가 필요하고, 배우는 사람에게 요약이 필요하니, 다 고백의 기능이다. 특히 고재수는 한국에서 웨스트민스터 요리문답이 교재로 많이 사용되지 않는 사실로부터 가르치는 자의 한계를 경계한다. 즉, 한국교회에서 목사, 심지어 전도사들조차도 스스로 교재를 만들어 가르치는데, "그 교재는 목사나 전도사의 개인적 이해를 반영하며, 교리의 여러 부분을 무시하고, 어떤 부분은 지나치게 강조"[29]하는 위험을 안고 있다고 지적한다. 웨스트민스터 요리문답과 같은 교재로 교회가 받은 계시를 사람들에게 가르쳐 교회의 통일을 이루어야 한다. 고백의 넷째 기능은 수호적이다. 목사는 사람의 말이 아니라 생명을 구하는 하나님의 말씀을 설교해야 한다. 다만 설교 중에 이단적인 것을 말할 수도 있기 때문에 고백이 중요하다.

---

29   381. 고재수는, '설교는 하나님의 말씀을 설교함'이라는 확신으로 요리문답 설교를 반대하는 전통, 특히 로이드-존스의 주장을 반박하면서 요리문답 설교는 복음 전체 또는 하나님의 계획과 사역 전부를 설교하는 데 도움을 주며, 고백하는 진리들을 실제 삶에 잘 적용할 수 있다.『그리스도를 고백함』, 209, 216-222.

특히 장로들은 목사들이 설교하면서 하나님의 말씀에 위반하지 않도록 수호할 의무가 있다. 고백은 성경과 결코 분리되어서는 안 된다. 고백이 성경과 살아 있는 관계를 유지하는 한, 고백은 교회의 모든 가르침을 위해서, 설교자와 회중을 위하여 대단히 중요하다면서 끝을 맺는다.[30]

고재수는 고백은 완전한 교리를 제시하므로 목사와 교사의 한계를 해결할 수 있다는 점을 강조한다. 고백을 따르면 치우치지 않고 성경을 설명할 수 있으며, 신자들도 신앙의 일치를 이룰 수 있다(365). "교회가 목사에게 고백의 테두리 안에 머물도록 권고할 때 청중은 목사가 그들을 하나님 말씀의 푸른 초장으로 인도해 가는 것을 신뢰할 수 있다."(384) 고재수는 고백의 수호적 기능을 다루면서 자신도 주석상 실수를 범한 적이 있었다고 진솔하게 말한다. 그러나 그때에도 적어도 자신이 고백의 테두리 안에 머물러 있었던 것을 알고 성경 안에 머물러 있었던 사실로 인하여 받은 큰 위안을 언급한다. 그가 이런 관점에서 한국에서 사역할 때 끈질기게 다룬 주제가 있다면 '성령세례'일 것이다.[31]

4. 성령세례와 신자의 체험

고재수는 한국교회에 파송 받은 선교사로서 당시 한국교회에서 주된

---

30 고재수는 사도신경을 해설하고 한국어로 새로운 번역을 시도하였다, 385-406. 비한국인이 이런 시도를 한 것은 놀라운 일이다.

31 N.H. Gootjes, *The Belgic Confession: Its History and Sources* (Grand Rapids: Baker, 2007).

논쟁점이었던 성령세례와 신자의 체험을 집중적으로 연구하고 논문으로 발표한 다음에 이를 묶어 출판하였다. 이 주제를 다룰 때, 그는 해당 성경 본문 주석, 신앙고백 참조, 그리고 칼뱅을 위시한 개혁신학의 선배들을 인용하면서 체험 위주의 성령세례론을 비판한다. 그가 이 주제에 집중한 배경에는 고려신학교 안에서 등장한 성령세례론이 있다.[32]

성령세례는 오순절파의 특징에 속한다. 역사적으로 성령으로의 세례는 청교도 사상에서 등장하였다. 토마스 굳윈(T. Goodwin, 1660-1680)은 신자가 되는 첫 단계 다음에, 두 번째 단계인 확신의 단계를 말하였다. 이런 배경을 이어받아 웨슬리(Ch. Wesely, 1703-88)도 칭의 단계로서 성화와 완전한 단계인 전적 성화를 말한다. 성결운동에서는 이 두 번째 단계를 성령세례로 지칭한다. 오순절 운동은 이전의 이런 주장들과는 달리, 성령으로의 세례를 방언 등 능력과 연관시킨다. 이 통로가 토레이(R.A. Torrey, 1856-1928)이다. 그는 성령세례를 성령의 중생 사역과 구분하여 첨가적인 성령 사역이라 부르며, 전자에는 생명의 부여가, 후자에는 사역을 위한 자격을 갖추게 된다고 주장한다. 오순절 신학자 기(D. Gee)는 능력을 부여하는 성령세례는 열매가 아니라 은사를 수반한다고 주장한다. 이를 더 구체적으로 구분하는 경우도 있다. "중생에서는 성령이 주체요 대속의 피가 수단이며 중생이 그 결과이다. 성령으

---

32 안영복, 『성령론의 이해의 문제점에 관한 성경적 고찰』, 부산: 일중사, 1986; 안영복, 『성령론의 바른 이해』 서울: 기독교문서선교회, 1987. 고재수가 동료 교수의 주장을 비판한 것은 외국인이었기 때문에 가능하였을까. 적어도 그의 개입은 폴레믹스(논쟁)의 순기능을 주목하면서 개혁교회의 건강에 이롭다고 확신하였기 때문일 것이다, "폴레믹스(논쟁)을 통해 든든히 세워지는 개혁교회", 『그리스도와 교회와 문화』, 196-204.

로의 세례에서는 그리스도가 주체요 성령이 수단이며 능력의 부여가 그 결과이다."[33]

고재수는 오순절의 성령세례 이해와 칼뱅(1509-1564) 및 바빙크(1854-1921)의 입장을 비교한다.[34] 먼저, 칼뱅은 로마 가톨릭의 성례전을 비판하면서 요한의 세례와 교회의 세례를 다르다고 보는 이들을 공격한다. 그에게 성령세례는 하나님께서 성령으로 인간에게 행하시는 전체 구원 사역, 곧 죄 씻음, 옛사람의 죽임, 중생 등을 의미한다. 이때 중생은 믿음의 시작 순간이 아니라, 신자를 회개로 변화시켜 가는 그리스도의 영의 계속 사역을 의미한다.

바빙크는 인간의 신분을 무흠 상태, 부패 상태, 은혜 상태, 영광 상태 등 4단계로 구분한다. 특히 은혜 상태에는 칭의와 성화가 서로 다르지만, 분리된 것은 아니라고 말한다. 그는 웨슬리가 칭의와 성화를 나누고, 이신칭의 후에 받는 온전한 성화를 강조하는 것을 비판한다.[35]

고재수는 성령으로의 세례가 나오는 사도행전 1장 5절을 누가복음 1장 33절과 연관하여 집중적으로 주석한다. 그는 요한의 세례를 성령으로의 세례에 대한 준비라고 보는 던(J. Dunn)의 주장을 반박한다. 두 세례가 다르다는 것이다. 그러나 고재수는 칼뱅을 인용하면서 오순절

33　E.S. Williams, *Systematic Theology*, Vol. 3: Pneumatology, Ecclesiology, Eschatology (Gospel Pub. House, 1953), 47.

34　『성령으로의 세례와 신자의 체험』, 12 이하. 아래 괄호 속의 숫자는 이 책의 쪽을 지시함.

35　헤르만 바빙크, 『개혁교의학』 4권, 박태현 역 (서울: 부흥과 개혁사, 2011), 287. 그런데 차영배 교수는 바빙크가 제2의 축복을 말한다고 주장하였다. 그는 오순절 성령 강림사건을 구원사의 한 사건이 아니라 구원의 서정의 첫 부분으로 보면서 성령 강림은 연속적이라고 말한다, 18.

전에 벌써 성령이 사도들에게 주어졌다고 말한다(27). 물세례와 성령세례는 연관성이 있지만, 다만 상징과 실체의 관계는 아니다. 1장 5절에서 오순절에 성령 부어주심은 성령세례와 동일하다. 사도행전 2장 38,39절은 오순절 날부터 그리스도를 믿는 자는 성령을 받는다는 것을 일반적 규칙으로 제시한다. 즉 성령의 강림이라는 구속적 사건(행 2:1-4)과 그 사건의 결과로 각자의 개별적 구원역사에 대하여 동시에 말한다(행 2:38,39). 성령세례는 신앙과 생활의 제2단계가 아니다. 오히려 성령세례는 오순절부터 하나님께서 마지막 시대의 교회를 위한 선물로서, 회개하고 예수 그리스도를 믿는 이들의 마음속에 성령님을 거주시켜 주심을 의미한다. 이 일은 믿음의 즉각적인 결과인 것이다(35).

고재수는 한국교회가 그리스도의 고난과 부활과 동일하게 성령 부어주심에 대해서도 특별한 주의를 기울여야 한다고 지적한다. 성령은 예수님을 그리스도로 믿을 때에 주어졌다(40). 우리는 개혁 전통을 따라 성령의 사역이 계속되도록 기도하고 행하여야 한다. 그러나 능력을 주는 성령의 제2 사역은 성경적 근거가 없다. 기독교 생활은 성경을 읽는 것과 예배가 생활의 방식에 영향을 미치고 변화시키는 생활이다. 이렇게 고재수는 제2의 축복과 능력을 말하는 오순절파의 주장을 거부하고, 신자가 믿을 때 성령을 받았다는 사실을 고수한다. 한국교회가 약화되었다면, 교회가 교회답게 살지 않고 세속화되었기 때문이다. 이를 타개하기 위하여 성령세례를 주장할 필요가 없음을 강조한다(43).

성령으로 세례를 받을 것이라는 예언은 회개하고 요한의 세례를 받은 자에게 주어졌다. 그 예언의 뜻은 복음서가 아니라 성취될 때에 분명해질 것이다(65). 사도행전 1장 5절은 제자들이 오순절 이전에는 성령으로서의 세례를 받지 않았음을 말한다. 다만 다른 신자들이 같은 방식으로 성령세례를 받을 것인가의 여부는 2장 주석으로 해결해야 한다. 즉 성령세례는 성령님을 부어주시는 것(행 2:17,33)과 같은 의미이다. 성령세례가 기독교 세례인가?

고넬료 가정은 제자들과 같은 선물 곧 성령님을 받았다(행 11장). 1장 5절의 성취는 이 사건이 아니라 성령 부어주심(행 2장)이다. 즉 '몇 날이 못 되어'는 오순절 사건의 성취를 지시하며, 고넬료 가정의 경우 베드로는 이 성취 사건을 기억하면서 말한다. '성령의 세례를 받다'는 오순절 사건을 지적한다(75). 성령세례는 오순절 사건만을 지적하며, 세례요한의 예언은 사도행전 2장에 기록된 사건과 베드로의 설교대로 설명되어야 하며, 이방인들도 믿게 될 때 오순절의 성령님을 받는다. 고린도전서 12장 13절 역시 교인들의 성령님을 받았다는 것을 의미한다. 결론적으로 '성령으로 세례를 받다'라는 표현은 믿고 난 이후에 받게 되는 특별한 체험을 가리키지 않는다(82).

신오순절파는 오순절파처럼 성령 체험과 은사를 앞세우는 점에서는 별도의 그룹을 형성하지 않고 자기 교회 안에 그대로 머물면서 활동하며, 자기들의 교리를 바꾸지 않고 성령의 충만과 성령의 은사를 받을 수 있다고 덧붙인다. 이들은 오순절파와 구별하려고 은사운동이라는 이름을 좋아한다(88).

그러면 성령충만이나 성령세례로 불리는 성령의 특별한 체험은 무엇인가? 방언으로 말하고 예언하는 것인데, 정작 기쁨이나 따뜻함, 평화와 같은 개인적 느낌은 성령 오심과 결부되어 있지 않다(102). 성령 오심과 성령충만의 역사가 신자 개인의 내면적인 체험과 결부되어 있지 않다(106). 따라서 신앙은 우리가 하나님을 체험함이 아니라 하나님의 말씀에 근거해야 한다(108). 결론적으로 고재수는 신오순절이 말하는 성령 체험을 추구해서는 안 된다고 말한다. 메마른 신앙생활 또는 교리적 합리주의에 대한 반발로 체험을 덧붙이려는 시도를 하는데, 우리 마음이 하나님의 말씀의 부요한 내용을 향해 활짝 열리게 해야 한다(111).

사실 이런 신오순절운동 또는 은사운동이 한국교회에 미친 영향은 광범위하지만, 성령세례를 부흥과 연관시키는 주장이 미친 영향도 적지 않다. 대표적인 인물이 로이드-존스(1899-1981)이다. 고재수는 그가 성령세례를 주로 말하는 Joy Unspeakable은 설교집이라 개념이 정확하지 않다는 사실을 전제하면서,[36] 로이드-존스는 성령세례와 부흥이 같다고 계속 주장하지만, 이를 조직적으로 설명하지 않는다고 지적한다(120). 성령세례, 성령님을 받음, 성령 충만, 성령으로 인쳐짐에는 차이가 없다고 하지만, 그 근거는 제시하지 않는다. 로이드-존스는 부흥을 같은 시간에 다수의 사람이나 그룹이 성령으로 세례받는 것, 또는 성령이 함께 모인 몇몇 사람 위에 임하심이라고 정의한다. 이로부터 성령으로 세례를 받지 않고도 신자가 될 수 있다는 주장을 이끌어 낸다. 성령세례가 첫 믿음의 순간에 일어날 수도 있고 그렇지 않을 수도 있다는 것이다. 중생은 그 순간에 체험하지 못하는 무의식중에 일어나지만, 성령

---

36 D.M. Lloyd-Jones, *Joy Unspeakable* (1984), 정원태 역, 『성령세례』 (서울: 기독교문서선교회, 1986). 로이드-존스는 책 제목을 베드로전서 1:8절에서 취하였다.

세례는 그 순간을 안다. 이런 부흥의 결과는 직접 체험을 통하여 자기 구원에 대한 확신이며, 나아가 그리스도와 그분의 구원에 대한 능력 있는 증인이 된다. 그런데 요즈음 교회에는 성령세례가 많이 없어졌다. 이렇게 로이드-존스는 중생과 성령세례를 구분한다. 그런데 미국에서 중생은 불신자들의 회개를 의미하는 반면, 로이드-존스는 신앙생활의 보다 높고 활발한 차원으로 들어가서 받는 체험을 의미한다. 이것이 한국교회 일반에 퍼져 있다(121-125)

고재수는 로이드-존스가 성경을 경험의 빛으로 해석하면 안 되고 우리 경험을 성경의 빛으로 검토해야 한다는 확고한 잣대로 로이드-존스의 입장을 평가하고 비판한다. 물론 로이드-존스는 경험을 바탕으로 삼아 성경에 나오는 것보다 더 믿는 광신자의 오류를 비판하고, 덜 믿는 것은 더 비판한다. 고재수는 로이드-존스를 동의하면서도 그가 여러 인물들(Wesley, Henry Venn, Ch. Simeon)의 많은 체험을 예로 드는 것에 주목한다. 그리고 '오직 성경'(sola scriptura) 원리에 기초하여 웨스트민스터 신앙고백 1,2,10장을 인용하면서 성경에다 신자의 체험을 첨가하면 안 되며, 경험으로 성경을 제한시켜서도 안 된다고 단언한다(127). 그래서 그는 로이드-존스가 자신이 말하는 첫 번째 위험에 스스로 빠졌다고 본다. 로이드-존스가 성경 본문을 많이 인용하지만, 주로 최근 3세기 교회사에서 일어난 체험에 근거하여 자기 입장을 개진하기 때문이다(130). 동시에 그는 첫 2세기 동안 체험의 예로 몬타누스와 도나투스의 사상을, 중세의 예로 불란서의 왈도파, 화란의 형제단, 신비주의자 타울러와 사보나롤라를 든다. 나아가 그는 종교개혁자들을 성령세례를 받은 부흥의 예라고 언급하지만, 구체적인 증거를 제시하지 않는다. 오히려 웨슬리를 여러 차례 언급한다. 다만 웨슬리는 회심을 체험한 1738년 5월 24일 이전에는 믿지 않았으며, 믿음과 확신이 동시에 일어났다고 자술하는 반면에, 로이드-존스는 웨슬리가 전에도 믿었지만 이제 굉장한 확신을 얻었다는 상반된 평가를 제시한다. 더구나 로이드-존스는 교리에서 계속 잘못된 자의 체험에는 관심이 없다고 발언하지만, 웨슬리가 아르미니안주의자인 것을 그는 익히 알고 있다. 경험에 대해서 로이드-존스가 교회사를 살피면서 노출한 이런 내적 충돌을 뒤로 하고 로이드-존스가 제시하는 성경적 근거를 살펴보려고 한다.

고재수의 입장은 분명하다. 사도행전에서 성령세례나 성령 언급은 하나님을 알고 믿었으나 메시아에 대한 약속이 예수 그리스도 안에서 성취되었음을 모르는 사람들에 대한 것이며, 그들이 복음을 받아들일 때 성령을 받았다는 사실을 증거한다. 즉 사도행전에 기록된 그 사건을 부흥으로 이해한다면 그것은 이 사건의 특별한 의미를 무시하는 것이다. 다른 세 사건(행 2:1-4, 4:31, 8:17)도 부흥을 상기시키지 않는다. 고재수는 사도행전은 성령으로서의 세례가 부흥이라고 말하지 않는다고 결론짓는다(149). 로마서 5장 5절, 에베소서 1장 13절, 베드로전서 1장 8절 등을 살핀 뒤에 동일한 결론에 이른다. 최종적으로 고재수는 로이드-존스가 묘사하는 부흥은 성경에 한 번도 나오지 않는다고 단언한다. 각주에서 그는 1907년의 부흥도 성경적으로 평가해야 한다고 첨언한다. 성령의 선물은 예수 그리스도를 믿는 것과 관련된다. 그리스도 안에서 자기를 궁극적으로 계시하신 하나님을 믿는 자는 하나님의 약속대로 그 믿음을 따라 성령을 선물로 받는다. 그 선물은 그리스도 안에서 완전하게 살아야 하는 책임을 동시에 부여한다. 설교는 특별한 체험을 강조하는 대신에, 하나님의 구원 사역과 그리스도의 안에서의 생활을 강조해야 한다고 최종 결론을 맺는다(157).

고재수는 로이드-존스를 다루면서 성령세례와 연관된 성경 본문을 꼼꼼하게 주석하였는데, 웨슬리와 체험을 다루면서 웨스트민스터 신앙고백 1장 2항, 곧 모든 성경은 하나님의 영감으로 주어진 것으로 신앙(교리)과 생활의 법칙임을 앞세우면서, 웨슬리가 말하는 4대 신학적 권위, 곧 성경과 초대교회의 전통과 이성 그리고 체험을 대비시킨다. 고재수는 웨슬리와 체험의 사안에서 그의 추종자 중에서도 개인의 체험을 강조하는 입장(A.C. Piepkorn, H.B. Workan, J.E. Rattenb ury)과 성경의 결정적 권위를 강조하는 해석(C.W. Williams)을 대비시킨다. 고재수는 일단 성경과 체험을 다 수용하면서 웨슬리를 살핀다. 웨슬리가 말하는 체험은 중생 받은 자의 체험이다. 물론 그는 체험은 성경에 근거하지 않은 교리를 증명하기에 충분하지 않다고 옳게 말하면서도(167) 동시에 성경과 관련하여 체험도 표준의 기능을 가진다고 본다(168).

고재수는 신자의 체험은 매우 좁다는 입장에서 체험을 표준으로 삼는 웨슬리를 반박한다. 가령, 창조, 그리스도의 탄생, 십자가와 부활, 그리고 몸의 부활과 영생을 우리는 체험이 아니라 성경 말씀에 기초하여 믿고 고백한다. 아브라함의 거짓말 등에서 보듯 신자의 체험 자체가 잘못된 것일 수도 있다. 체험에 대해서 청교도는 믿음의 확신의 체험을, 감리교는 평화의 느낌 후에 일어나는 완전 성화의 체험을, 토레이는 봉사의 힘을 받는 체험을, 오순절파는 방언을, 그리고 신오순절파는 방언이 없이도 성령세례를 체험한다고 각기 다르게 주장한다(171). "그 열매로 그를 알리라"는 마태복음 7장 17~20절의 말씀은 성경이 체험을 표준으로 삼는다는 증빙 본문으로 자주 사용된다. 그러나 표준을 사용할 수 있다면, 이는 진리가 아니라 삶에 대한 표준일 뿐이며, 교리를 증명하는 표준이 될 수 없다. 물론 신자의 삶에는 체험이 뒤따른다. 그렇지만 우리는 성령을 받은 자는 믿음의 열매를 낼 것이라는 교리를 먼저 알아야 한다(173). 그때 믿음의 열매에서 내가 중생 받은 자요, 성령님을 받은 자라고 말할 수 있다.

그런데 로마서 '율법 아래'를 말하는 8장 15절과 7장 14절[37] 주석에서 웨슬리와 로이드-존스는 같은 입장을 취한다. 그러나 두 본문은 인간의 두 단계와 신분을 말하는데, 웨슬리는 세 단계 또는 신분을 말한다. 즉, 자연인의 상태, 율법 아래 있는 사람의 상태, 그리고 은혜 아래 있는 사람의 상태이다. 두 본문은 중간 단계 즉 율법을 몰랐다가 율법 아래 있되 실패하고 마는 그런 인격의 상태를 말한다는 것이다. 로이드-존스도 율법의 거룩성과 자신의 연약함을 알고 있지만, 복음의 진리인 그리스도 안의 구원은 모르는 단계라고 말한다(182). 웨슬리의 세 단계 구분은 8장 15절이나 7장에 나오지 않는다(184). 8장 16절 해석에서 두 사람은 성령 증거의 방법은 내적 귀에 말씀하는 방식을 말한다. 다만 내용에 대해서 웨슬리는 사죄와 화목을, 로이드-존스는 하나님의 자녀

---

37 헬라 교부들은 '나'를 중생 받지 않은 자로 보는 반면, 아우구스티누스와 칼뱅 등은 중생 받은 자로 본다.

임을 증거한다고 달리 말한다(188). 로이드-존스가 웨슬리를 체험의 예로 삼지만, 이 또한 내적 모순이 아닌가. 사실 웨슬리가 말하는 내적 증거는 실상은 진리를 증거한다(193). 즉 성령의 증거에 대한 그의 생각은 성경이 아니라 자신이나 다른 사람의 체험에서 나왔다. 웨슬리의 신학의 특징은 성경이 아니라 체험에서 나왔다(193).

고재수는 오늘날에도 체험을 이런 방식으로 사용하여 설교하는 신학자와 설교자가 있는데, 이것을 신적 진리로 받아들일 필요가 없다고 결론짓는다. 우리가 반드시 믿어야 할 바는 하나님께서 우리에게 계시하신 성경의 내용이다. 웨스트민스터 신앙고백처럼, 성경이 우리 신앙과 생활의 법칙이다(194). 웨슬리나 로이드-존스가 말하는 뜨거움이나 기쁨이라는 특별한 자기 체험이나 즉각적인 중생의 체험을 강조하면, 사람을 외식이나 절망으로 인도할 수 있다. 목사는 오직 하나님의 말씀만을 전해야 하며, 성도는 다른 이들의 체험이 아니라 성경의 내용을 완전하게 들어야 한다는 점을 강조한다.

성경에 대한 "성령의 증거"에서 고재수는 교회의 증거, 성경 자체의 증거와 성령의 증거를 말하는 웨스트민스터 신앙고백 1장 5항을 인용하면서 시작한다(196). 사실 성경이 하나님의 말씀이라는 확신은 성령의 증거만이 생기게 한다. 그래서 6항은 성령의 새 계시나 인간의 전통에 의하여 어느 때인지 그 어떤 것이라도 성경에 첨가될 수 없다고 고백한다. 이를 더 파악하기 위하여 칼뱅을 참조한다. 칼뱅은 성경의 천상적 기원을 알 때 완전한 권위를 얻을 수 있기 때문에 교회가 준다면 인간에게 의존하며 오히려 교회가 성경에 의존한다고 말한다. 인간의 논증이나 판단을 초월하는 확신의 근거는 성령의 비밀스러운 증거뿐이다(1,7,4).[38] 그는 성경의 신적 원천을 말한다.[39] 즉 성경이 하나님의 입에서 인간의 사역을 통하여 우리에게 흘러왔다는 확신이다(1,7,5). 성령이 우리를 설득하도록 우리 마음에 침입해야 한다. 곧 이 인침은 새로운 계시가 아니라 성령이 우리 지성을 조명하사 성경의 내용을 우리가 보게 하시고, 복음이 제시하는 교리를 마음에 인치신다(1,9,1). 성령의 증거는 우리에게 직접 말씀하시는 것을 의미하지 않는다. 성령의 증거의 필요성은 타락 때문이다(3,2,33). 따라서 논증으로는 신앙에 필요한 확신을 줄 수 없다(1,7,4). 지성(mens)에 조명을 받아 성령의 능력으로 마음(cor)이 강하게 지탱하여 하기 때문에 논증으로는 부족하며, 성령의 증거가 반드시 필요하다(3,2,33). 성령의 증거를 칼뱅은 요한일서 5장 7절에서 찾는다.[40] 성령은 믿음을 주시고 또 믿음에 포함되는 성경의 신적 특성에 관한 확신을 주신다. 그리고 오직 택함 받은 자만이 성경이 하나님께로서 온 것을 확신한다(1,7,5).

칼뱅과는 달리 웨슬리는 성경과 관련하여 성령의 증거를 언급하지 않는다(209). 그는 지성을 통하여 모든 사람이 성경이 하나님에게서 나왔음을 알 수 있다고 말한다. 그렇다면 성경의 신적 기원에 성령의 증거는 불필요하다. 그럼에도 그는 성령의 증거를 내적 인상으로 파악하여, 하

---

38 칼뱅 인용의 경우 괄호 안은 그의 『기독교강요』(1559년 판)의 권과 장과 항을 표기한다.

39 Against Rogers, *Scripture in the Westminster Confession*, 324 & W. Niesel, *The Theology of Calvin*, 39. 웨스트민스터 고백은 그리스도를 성경의 내용이 아니라 신적 원천으로 고백한다.

40 "증거하는 이는 성령이시니 성령은 진리니라.."

나님의 자녀인 것과 예수께서 나를 사랑하심과 결국 하나님과 화목 된 자임을 증거한다고 말한다. 이를 두고 바빙크는 18세기 합리주의가 지성이 계시의 진리성을 연구하게 하고, 성경의 권위를 역사적 증거 위에 수립하였다고 말한다. 그렇다면 웨슬리도 성경관에서는 합리주의에 속한다.[41] 또 칼뱅은 성령의 내적 소리나 성령께서 특정 성경 본문을 적용하시는 일에 침묵하나, 웨슬리는 뜨거움을 체험하였다고 말하고, 다른 이들은 특정 본문을 들었다고 한다. 웨슬리에게 믿음의 확신은 우리가 체험한 성령의 증거에 달려 있다면, 칼뱅에게 이것은 하나님의 약속을 부인함에도 성령의 조명을 통하여 약속들을 보고 받아들이게 하는 데에 있다(3,2,16). 즉 성경 자체가 신적임을 충분하게 말하나 죄 때문에 수용하지 못하기 때문에 성령의 증거가 필요하다. 단적으로 표현하자면, 칼뱅은 회개로써 하나님께 나아가는 자들에게 의를 주신다는 약속에 의지하지만, 웨슬리는 하나님께서 성령을 통하여 베푸시는 특별한 체험에 의존한다(213). 또는 성경도 성령의 증거가 필요한지, 아니면 성령의 증거란 성령께서 직접 사람에게 말씀하시느냐, 이 차이라 하겠다.[42]

고재수는 루이스 벌코프(L. Berkhof, 1873-1957)의 입장을 살짝 비판한다. 즉 벌코프에게 성령의 증거는 '인식의 내적 원리'로서 인식론에서 다룬다. 그는 이를 죄인의 마음속에서 죄로 인한 눈먼 상태를 제거하

---

41 Cf. D.W. Bebbington, *Evangelicalism in Modern Britain: A History from the 1730s to the 1980s* (London and New York: Routledge, 1989), 50-52.

42 고재수는 슐라이에르마허를 예로 들어 그의 출발점은 성경이 아니라 기독교적 경건이라고 한다(214).

는 성령의 사역이라고 한다. 그렇다면 죄 없는 낙원에서는 계시를 성령의 증거 없이 바로 신적 말씀을 수용할 수 있었다는 말인가? 사실 그는 계시 인식의 외적 원리와 내적 원리는 바빙크에게서, 성령의 증거의 의미는 칼뱅에게서 취함으로써 모순을 일으켰다(218).[43] 또 벌코프는 성령의 증거를 '믿음의 기반'(ground)라 하지만, 오히려 하나님께서 성경에서 주시는 증거를 근거로 삼아 성경을 하나님의 말씀으로 믿고 신적인 것으로 인정한다고 설명한다. 그렇다면 성령의 증거는 신앙의 근본적 기반이 아니라 도리어 믿음의 수단인 셈이다. 실상 이 설명이 칼뱅주의적인데, 만약 벌코프의 말처럼 성령의 증거가 믿음의 기반이라면, 계시가 성경과 동시에 성령의 증거로서 두 가지가 등장하고 만다. 이것은 아주 위험한 착상이다. 벌코프에 비하여 베르카워르(G.C. Berkouwer, 1903-96)는 성령의 증거를 항상 성경 신앙과 관련짓는다. 그런데 베르카워르도, 성경 신앙의 내용인 그리스도에 대한 증거로 제한함으로써 성경의 여러 교리들을 성령의 증거와 연관시켰던 칼뱅과 궤를 달리 한다. 칼뱅은 성령의 증거를 내용인 그리스도보다는 성경의 신적 원천과 관련지었다(220-222).

고재수는 웨스트민스터 고백 1장 5항이 성령의 증거를 말하면서 인용하는 성경 본문을 주로 '증거'에 집중하여 세밀하게 살핀다. 많은 증빙 본문 중에서 유독 고린도전서 2장 14-15절만이 성령의 인도를 받은 자가 하나님의 말씀을 받아들이는 것을 명백하게 가르친다고 가르친다. 그

---

[43] 바빙크의 입장은 고재수, "Het getuigenis van de Heilige Geest in verband met dem Schrift", in Radix 11/4, 1985, 1999를 보라.

렇다면 성경이 하나님에게서 온 것을 성령께서 믿게 하시는 사역을 성경이 말하지 않는가? 그렇지만 성경은 믿음이 하나님의 사역이며 특히 성령님의 사역이라 강조한다. 그런데 성경은 하나님, 구원, 성화, 교회 등만이 아니라 성경 자체에 대한 교리도 포함하고 있다. 즉 성경이 계시하는 내용을 믿으면, 성경에 대한 성경적 교리도 수용한다는 말이다. 성경에 기록된 하나님의 말씀을 믿으면서 성경의 신적 원천을 믿지 않는 것은 근본적으로 불가능하다(241). 이 점에서 칼뱅의 성령의 증거가 성경적임을 인정할 수 있다.

그런데 고재수는 칼뱅의 용어 선택에 이의를 제기한다. 즉 그는 '증거하다'는 동사가 '설득'시키는 일까지를 포함한다고 여긴 것 같다. 그가 성령의 증거의 근거로 삼는 요한일서 5장 6절 주석에서 하나님의 영이 신자들을 납득시킨다고 말한다. 그러나 요한일서 5장에는 사람들이 그 증거를 부정할 수 있음이 나타나고 있음을 볼 때, 성령의 증거라는 말 자체가 납득시킴을 포함하는 것은 아님을 볼 수 있다는 것이다(242). 칼뱅은 종종 성령의 조명도 사용한다. 고재수는, 칼뱅의 의도를 살리려면 성령의 증거 대신에 성령의 내적 납득시킴이라는 대안을 제시한다. 성령님은 오직 성경을 통하여 우리에게 말씀하신다. 성령님은 말씀과 더불어 또 다른 일, 곧 우리를 내적으로 납득시키시는 일을 행할 필요가 있다. 그는 사도행전 16장 14절의 루디아의 경우를 예로 든다.

고재수는 이제 웨스트민스터 신앙고백의 표현도 정확하지 않음을 말한다. 오히려 그는 웨스트민스터 대요리문답 4문답을 선호한다. "성경이 하나님의 말씀인 것을 어떻게 알 수 있습니까?" "성경을 수단으로, 또한 성경과 더불어 사람의 마음에 증거하시는 하나님의 성령만이 성경이 참으로 하나님의 말씀인 것을 완전히 납득시킬 수 있습니다."(243)

고재수는 웨스트민스터 신앙고백도 어디서나 하나님 우선을 말한다고 강조한다. 이것은 체험이 아니라 성경 말씀만이 신앙과 생활의 표준과 규칙임을 말한다. 그는 이 확고한 입장에서 성령 체험과 신자의 삶을 살폈다. 이 과정에서 그는 성령의 증거를 살피면서 이 증거는 성경의 신적 기원을 밝힌다고 말하고, 굳이 신자의 체험을 성령의 증거로 지지할 필요가 없다고 강조한다. 특히 그는 웨슬리가 지성을 통하여 모든 사람이 성경이 하나님에게서 나왔음을 알 수 있다는 발언에 동의하지 않는다. 이것은 곧바로 자연계시와 자연적 신지식과 연결된다. 고재수는 이 주제에 대하여 깊이 생각하고 여러 논문에서 자기의 입장을 개진한다. 계시는 '하나님의 자기 계시'라는 점과 고재수의 학위 논문이 하나님의 한 속성인 영성을 주제로 삼은 것을 직시하면, 그는 하나님 우선 사상을 계시 이해에서도 찾는다고 할 수 있다.

5. 일반계시와 신의식

교의학자로서 고재수의 신학적 자세와 입장이 뚜렷하게 돋보이는 주제가 있다면 일반계시와 자연적 신지식(신의식)이다. 그는 이 주제를 탐구하면서 관련된 성경 본문들을 면밀하게 주석하고, 고백서의 내용을 참조하며, 개혁신학의 선배들을 인용하되, 이런 무장으로 그릇된 주장이나 입장을 드러내고 비판한다. 그리고 이것은 그가 매년 한 교의학 서론 강의에서 나온 결과물이다.

고재수는 교리와 생활의 표준과 규칙인 성경 말씀에 기초하여 이 주제를 개진한다. 자연적 신지식이 과연 일반계시의 결과인가? 모든 사람이 하나님에 대한 계시를 받았다면 모든 사람이 하나님을 알고 있는가? 이게 가능하다면, 이방인들의 신지식을 교의학에 포함시킬 수가 있을 것이며, 선교사들도 자연적 신지식을 출발점으로 삼아 복음을 전할 수 있을 것이다.

고재수는 멜랑톤(Ph. Melanchthon, 1497-1560)이 쓴 개신교 최초의 교의학을 예로 삼아 교의사적 배경을 살핀다.[44] 멜랑톤은 플라톤의 하나님 정의, 곧 영원한 지성이며 자연에 있는 모든 좋은 것의 원인이라는 정의에다 하나님의 몇 속성들을 첨가하고 마지막으로 삼위일체이심을 또 첨가한다. 멜랑톤은 이방인들이 하나님의 존재와 속성은 많이 알고 있었으나, 삼위일체론은 몰랐다고 말한다. 성경은 이방인들도 아는 신의 본질과 속성을 다만 확정한다. 개신교의 첫 교의학을 쓴 멜랑톤을 따라 개신교 정통주의자들은 예외 없이 신의 본질과 속성이라는 일반적 지식과 성경만이 말하는 삼위일체론을 첨가하여 신론을 진술한다(51). 이렇게 철학적인 신론이 신학의 신론에 수용되며, 신론의 순서도 하나님의 본질과 속성 다음에 삼위일체론을 배치한다. 이방인들이 신에 대해 가진 사상에 좋은 점도 있다면, 이방인의 사상을 선교의 출발점으로 삼을 수

---

44 *Loci Communes* (^{1}1521; ^{3}1543).

있다는 말이다.[45] 이처럼 고재수의 신학은 동시에 실천지향적이다.

고재수는 종교개혁 직후부터 자연적 신지식을 성경적이라고 여긴 확신이 있었으며, 증빙 본문으로 사도행전 14장 15절 이하, 17장 26절 이하, 로마서 1장 18절 이하, 2장 14절 등 네 곳이었다고 말한다. 그는 이 본문들을 여러 차례 주석하면서 성경 외에 하나님을 설명하는 자연적 지식의 존재 여부를 가늠한다.

일단 사도행전 14장에서 바울은 루스드라 사람들이 가졌던 신관에 연결시키지 않고, 오히려 그들이 돌아가야 할 하나님을 설교하였으며, 로마서 2장 14절 이하에서 바울은 이방인이 하나님을 아는가 하는 문제가 아니라 하나님의 율법을 아는가 하는 문제를 다룬다.

사도행전 17장에서 바울은 에피쿠르스, 스토아 철학자들을 포함한 이방인들이 하나님을 모른다는 점을 강조한다. 그는 아덴 사람들이 '모르는 신'(23절)을 섬기는 것을 보고 이를 출발점으로 삼아 예수님을 다시 살리신 하나님을 선포한다. 그는 그들의 경배 행위를 칭찬하는 것이 아니라 그들의 무지를 지적하면서 그들이 모르는 참 하나님을 전파하려고 한다(67). 하나님을 찾는 것이 인간의 창조 목적이지만, 아덴 사람들은 그렇게 하지 않았다(27절). 바울은 이렇게 이방인들이 하나님을 아는 것을 인정하지 않았으며, 오직 성경에 계시 된 참 하나님을 전파하였다(69절). 바울은 '우리가 그의 소생이라'는 시인 아라투스의 말(28절)을 참 하나님에게 적용하지 않는다. 아라투스가 제우스에 대해서 말하는 범신론적 경

---

45 『교의학의 이론과 실제』, 50-51. 아래 괄호 속의 숫자는 이 책의 쪽을 지시함.

향을 알기 때문에 '신의 소생이 되었다'는 유사점을 이용한 것이 아니라, 그런 신을 우상으로 표현하는 이방인의 예배의 불합리성을 증명하였다. 즉 이를 알지 못하는 시대에는 하나님께서 간과하였지만, 이제는 회개를 명하셨다(30절)고 선언함으로써 그들의 종교를 간접적으로 비판하고, 그들을 바울 자신이 전도하는 하나님께로 인도하였다(75).

로마서 1장 18절 이하에서 바울은 하나님께서 자기의 영원한 능력과 신성을 모든 사람에게 계시하신다고 말한다(19절). 그래서 인간은 이로부터 실제로 하나님에 대한 어떤 지식을 받는다. 그러나 인간은 이 신지식을 받지만 수용하지 않기 때문에 다른 신들을 만들고 피조물을 경배한다(23,25). 이 때문에 인간은 하나님을 경배하지 않으며(21), 따라서 핑계하지 못한다(20). 하나님의 진노가 하늘로부터 임하니, 인간은 하나님의 징계 아래 있다. 로마서 1장의 교훈은 무엇인가? 인간이 피조물을 통하여 하나님에 대하여 계속 받는 지식은 제한적(능력과 신성)이지만 올바르나 마음 깊숙이 은폐되어 있고, 이조차 막아버린다. 오히려 이 계시의 자극으로 은폐된 바가 외적으로 나타날 때 우상을 섬기는 신관을 표방한다. 이것은 타락의 결과이며 죄의 영향 때문이다. 헬라 철학자들과 이방인들은 후자의 신관을 표현하기 때문에, 기독교 신론에서 사용할 수 없다는 것이다(57).

이런 신론 이해는 삼위일체론까지 영향을 미쳤다. 신론 전부가 '신비'라는 멜랑톤의 초기 입장은 정당하나, 이후 개신교는 '삼위일체론'만을 신비라 불렀다. 즉 삼위일체론은 인간의 지성을 초월하는 신비이지만, 하나님의 본질과 속성은 인간이 지성으로 부분적이나마 접근할 수 있다고 여겼다. 고재수는 하나님의 본질과 속성도 신비에 속하여 인간의 지성을 초월하지만, 하나님께서 인간에게 계시하셨기 때문에 알 수 있다고 본다(58). 나아가 하나님의 속성과 삼위일체론은 계시로써 알 수 있기 때문에 자연적 신지식이 신론의 순서를 결정할 수 없다. 나아가 고재수는 바빙크가 신지식을 인식론적으로 다루면서 하나님의 불가해성을 먼저 다루는 것을 비판한다. 우리가 하나님을 알 수 있다는 사실과 하나님을 완전히 파악하지 못한다는 사실 모두 같은 원천인 성경에서 나온다. 이는 인식론이 아니라 방법론적 문제와 연관된다. 즉 우리는 신론에서 하나님의 불가해성이 아니라 하나님을 알 수 있다는 교리에서 신론을 시작해야 한다(60).

고재수는 우리 하나님의 이름 야웨를, 토마스 아퀴나스가 아리스토텔레스 철학의 신관을 따라 부동하고 불변하는 최고 존재라고 말하는 것을 반대한다. 부동하고 불변하는 신에게 사랑이나 시기와 같은 정서가 있겠는가? 고재수는 출애굽기 3장 14절에 나오는 야웨의 이름을 '스스로 있는 자'가 아니라 '그러한 대로 그러하다'로 번역하고 이해한다. 우리 하나님은 살아계시고 활동하시는 분으로 자기를 계시하신다. 즉 조상들에게 주신 약속을 지키시고 이스라엘을 애굽에서 해방하는 하나님은 그러한 대로 그러한 분으로 자기를 계시하신다(61).

고재수는 하나님의 의의 속성 이해도 교정을 시도한다. 루터가 두려워했던 하나님의 의에 대한 사상은 '모든 사람에게 자기의 것을 주는 의'라는 아리스토텔레스의 정의 이해에서 나왔다. 그렇다면 죄인은 하나님에게 사형 선고를 받아야 마땅하니, 루터는 로마서 1장 17절의 '하나님의 의'를 혐오하였다. 그러나 복음이 모든 믿는 자에게 구원을 주시는 하나님의 능력임을 이방인 아리스토텔레스가 알 리가 없었다. 하나님의 의는 죄인에게 심판과 동시에 믿는 자에게 구원이기도 하다. 아리스토텔레스가 살아계신 하나님과 그분의 의를 몰랐기 때문에 그의 의의 정의를 하나님의 속성 교리에 사용할 수 없다(62).[46]

고재수는 박사 논문의 주제인 하나님의 영성도 교정을 필요로 한다는 입장이다. 전통적으로 하나님의 영성은 하나님께서 최고의 존재라는 본질에서 도출하는 결과에 속하였다. 즉 물질적 존재와 영적 존재를 나누고, 영은 물질보다 더 높은 종류의 존재로 보면서 하나님은 필시 영적 존재여야 한다는 결론을 도출한다. 그러나 성경은 영적 존재의 우월성을 가르치지 않으므로 성경적이지 않다. 영을 말하는 구약과 신약의 여러 본문을 세밀하게 살피고, 특히 요한복음 4장 24절을 중점적으로 주석한다. 하나님께서 영이심은 일차적으로 창조주와 구속주이신 그분이 생명을 베푸시는 분으로서 육체적이지 않다는 뜻이다.[47]

고재수는 이로부터 신론과 동시에 선교에 미치는 결과를 세 가지로 제시한다. 첫째, 선교사는 복음을 전할 때 이방인의 신관을 출발점으로 사용할 수 없다. 그 신관은 하나님의 자기 계시의 영향 아래 있지만 내용상 타락한 종교이기 때문이다. 둘째, 이 때문에 이방인 선교가 불가능

---

46 고재수는 바빙크가 성경이 의에 대해서 다르게 말하는 것을 지적하면서도 아리스토텔레스의 견해를 고수한다고 지적한다, 2,195.

47 *De geestelijkheid van God*, 192. 이런 입장은 K. Schilder, J.R. Wiskerke의 입장이기도 하다, 79-82. 고재수는 학위 논문에서도 이방인도 신지식을 가지고 있다고 개신교가 증빙본문으로 삼는 사도행전과 로마서 각각 두 본문씩 모두 4 본문들을 주해하고 비판한다, 84-99.

한 것은 아니다. 하나님께서 자연과 역사에서 자기를 계시하시기 때문이다. 선교사는 이방인들이 자신들 속에 깊이 알고 있는 하나님, 곧 그들이 이미 만났고 그 사역을 보았고 계속 인식하고 있는 하나님을 전하면서 이로부터 하나님의 능력, 선, 진노 등을 알고 있음을 지적하면서 전도할 수 있다. 셋째, 그럼에도 그들이 예수 그리스도를 통하여 구원하시는 하나님을 무시하고 믿지 않고 있다고 책망할 수 있다. 이방인들을 향한 선교는 '회개하라'로 시작할 수밖에 없다. 그들이 하나님에 대한 계시를 부정하고 대신에 거짓 종교를 만들었기 때문에 전능하신 하나님만이 그들의 반대를 제거하고 마음을 설득하시는 방식으로 그들이 일반계시를 통해 받은 것을 수용하게 하실 수 있다(63).

고재수는 일반계시를 심도 있게 분석하고 평가한다. 일반계시를 하나님에 대한 직관적 지식인 신의식(sense of divinity)과 획득지식으로 나눈다.[48] 신의식의 경우 그는 칼뱅을 세심하게 살피면서 비판적인 평가를 이끌어 낸다. 칼뱅은 모든 사람이 하나의 신이 존재함을 안다는 의미에서 (선험적) 신의식(1,3,3 & 4)을 말한다. 그는 경험의 증거를 근거하여 종교의 씨가 하나님으로부터 모든 사람에게 심겨져 있다고 말한다(1,4,1 & 1,5,1). 칼뱅은 두 용어를 같은 의미로 사용하나, 종교의 씨라는 용어에서 신의식은 사람의 종교, 그의 신앙, 순종과 예배의 근원으로 묘사된다. 이 씨는 참 종교를 낳아야 하지만, 죄 때문에 열매를 맺거나 성숙할 수 없다(1,4,1). 그러나 이 씨가 죽지 않았기 때문에 왜곡된 세상

---

48 B.a. Demarest, *General Revelation: Historical Views and Contemporary Issues* (Grand Rapids: Zondervan, 1982), 228-233.

의 종교들이 존재한다. 칼뱅은 '씨'라는 용어로 하나님께서 자기가 만드신 만물을 통하여 나타내시는 계시를 뜻하기도 한다. 무엇보다도 씨는 신의식을 지시하는 전문용어가 되었다(87).

그런데 칼뱅의 신의식을 더마레스트처럼 하나님의 대한 직관(intuition), 또는 직관적 지식이라 부를 수 있을까? 그는 이 지식이 직관적인 것은 그 기원이 관찰과 감각 체험에 있지 않기 때문이지만, 정신의 의식적 활동은 요구된다. 하나님이 이 의식을 인간 의식에 주었다는 칼뱅과는 달리, 그는 자의식을 통해 이 의식을 획득한다고 주장한다. 그래서 그는 신의식 대신에 직관적 지식을 사용한다. 그러나 더마레스트는 능력, 완전, 인격 등 인간에게 있는 속성을 신에게 돌리는 탁월의 방식이나 시원적, 비발생적, 또는 무한의 자질에서는 인간에게 제거하는 부정의 방식을 사용하여 하나님에 대한 직관적 지식을 말하지만, 실상은 인간적 사유의 결과이다. 고재수는 칼뱅이 신지식을 종교적으로, 더마레스트는 철학적으로 다루었다고 말한다(90). 그는 철학적으로 말을 통한 하나님의 계시를 이해하는 일은 하나님에 대한 선행 지식이 없이 불가능하며, 피조물을 통한 하나님의 계시를 이해하는 일 역시 선행 지식이 없이는 의미가 없다고 주장한다.

고재수는 더마레스트의 주장을 거부한다. 더마레스트가 사도행전 17장 28절을 인용하면서, 사람이 하나님의 형상으로 피조되어 진리를 감지할 때 사실 하나님을 감지한다고 주장하자, 고재수는 그가 스토아 시인들이 범신론적으로 말한 것이라고 바르게 지적하였다고 한편으로 동의하지만, 곧장 바울이 그들의 의견을 그냥 하나님의 '진리'로 인정하지 않았다고 더마레스트를 반박한다. 고재수는 더마레스트가 하나님에 대한 직관적 지식의 가장 중요한 본문으로 들고 있는 로마서 1장 18절을 다룬다. "대부분의 로마서 해석자들(Godet, Hodge, Hughes, Litton 등)은 바울이 1장 20절에서 사람의 정신 위에 찍혀져 있는 선험적 지식과 창조 질서에서 획득된 추론적 지식, 이 둘을 다 포함하는 요약적 진술을 제시하고 있다."[49] 고재수는 하나님의 영원한 능력과 신성이 하나님의 지으신 만물로부터 정신에 의해 감지되고 있기 때문에, 로마서 1장 18-25절에서 말하는 신지식은 관찰과 감각 체험을 떠나서 자아 앞에서의 직관이 아니라 피조물에 대한 지각으로부터 파생된다는 것을 강조하고 더마레스트를 비판한다(97).

고재수는 한 걸음 더 나아가 칼뱅의 신의식 문제도 상세하게 분석하고 평가한다. "경험이 증거하는 것처럼 종교의 씨가 모든 사람 속에 하나님에 의해 심겨졌다."(1,4,1; 신의식은 1,3,3) 칼뱅은 신의식이나 종교의 씨를 뒷받침하기 위하여 성경에서 어떤 증거도 제시하지 않고 무신자라도 두려움을 통하여 그들이 부정하는 하나님을 믿고 있다거나(1,3,2), 철학자들의 주장을 언급한다(1,3,3). 고재수는 경험에 근거하여 어떻게 신의식이 직접 왔으며, 이것이 피조물을 관찰함으로써 오지 않았다고 구별할 수 있을까 의문을 제기한다. 또 신의식을 언급하지 않고도 종교의 보편성과 무신론자의 두려움을 설명할 수 있다는 것이다. 즉 로마서 1장 20절은 피조물을 통한 하나님의 계시를 말하며, 계시의 결과로 인

---

49 Demarest, *General Revelation*, 230-231.

간이 하나님의 영원한 능력과 신성을 인지하면서도 하나님의 영광을 피조물의 썩어질 형상으로 바꾸면서 종교들이 등장한다. "그러므로 우리가 결론지을 수 있는 것은, 신의식 혹은 하나님에 대한 직관적 지식이라는 가설의 근거도, 또 그 필요도 없다는 사실이다."(99)[50] 고재수는 일반계시론을 면밀하게 살펴 일반적으로 알려진 대로 하나님에 대한 본유적인 신의식 또는 종교의 씨 혹은 직관적 지식이 존재한다는 추정을 성경주석으로 부인한다.

고재수는 일반계시의 또 다른 측면, 즉 하나님의 율법에 대한 계시의 문제를 주해하고 평가한다. 루이스 벌코프는 바르트를 반대하여 일반계시의 중요성을, 자유주의를 반대하여 로마서 2장 14-15절을 인용하면서 일반계시의 불충분성을 주장했다. 그는 하나님이 여러 가지를 이방인들을 포함한 모든 사람에게 계시하시며, 인간은 그 계시를 파악할 능력이 있으며, 그중에 많은 이들이 이 계시와 다르게 행하지만 몇몇 사람은 본성으로 율법의 일을 행한다고 말한다.[51] 여기에는 하나님에 대한 일반계시와 율법에 대한 일반계시를 동시에 말하는데, 특히 앞 문장의 마지막은 후자를 거론한다. 나아가 벌코프는 로마서 1장과 사도행전 17장을 언급하면서 성경이 이방 종교 안에 참된 요소를 인정했다고 말한다.[52] 벌코프는 두 종류의 일반계시를 인간이 파악할 수 있다고 긍정적

---

50 인간의 마음을 백지상태(tabula rasa)라고 주장한 소시니안의 입장은, 인간이 본래 선하지도 악하지도 않은 중성적 상태를 주장하기 때문에 고재수는 이를 거부한다.

51 L. Berkhof, *Introduction to Systematic Theology*, 129-130.

52 Berkhof, 131.

입장을 표방한다.

고재수는 벌코프의 입장을 평가하려고 스힐더(K. Schilder, 1890-1952)를 인용한다(104 이하). 스힐더는 로마서 2장 14-15절로부터 율법이 아니라 율법의 일이 마음에 쓰여져 있어서 이방인이 외적으로 율법대로 행한다고 주석한다. 그는 칼뱅을 포함한 개혁신학자들이 이 본문에 기초하여 일반계시와 일반은혜를 찬양한 것을 반대한다. 그렇다면 그들이 순종하는 이유는 무엇인가? 이에 대하여 베르카워르는 순종을 일반계시와 일반은혜와 연관시켜 해명한다. 다만 그는 마음에 쓰여진 율법의 일을 일반계시가 아니라 일반계시에 대한 반응으로 이해한다. 이렇게 그도 일반계시를 직접적으로 지적하지 않고 다만 인간의 본성과 마음에 쓰여진 행위를 설명하기 위한 전제로 언급할 뿐이다(108). 더마레스트는 베르카워르를 반대하면서 율법의 내용과 구체적 명령이 이방인의 마음에 쓰여졌으며, 이 지식이 직관적이라고 한다. 그의 입장은 스힐더와 베르카워르가 반대한 전통적 입장에 가깝다.[53]

고재수는 자신의 입장을 제시하기 위하여 로마서 2장의 본문을 주석한다. 본문이 말하는 율법을 17세기의 대부분의 신학자들이 자연법을 거론하였다. 10세기에는 바울이 도덕적 행위는 본성에 심어진, 하나님으로부터 온 율법을 듣는 것이라는 스토아 철학의 한 요소를 수용하였다고들 한다. 그렇다면 일반적 행위의 표준은 마음에 있는 그 율법이 된다. 고재수는 문맥상 12절부터 율법은 모세에게 주신 율법이라고 말한

---

53 Demarest, 231-2.

다. 이방인들도 더러 율법 곧 이스라엘 백성이 받은 율법의 일을 행한다는 사실이다. 즉 본문은 두 가지 하나님의 율법의 구분이나 자연적 율법을 가르치지 않는다(115).

이방인들은 어떻게 이 율법을 받았는가? 토마스 아퀴나스(Thom as Aquinas, 1225?-1274)를 위시하여 가톨릭 신학은 '본성으로'(롬 2:14)부터 인간이 이성으로 그 율법을 안다고 말한다. 그러나 바울은 이방인들은 율법의 일을 아는 것이 아니라 행한다고 말한다. '이방인들이 그 마음에 쓰여진 율법의 행위를 나타내느니라'라는 말은 그들이 가령 십계명의 원문을 받지는 않았지만 율법이 요구하는 행위가 그들의 마음에 쓰여져 있다는 뜻이다(116). 즉 하나님의 율법은 내용적으로 이방을 포함한 인간의 마음속 깊은 곳에 있으며, 율법의 글씨는 인간의 존재함 자체와 관련되어 있다. 이방인이 율법의 내용을 지킬 때, 그들은 본성대로 행한다는 뜻이다. 바울은 율법이 없는 이방인이 본성으로 실제로 율법의 행위를 행한다고 말하지만, 이방인의 율법 순종에 대해서 낙관적이지 않다. 그들의 생각들이 서로 송사하거나 변명하는데, 바울은 그들의 선함이 아니라 그들은 율법 없이도 망한다는 것을 증명하려고 한다. 이방인이 율법이 요구하는 바를 알면서도 대부분 불순종하기 때문에 하나님의 심판은 정당한 것이다(118).

이로부터 고재수는 몇 가지 결론을 정리한다(119-122). 이방인은 하나님의 율법이 요구하시는 것에 대한 지식을 가지고 있지만, 그 지식의 완전성 여부나 율법의 행위가 십계명을 다 포함하는가 등에 대해서 본문은 답을 주지 않는다. 스힐더나 베르카워르의 주장처럼 율법의 행위가 마음에 쓰여졌다는 표현이 하나님의 계시를 의미하지는 않지만, 인간이 율법의 행위의 선함이나 좋은 결과를 깨닫게 됨을 말하지 않더라도 하나님의 율법 행위가 인간의 마음속에 쓰여져 있음을 말하는 것은 사실이다. 이것은 하나님이 행하신 것이기 때문에 본문은 일반계시를 가르친다고 주장한다. 다만 하나님이 그 지식을 직접 계시하신다는 더마레스트의 견해나, 하나님이 간접적으로 섭리와 역사를 통하여 계시하신다는 베르카워르의 견해는 증명될 수 없다고 덧붙인다. 또 일반계시의 두 측면, 즉 하나님 자신에 대한 계시(롬 1장)와 율법에 대한 계시(롬 2장)를 나눈다 하여도 벌코프처럼 두 측면을 평행시킬 수는 없다. 고재수는 인간이 전자를 완전히 거절하고 대신에 우상을 만들지만, 율법에 관해서는 부분적으로 순종하기 때문이라고 말한다. 마지막으로 전자, 즉 이방 종교는 하나님에 관한 일반계시를 완전히 거부함으로써 종교에서 이방인과 기독교인 사이에 아무 유사점이 없지만, 후자, 즉 이방인이 하나님의 율법의 행위를 부분적으로 알고 부분적으로 행하기 때문에 기독신자는 그들과 이 세상에서 협력할 수 있다. 이 측면으로부터 고재수는 일반은혜와 문화관을 전개한다.

고재수는 일반계시와 특별계시를 비교한다. 내용과 수단에서 특별계시가 더 포괄적인 반면, 받는 자의 측면에서는 일반계시가 더욱 포괄적이다. 세 가지 유사점도 있다. 일반계시와 특별계시의 원천은 활동적으로 자기 자신을 알리시려는 하나님 자신이다. 목적은 인간이 하나님을 알고 배우며 섬기는 일이다. 결과도 유사한데, 죄인인 인간은 특별계시뿐 아니라 일반계시까지 거부한다. 오직 하나님께서 사람의 마음을 변화시키실 때 특별계시뿐 아니라 일반계시를 통해서도 하나님을 인정하고 그분에 대한 지식과 사랑 가운데서 계속 자라나갈 것이다(138).

고재수는 로마서 2장으로부터 신자와 불신자가 행하는 행위의 유사성을 말한다. 그 유사성의 목표는 하나님께 순종함이다. 바울은 하나님을 믿지 않는 자들도 종종 하나님께서 그들이 행하기를 원하는 것을 행한다(순종)는 사실을 인정한다. 그러나 이 사실을 설명하기 위하여 일반은혜라는 말을 사용해야 할까? 여기에 대해서 그는 유보적 입장을 취한다. '율법의 행위가 그들의 마음에 새겨졌다'는 사실은 하나님께서 그들의 마음에 율법을 새기신 특별한 사역의 결과와 순종을 말한다. 이것은 일반계시의 결과이다.[54]

고재수가 일반계시를 부각하면서도 일반은총에 대해서는 소극적인 이유가 무엇일까? 이를 고재수는 어느 곳에서도 다루지 않았다. 계시는 하나님의 자기 계시이다. 비와 결실기를 주시는 선한 일을 하심으로 음식과 기쁨으로 인간의 마음을 만족하게 하시는 것이 곧 자기 증거이다(행 14:17). 그는 하나님의 자기 증거와 자기 계시에 방점을 두면서 인간의 본성이나 내면을 가능하면 신인식이나 율법 행위의 동력으로 삼지 않으려는 경향을 뚜렷하게 보인다. 칼뱅이 말하는 신의식이나 종교의 씨를 성경적인 근거가 없다라고 거부하는 그의 관점은 소시니안까지 비판하면서, 본유적 지식 또는 직관적 신지식의 존재를 거부한다. 워필드(B.B. Warfield, 1851-1921)를 인용하면서 고재수는 인간이 하나님을

---

54 『그리스도와 교회와 문화』, 73 이하.

아는 본유의 기능(an innate faculty)을 가지지만, 하나님에 대한 본유의 지식(an innate knowledge)을 가지지 않는다고 말한다.[55] 선천적인 본유 지식은 계시와 무관하게 모종의 신지식을 지닌다는 특징과 한계를 품고 있다. 고재수는 항상 하나님의 직접적인 계시 행위에 본유 기능이 응답하여 하나님을 알지만 썩어질 피조물의 우상을 만든다는 그릇된 신지식의 형성을 지적하고 경계한다. 그렇기 때문에 일반은혜가 신자와 불신자 사이에 존재하는 중립지대로 독립하여 교회가 세속화되는 것도 회피해야 한다고 강조한다.[56] 이 점도 고재수가 추구하는 '하나님 우선'에서 나왔다고 할 수 있다.

고재수는 일반계시의 이해에서 맥가브란(D.A. McGavran, 1897-1990)의 교회성장학도 비판적으로 평가한다.[57] 비록 맥가브란의 주장에 여러 긍정적인 측면이 있지만, 하나님께서 많은 사람들이 복음을 받도록 준비하셨다는 맥가브란의 주장을 반박한다. 하나님께서 사람들에게 햇빛과 비를 주시고 섭리가 만인에게 미친다는 사실을 성경이 밝혀주지만(시 19편; 행 14:15-17; 17:26; 롬 1:18 등), 하나님의 이 선물과 섭리가 복음을 받기 위한 준비라는 사실은 성경 어디에서도 말하고 있지 않

---

55   워필드는 사실 L. Riissen을 인용한다, B.B. Warfield. *Calvin and Augustine*, S.G. Craig ed., (Philadelphia: The Presbyterian and Reformed Publishing Company, 1980). 35.

56   『그리스도와 교회와 문화』, 92. 이 발언은 원래 다음 글에서 나왔다: Gootjes, "Schilder on Christ and Culture", in *Always Obedient: Essays on the Teachings of Dr. Klaas Schilder*, J. Geertsema ed. (Philllipsburg: P & R Publishing, 1995), 35-64. 그가 고려신학교 설립취지서에 담긴 일반은혜론을 좀 더 구체적으로 다루지 않은 것은 아쉬운 점으로 남는다.

57   D.A. McGarvran, *Understanding Church Growth* (Grand Rapids: Eerdmans, 1980).

다(428).

6. 신학의 실천성

고재수는 신학 역사에서 해묵은 논쟁에 속하는 주제, 교의학 또는 신학은 이론적이냐 또는 실천적이냐의 주제를 다룬다. 그는 성경이 말하는 지식은 단순히 이론적인 지적 지식을 가리키지 않는다고 말한다. 성경에서 지식은 믿음을 통하여 하나님을 알고 교제하는 사랑에 속한 믿음의 활동이다.[58] 이처럼 고재수는 신학에서 이론과 실천을 구분하는 것 자체를 피한다. 토마스는 거룩한 교리, 곧 신학은 인간적 행함보다는 하나님에 관한 것이기 때문에 이론적이라는 입장을 표방하였다. 이에 비하여 17세기 초 네덜란드 레이던 대학교 교수들의 공저 『순수신학개요』는 지식이 경건에 종속되어 있다고 말하지만, 아쉽게도 지식을 헬라 철학적으로 이해한다.

교의학은 근본적으로 실천적이며, 신앙생활에 실제적으로 중요한 문제를 이론적으로 다룬다(19). 가령, 하나님의 전능은 우리의 기도 생활과 직접 관련되어 있다. 선택론은 구원이 우리의 공로가 아니라 하나님의 사랑과 주권에 달려 있음을 보여준다. 예수님의 동정녀 탄생은 예수님의 신성을 증거한다. 즉 그분이 육신의 아버지를 통하여 출생하였다면 결국 인간이 우리의 구원을 성취하였다는 결론에 이를 수밖에 없다.

---

58 『교의학의 이론과 실제』, 17. 아래 괄호 속의 숫자는 이 책의 쪽을 지시함.

고재수는 교의학과 신학의 실천성을 의식적으로 실천하였다. 그는 구속사적 성경해석과 설교에 몰두하였다. 그는 어떤 주제를 다루더라도 성경 말씀을 먼저 경청하고 히브리어·헬라어 원문을 문법적으로 차분하게 주석하고, 문맥을 고려하고, 무엇보다도 계시 역사의 흐름을 중시하면서 성경 말씀의 뜻을 정확하게 드러낸다. 그 말씀의 이해를 기초로 신앙고백을 살피고, 신학자들이나 주석가들의 입장을 참조하고 비판하거나 도움을 받는다. 이런 입장에서 그는 독립적인 신학자의 면모를 유감없이 발휘하였다. 이로부터 교의학을 강의하거나 설교할 때, 결코 현학적이지 않고 청중이 쉽게 이해할 수 있는 언어로 다가간다. 그의 설교는 어린아이라도 쉽게 이해할 수 있다.[59]

고재수의 신학 수행이 지닌 실천성은 교회를 위한 사역이라는 측면이다. 그가 한국에서 사역하면서 다룬 주제들을 보면 이 측면이 더욱 분명해진다. 구속사 설교와 신앙고백 강조는 그가 모국에서 신학을 공부하면서 습득하였다.[60] 그는 모범설교가 아니라 애초부터 오직 구속사 설교를 교회에서 목사로부터, 신학교에서 교수로부터 배워 그대로 실천하였다. 한국에서 이 방식대로 설교할 때, 청중 특히 신학생들로부터 기록 설교의 출판을 요청받아 구속사 설교의 이론과 실제를 저술하였다. 그는

---

59 고재수는 레이던에서 목회할 때, 고린도전서 15장 35절 이하를 설교하였다. 쉬운 설교가 아니었는데, 두 주 후에 장로 한 분이 별세하였을 때에, 8세의 소녀가 그 설교 내용으로 자기 부모를 위로하였다고 한다, 『그리스도와 교회와 문화』, 225-6.

60 구속사 설교 방법은 1930년대에 K. Schilder, B. Holwerda, M.B. van't Veer 등이 오순절 운동과 바르트주의를 반대하면서 학문적으로 발전시켰다, 『교의학의 이론과 실제』, 186. 그는 또한 J.R. Wiskerke의 *Purim*을 읽고 도움을 받았으며, 이 책은 그가 한국어로 번역한 유일한 책이다, 206-209; 『부림』 (1989); 『그래도 하나님은 승리하신다』 (2000)로 재출판.

1980년대에 고려신학교를 시발점으로 하여 한국 개혁주의 신학교에 구속사 설교를 소개하고 많은 관심을 불러일으켰다. 그는 자신의 주장처럼, 이론과 실천을 통합하였고, 강의나 설교에서 늘 실천지향적이었다.

마지막으로, 고재수의 실천성은 자신이 사역하였던 한국교회의 현안 (hot issues)을 다룬 점에서도 나타난다. 그는 자신을 교회의 파송을 받아 교회를 위하여 일하는 사역자로 인식하고 교회를 위한 신학적 작업을 성실하게 수행하였다. 그 대표적인 주제가 성령세례이었다. 구속사 설교와 신앙고백 강조는 그가 모국에서 받은 신학 훈련의 결과로써 첫 목회지에서 실천하였다면, 성령세례의 경우는 그가 파송 받은 새 사역지인 한국교회 안에서 논의되던 주제였다. 사실 고려신학교 교수 한 사람이 성령으로서의 세례를 주장할 때, 그는 신학생과 교회에 개혁신학의 입장을 전달하기 위하여 주로 영미 계통의 신학자나 설교자의 주장을 광범위하게 독서하고 성경 주석으로 자신의 입장을 정립하고 성령세례를 비판하는 실천적 작업을 수행하였다. 오순절주의는 물론 웨슬리나 로이드-존스의 입장까지도 비판적으로 다룬 이 저서는 고려신학교의 울타리를 넘어 한국교회 특히 장로교회 전체에 개혁신학의 관점에서 성령세례를 판단하도록 기여하였다.

7. 나가면서

'하나님 우선'의 고재수의 신학은 소박하다. 하나님의 계시의 기록인 성경 말씀에 귀 기울이면서 면밀하게 주석하여 좌로나 우로나 치우치지 않고 성실하게 선포하는 겸손한 말씀의 사역자였다. 특히 한국에서 사역한 채 10년이 되지 않은 기간 동안 그는 개혁신학자로서 한국교회를 사랑하고, 한국어를 배워 강의하고 저술하였다. 자매교회인 모국의 개혁교회의 역사와 신앙과 생활, 특히 가정과 교회와 기독교 학교가 행하는 교육을 자세하게 소개하기도 하였다. 캐나다 해밀톤 신학교에 부임한 직후 그 학교와 가진 인터뷰에서 그는 자신이 한국에서 (다른 선교사들과는 달리) 한국인 가운데 살며 함께 일하며 협력하였으며, 8년 동안 한국 학생들을 자기 집에 기거하도록 하였다고 회고하였다. 그는 한국에서 고려신학대학과 고신교회의 일원으로서 공교회적 확신으로 한국을 사랑하고 우리에게 개혁신학을 전수하였고, 그가 남긴 많은 저술은 지금도 우리에게 개혁신학의 좋은 지침이다.

고재수는 성경과 그 요약인 신앙고백의 의미를 잘 가르치면서 때로는 개혁신앙 밖의 주장들이나 그런 주장을 펼치는 신학자들을 비판하였고, 때로는 우리 신앙고백이나 개혁신학의 선배들의 특정 주장도 교정하였다. 그에게 칼뱅, 바빙크, 벌코프도 예외가 아니었다. 이런 비판과 교정의 저력은 고재수의 차분한 성경 주석, 개혁교회와 개혁신학에 대한 확신이었으며, 이런 교정을 통하여 그는 개혁신학을 더욱 발전시켰다. 그는 일반계시를 성경적으로 잘 정리함으로써 개신교 정통주의의 신론, 하나님의 속성, 일반적 신론과 삼위일체론이라는 순서 등을 교정하였다. 이런 교정은 외견상 개신교 정통주의를 원칙적으로 비판하는 현대신학의 어떤 흐름과 맥을 같이 하는 것처럼 보이지만[61], 고재수는 오직 성경의 신학 원리에 입각하여 차분하면서도 당당하게 개혁신학의 폭을 넓히는 결실을 이루었다.

그는 자신의 입장을 복음주의와 구별되는 개혁신학임을 밝혔다. 개혁신학자로서 신학 강의와 설교에서 '하나님 우선'을 실천한 고재수의 사역이 특히 많은 신학생에게 영향을 미쳤다. 그런데 여전히 고려신학교와 고신교회에는 그가 가르쳤던 대로 구속사 설교와 신앙고백을 중시함으로써 신학과 설교가 전형적인 한국교회의 성경관과 설교 방식에서 진일보할 수 있었으나 안타깝게도 정착하거나 널리 파급되지 못하였다. 웨스트민스터 요리문답과 같은 교재로 교회가 받은 계시를 사람들에게 가르쳐 교리의 어떤 부분을 무시하거나 어떤 부분은 지나치게 강조하는 위험을 벗어나라는 그의 조언은 여전히 유효하다.[62] 일반계시/일반은혜에 대한 오해는 여전히 상존하며, 이 때문에 신학 연구나 전도와 선교 현장에서 바람직한 방법을 찾지 못하고 있는 것도 현실이다. 고신교회는 여전히 성령세례와 같은 개혁신학과는 동화될 수 없는 여러 주제에 노출되어 있다. 이것들은 오늘 여기에 참석한 우리 모두가 고재수 교수의 '하나님 우선' 신학에 힘 입어 깊이 반성하고 개선하며 개혁해야 할 과제이다.

---

61 Cf. E. Schlink, Ökumenische Dogmatik (Göttingen: Vandenhoeck, 1983), 770.
62 고재수는 성경의 교리를 가르치는 목사는 성경을 원어로 읽을 수 있어야 한다고 강조한다, "Professor Boer and Theological Education", *Clarion*, 51/15, July 2002, 354-356.

강연 3

고재수 교수의 가르침과 우리의 나아갈 방향

최승락 교수(고려신학대학원 원장, 신약학)

I. 들어가는 말

신학교 2학년 올라가던 어느 겨울날 고재수(N.H. Gootjes) 교수님으로부터 뜻밖의 초청을 받았습니다. "미스터 최, 저녁 7시에 우리 집에 차 한 잔 마시러 오세요." 저녁 7시면 통상 식사 시간인데, 저녁 식사를 같이 하자는 말씀인가? 은근히 기대를 하면서 저녁을 굶고 갔더니 그야말로 딱 차 한 잔만 내어주셨습니다. 기도와 말씀 읽기가 곁들여진 가족끼리의 저녁 식사는 이미 다 마무리된 뒤였습니다. 배는 고팠지만, 차를 마시는 자리에서 식사보다 더 귀한 제안을 해주셨습니다. 교수님의 집에 같이 살면서 한국어를 도와주는 조교로 일하지 않겠느냐는 것이었습니다. 그렇게 해서 시작된 교수님 댁에서의 생활이 졸업할 때까지 2년 동안 지속되었습니다. 그 2년 동안에 참 많은 것을 보고 배울 수 있었습니다. 바로 옆방 교수님의 서재에서 밤늦게까지 '하나님의 영성'이라는 제목의 박사학위 논문 탈고를 위해 타자를 두드리던 소리를 기억합니다. 학위를 받기 위해 교수님의 온 가족이 화란에 가 있던 시간에는 넓은 빈 집을 혼자 지키면서 교수님이 즐겨 듣던 나나 무스꾸리(Nana Mouskouri)의 음반을 허락 없이(!) 즐기기도 하였습니다.

강의실에서만 교수님을 만난 동급생들과 달리 그의 집에 함께 살면서 저는 개혁파 신자의 실제적인 삶의 모습이 어떤 것인지를 직접 보고 배울 수 있었습니다. 경건미가 넘치는 식사 시간, 절제와 사랑이 조화를 이룬 신앙적 자녀교육, 가끔씩 방문하는 화란 교수님들(대표적으로 구약학자 오만 H. Ohmann 교수 등)과의 티 타임 토론 등을 통해 많은 것을 배울 수 있었습니다. 작은 풍금으로 바하의 오르간 곡들을 직접 연주하던 교수님의 모습이나, 화란에서 가져온 아끼던 천연석 탁자가 이사하는 과정에서 깨어진 것을 두고 안타까워하시던 모습 등은 곁에서 지켜본 사람이 아니면 알 수 없는 가슴에 짙게 밴 기억들입니다.

저가 신학교를 졸업하고 군목으로 가기 위해 동급생들보다 먼저 목사 안수를 받던 날 고재수 교수님은 일부러 버스로 노회 장소까지 동행해 주셨습니다. 그러면서 생소한 영어 표현으로 "Do you have a butterfly in your stomach?"(긴장되느냐?)라고 물으시며 긴장을 풀어주기도 하셨습니다. 그해 가을에 결혼을 하면서 주례를 교수님께 부탁드렸고, 40분 가까운 예외 없는 '구속사적 설교'를 정자세로 서서 즐겁게(물론 아내의 표현은 다르지만) 듣기도 하였습니다. 이런 추억들을 되새기며

한 번은 웃으면서 옛이야기를 나눌 기회가 있으리라 생각했는데 모든 것이 바람으로만 끝나버리고 말았습니다.

이제는 개인적 기억들을 넘어 그의 생애와 가르침을 통해 우리가 배우고 살려 나가야 할 것들이 무엇인지 되새겨보아야 할 때입니다. 이 목적을 위해 이 글에서는 고재수 교수님의 삶과 신학 가운데 우리가 계승 발전시켜야 할 점들이 어떤 것인지를 10가지로 간추려 보았습니다. 그의 신학을 체계적으로 정리해보는 작업도 필요하겠지만, 여기서는 그렇게 큰 욕심을 내고 싶지 않습니다. 하나님께서 우리에게 보내주셨던 귀한 스승 고재수 교수님을 회고하면서, 그가 가르치고자 애쓰셨던 핵심 요지들을 되새기고 계속해서 잘 살려 나가는 것이 그의 헌신과 수고에 대한 작은 보답이 되기를 기대할 따름입니다.

II. 고재수의 삶과 신학의 계승: 10가지 교훈들

1. 우리가 하고 있는 것이 바른지 늘 질문하라

개인적으로 제가 고재수 교수님에게서 배운 소중한 가르침 중의 하나는 끊임없이 질문을 던지는 일입니다. 안수받던 날 버스를 타고 저와 동행해주시면서 버스 안에 붙어 있는 '둘도 많다 하나만 낳아 잘 기르자'라는 산아제한 표어를 보고 갑자기 이런 질문을 하셨습니다. "미스터 최, 이것 어떻게 생각해요?" 이게 성경적 사상인가? 국가가 산아제한을 주도할 때 기독교인은 그대로 따라야 하는가? 신앙고백대로 산다는 것이 그것과 다른 것을 요구하는 사회 속에서는 무엇을 의미하는가? 이런 많은 질문들이 그 안에 포함되어 있었습니다.

한번은 같이 출석하던 교회의 예배에 가족이 다 함께 참석하고 집으로 돌아와서 치즈를 얹어 구운 빵으로 간단히 점심을 먹고 예배와 관련된 나눔의 시간을 가졌던 적이 있습니다. 그때 고재수 교수님은 이런 질문을 하셨습니다. "미스터 최, 오늘 예배 시간에 불렀던 찬송 중에 '기다리는 우리게 불로 불로 충만하게 하소서'라는 찬송이 있었는데 거기에 대해 어떻게 생각해요?" 이 질문 속에는 우리가 모여 기다린다고 해서 성령이 오시는가? 성령의 오고 가심이 우리 하기에 달린 것인가? 성령에 대한 신학적 이해와 일반 예배 음악 사이의 일치가 있는가? 예배에 사용하는 찬양의 가사들 하나하나를 잘 검증하고 있나? 등과 같은 연관된 질문들이 다수 포함되어 있습니다.

이런 점은 고재수 교수님의 성령론에서 대단히 중요한 자리를 차지합니다. 그는 "성령을 받기 위하여 특별한 모임을 실행해야 하느냐"는 문제와 관련하여, 사도행전 1장이나 그 이후의 기록 속에 그런 목적을 위한 모임이 전혀 나타나거나 요구되지 않는다고 말하면서 "기다리는 모임[tarrying meeting]과 같은 것에는 쐐기를 박아야 한다"는 강경한 입장을 밝힙니다.[1]

기다리는 모임을 강조하는 사람들은 오순절 성령강림의 사건을 구속사적 사건으로 보지 않습니다. 사도행전 1장 5절에서 예고되고 오순절

---

1 고재수, 『성령으로의 세례와 신자의 체험』, 40-41.

날에 실현된 "성령으로의 세례는 성경 어느 곳에서도 개개인 신자가 그의 신앙과 생활의 제2단계를 시작하는 표시적 체험을 의미하지" 않습니다.[2]

고재수 교수님은 다수의 사람들이 받아들이는 것이라고 해서 다 바른 것이라 생각하지 말고 성경을 기준으로 해서 그것이 과연 바른지를 늘 질문하고 검증하는 일이 중요하다는 것을 가르쳐 주셨습니다.

2. 실천지향적 신학을 하라

고재수 교수님의 신학은 항상 실천을 지향합니다. 그는 대단히 복잡하고 까다로운 신학의 논제들을 매우 능수능란하게 다룹니다. 저와 같은 조교들이 그의 출판된 글이나 강의안을 좀 더 깔끔한 한국말로 다듬는 데 도움을 드리기는 했지만, 그 초록은 기본적으로 교수님 자신이 한국말로 작성을 다 하셨습니다. 그것을 볼 때마다 이 어려운 개념들을 어떻게 한국말로 다 표현을 해내었을까 감탄하는 순간들이 많았습니다. 때로 개념 전달이 잘 안 될 때는 원서들을 찾아서 공부를 시켜주기도 하셨습니다. 고재수 교수님은 자칫 추상화되기 쉬운 신학적 논의가 실제적으로 목회와 교인들의 삶에 어떤 연관성을 가지는지 짚어주기를 쉬지 않습니다.

신학교 시절 저의 관심은 조직신학에 더 기울어져 있었습니다. 신학

---

2 고재수, 『성령으로의 세례와 신자의 체험』, 35.

생들의 연구 모임인 조직신학회에서 한번은 고재수 교수님을 청하여 특강을 들은 적이 있습니다. 그때 그의 강의 주제가 '이론신학은 과연 이론적인가?'라는 것이었습니다. 당시 우리 학교에서는 교의학을 '이론신학'이라 부르고 있었고, 고재수 교수님은 이 명칭이 과연 합당한지에 대한 질문을 제기하신 것입니다. 그의 주된 논지는 이 이름이 적합하지 않다는 것이며, 이 이름 때문에 자칫 신학의 본질을 왜곡할 수도 있다는 것입니다. 신학이 이론적 요소를 가지는 것은 사실이지만, 보다 근원적 측면에서 신학은 하나님과의 즐거운 교제입니다. 그의 논지는 이렇게 압축됩니다. "따라서 하나님을 알기 위해 공부하는 교의학이 단지 이론적이기만 하고 실천적인 것이 아니라고 한다면 이는 잘못된 생각이다."[3]

고재수 교수님은 칼빈의 『기독교강요』(I.ii.1)에 나오는 "하나님에 대한 참 지식은 우리를 경건으로 인도해야 한다"는 명제를 따라 신학이 하나님에 대한 실천적 지식이며, 따라서 신학은 우리를 예배와 순종과 경건과 거룩의 삶으로 이끄는 것이 되어야 함을 강조합니다.[4]

이런 이유 때문에 고재수 교수님은 심도 깊은 교의학적 주제들을 다루면서 그 실천적 함의를 짚어주는 작업을 쉬지 않습니다. 예를 들어, 성령이 성부뿐만 아니라 성자에게서도 나오신다는 filioque 논쟁을 다루면서 이것이 목회 현실과 어떤 연관을 가지는가를 묻습니다. 얼핏 보면

---

3 고재수, 『교의학의 이론과 실제』, 17
4 고재수, 『교의학의 이론과 실제』, 18, 28

추상적인 신학 논쟁처럼 보이지만, 이것이 가지는 실천적 함의는 매우 큽니다. 만일 성령이 아버지로부터의 성령이 아니라면 어떤 사람이 성령을 인정한다 하더라도 그것은 성령의 독자 활동에 국한되고 말 것입니다. 그 결과 일종의 신비주의에 빠져서 아버지의 창조 세계 및 이를 위한 실천적 사역과는 무관한 방향으로 흘러가게 될 것입니다. 나아가서 성자의 속죄 사역에 대해서도 무관한 방향으로 나아가게 될 것입니다.

고재수 교수님은 자신이 만난 한 사람의 구체적인 예를 소개합니다. 어떤 사람이 깊은 고민 중에서 기도하는 동안 밝은 빛을 보고 자기를 부르는 목소리를 들었다고 말합니다. 그러면서도 그는 20년 동안이나 간음을 범하며 살았습니다. 그에게는 그 간음이 중요한 일이 아니었기 때문입니다. 그는 자기를 부르는 성령의 음성을 들었다고 주장하지만, 그 성령은 성자의 속죄 사역과는 아무런 연관이 없는 것으로 치부하고 있었던 것입니다.[5]

이 사람은 신학적 원리를 따라서가 아니라 자기 임의의 방식대로 성령을 생각하고 있습니다. 성령님께서 성부와 또한 성자에게서 나온다는 신학의 원리는 성도의 실제적 삶과 직결되는 문제입니다. 고재수 교수님의 표현을 그대로 인용해봅니다. "이처럼 성령님은 성부와 창조된 세상과 분리될 수 없다. 또한 성령님은 성자와 구원사역과도 분리될 수 없다. 이러한 원리가 목회실천에서 낳는 구체적 결과는 무엇인가? 그것은 목사가 청중들에게 하나님의 뜻대로 이 세상에서 살아야 한다는 것과 그들

---

[5] 고재수, 『교의학의 이론과 실제』, 41-42

이 자기의 죄와 싸워야 함을 권면해야 한다는 사실이다."⁶

우리의 신학은 실천을 지향하고, 우리의 실천은 바른 신학의 기반 위에서 더욱 힘을 얻게 됩니다. 이런 건강한 관계를 기반으로 하는 교회와 목회가 오늘 신학 실종의 시대, 사람마다 다 자기 보기에 좋을 대로 행하기를 즐겨 하는 시대의 확고한 대안입니다.

3. 신실한 증언과 선포로서의 설교에 집중하라

앞의 항목과 연관된 주제이기도 합니다만, 선택 교리의 중요성에 대해 이야기하는 자리에서 고재수 교수님은 "선택이 없다면 모든 것은 청중의 마음을 움직이는 목사의 가능성에 달려 있다"고 말합니다.⁷

다시 말해서 구원이 하나님의 역할이나 성령의 역사보다 설교자의 능력이나 언변, 기교 등에 달린 문제가 되고 말 것이라는 지적입니다. 이렇게 될 때 설교는 발화수반행위(illocution) 차원의 증언 또는 선포 행위 범주를 벗어나 효과 산출을 목적으로 하는 발화효과행위(perlocution) 차원으로 변질되고 맙니다. 물론 고재수 교수님 자신이 존 오스틴(John Austin)이나 존 설(John Searle) 등이 체계화한 화행이론(speech-act theory)의 전문 용어들을 사용하지는 않습니다만, 그 핵심 원리는 이들과 일치되게 진술하고 있습니다. 설득의 결과나 효과를

---

6   고재수, 『교의학의 이론과 실제』, 42
7   고재수, 『교의학의 이론과 실제』, 36

목적으로 삼게 되면 설교자는 재주껏 설득을 잘해서 물건을 많이 팔아먹는 장사꾼처럼 복음을 팔아먹는 사람으로 변질되고 말 것입니다. 사도 바울은 우리가 이런 설교자가 되지 말기를 당부하면서 설교의 본질을 이렇게 밝힙니다. "우리의 권면은 간사함이나 부정에서 난 것이 아니요 속임수로 하는 것도 아니라 오직 하나님께 옳게 여기심을 입어 복음을 위탁 받았으니 우리가 이와 같이 말함은 사람을 기쁘게 하려함이 아니요 오직 우리 마음을 감찰하시는 하나님을 기쁘시게 하려 함이라"(살전 2:3-4). 하나님의 검증을 받아 하나님의 말씀을 위탁 받은 설교자는 사람에게 어필하여 사람으로부터 영예를 구하는 사람이 되지 말고 모든 것을 검증하시는 하나님을 기쁘시게 하는 사람이 되어야 합니다. 이런 설교자는 성령님의 역사를 믿고 신실한 증언 행위에 힘써야 합니다. 자신이 설득의 효과까지 다 거두려고 하는 것은 주제넘는 일일 뿐만 아니라, 결국에는 자기 스스로를 탈진시키는 원인이 됩니다.

고재수 교수님은 한국 교회의 설교의 관심이 갈수록 신실한 말씀의 선포보다 교회 성장과 같은 결과지향주의로 향하는 현상을 안타깝게 바라보고 있습니다. 물론 교회 성장 자체를 문제 삼는 것이 아니라 인위적 방식으로 교회 성장을 이루려는 것을 문제로 지적합니다. 요한계시록 3장 7~13절에 근거한 '적은 능력의 교회'라는 제목의 설교에서 그는 이렇게 안타까움을 토로합니다. "한국 교회의 상황을 돌아볼 때 시간이 갈수록 강조가 바뀌어져가는 것 같습니다. 일제 시대에는 교회가 어려움 속에서도 하나님의 말씀을 지켜야 했고 예수님을 고백해야 했읍니다. 대부분은 아니지만 많은 교회들과 목사들이 예수님의 말씀을 지키며 죽음을 당하기도 하였읍니다. 광복 후에 하나님은 특별한 축복, 곧 교회의 성장을 주셨읍니다. … 그러나 특히 60년대에 들어와서부터는 하나님의 말씀을 완전하게 지키고자 하는 것으로부터 교회의 성장으로 그 강조가 바뀌어진 것 같습니다. 그래서 교회가 꼭 해야 할 일은 하나님의 말씀을 굳게 붙잡는 일이기 보다는 교회의 성장이 되었읍니다. 이를 위하여 우리 인간은 교회를 성장하게 할 수 있는 것처럼 생각하게 되었읍니다."[8]

교회의 성장이 마치 인간 설교자의 손에 달린 것처럼 생각하는 자세는 설교의 본질을 오도하게 만듭니다. 설교를 통한 설교의 효과가 설교자의 재량에 달렸다고 생각하는 것은 설교에서 성령님의 역할을 배제하는 일입니다. 만일 그것이 진리라면 설교자는 기도할 필요도 없을 것입니다. 때로는 궤변이나 속임수 등을 사용해서라도 자기의 목적을 이루려 할 것입니다. 당연히 영광을 하나님께 돌릴 이유도 없고, 자기의 사역을 하나님께 검증받으려 하지도 않을 것입니다. 자기를 따르는 사람들이 늘어나고 소위 '조회수'가 폭발하면 그 인기를 마음껏 누리면 됩니다. 그러는 사이 설교자는 자신이 얼마나 타락하는지도 모르고 하나님과 그의 진리로부터 멀어져 갈 수 있습니다.

고재수 교수님은 우리의 설교가 처음부터 끝까지 성경의 설교여야 하고 또한 하나님과 그의 구원 행위를 중심으로 하는 구속사적 설교가 되

---

8   고재수, 『교의학의 이론과 실제』, 191-92

어야 함을 강조합니다. 그는 "본문의 핵심은 설교에서도 핵심이 되어야 한다"는 원리를 강조합니다.[9]

예를 들어 창세기 12장 본문은 아브라함의 거짓말을 중심 주제로 다루지 않습니다. 흔히 거짓말을 하지 말라는 예화식 설교나 모범적 설교의 단골 메뉴로 사용되는 이 본문의 핵심은 아브라함의 거짓말보다 하나님의 약속과 그의 언약적 보호에 놓여 있습니다. 사라의 태를 통해 아들을 주시겠다는 하나님의 약속이 실제적 위기의 상황 속에서 어떻게 이루어지고 있는지를 보여주는 본문입니다. 그러므로 이와 같은 본문의 핵심 포인트가 설교에서도 핵심 포인트가 되어야 합니다. 성도들로 하여금 하나님의 약속을 의지하며 사는 길이 무엇인지를 배우게 해야 합니다. 설교자가 자기 목적을 위해 성경 본문을 이용하려는 유혹을 버리고, 언제나 본문이 우선되게 해야 하고 하나님의 목적이 우선되게 해야 합니다. 설교자는 하나님의 일에 대한 신실한 증인으로서의 직무를 수행해야 하고, 이를 통해 하나님의 입과 나팔이 되어야 합니다. 고재수 교수님에게서 배우는 이런 중심 원리를 우리는 설교의 정의가 허물어지고 인간중심적 설교가 난무하는 이 시대에 타협없이 계속 잘 이어가야 하겠습니다.

4. 구속사의 중심 틀이 모든 것을 지배하게 하라

---

9   고재수, 『교의학의 이론과 실제』, 179

고재수 교수님은 한국 교회가 성탄절이나 부활절은 떠들썩하게 잘 지키면서 성령강림절은 거의 지키지 않는 일을 이상하게 여기셨습니다. 이는 단순히 교회력의 문제가 아니라 구속사의 이해와 직결된 문제입니다. 오순절 사건을 구속사적 사건으로 이해하지 않는 것이 그 원인입니다. 그가 볼 때 오순절은 반복적으로 되풀이되어야 할 단순 사건이 아니라 구속사적 사건들의 흐름 속에서 일어난 단회적 사건입니다.[10]

이와 관련하여 고재수 교수님은 이렇게 제안합니다. "한국의 교회도 이 성령의 부으심을 특별한 기념 행사와 함께 지킨다면 좋은 발전이 되리라고 생각한다. 이를 통해서 우리가 분명히 할 수 있는 일은, 오순절이 그리스도의 탄생과 죽음과 부활 사건과 같은 계열에 속하고 이 모든 사건들이 오늘날 교회를 위하여서 결정적인 [구속사적] 사건들임을 나타낼 수 있다는 것이다."[11]

고재수 교수님은 우리의 신학과 목회와 설교가 구속사의 원리에 따라 이끌리는 것이 되어야 함을 강조합니다. 우리의 신학과 설교에서 하나님의 우선되심과 그리스도의 중심되심이 지배적이어야 합니다. 우리의 설교가 하나님 우선과 그리스도 중심의 원리를 잃어버리면 단순한 흥밋거리나 훈화로 변질되고 맙니다. 구속사적 설교는 결코 낯선 틀을 성경에 적용하는 것이 아닙니다. 오히려 성경이 증언하는 하나님 우선의 원리와

---

10 고재수, 『성령으로의 세례와 신자의 체험』, 35, 40
11 고재수, 『성령으로의 세례와 신자의 체험』, 39-40

그리스도를 중심으로 하는 하나님의 역사 운행을 있는 그대로 드러내는 일입니다.

하나님의 구원 사역은 결코 즉흥적이지 않고 그의 장구한 계획에 따라 이루어집니다. 따라서 우리의 설교도 이 하나님의 전체 경영에 관한 것이 되어야 합니다. 고재수 교수님은 우리의 설교에 나타나기 쉬운 쏠림 현상을 잘 극복하라고 당부합니다. 이 쏠림 현상은 설교자의 선호나 청중의 요구가 설교를 지배할 때 일어나는 현상입니다. 이와 관련하여 고재수 교수님은 "설교자는 하나님께서 죄인을 구원하시려는 전체 계획 중에 어느 부분도 간과해서는 안 됩니다"라고 못을 박습니다.[12]

그가 볼 때 우리의 설교가 쉽게 모범적 설교로 변질되는 이유는 본문의 구속사적 맥락을 무시한 적용의 시도 때문입니다. 고재수 교수님은 이렇게 말합니다. "구속사적 설교 운동이 반대하는 것은 역사적 간격을 무시한 채 직접 적용하려 드는 태도이다. … 이를 막으려면 본문의 역사적 상황을 항상 연구해야 하고, 당시의 상황 속에서 본문이 무엇을 의미하였는지를 결정해야만 한다. 적용은 당시와 우리 시대 사이에 가상된 일치에 있지 않고 문맥상 발견되어진 의미에 의존함으로써 올바른 적용이 된다. … 적용은 그때와 우리 시대 사이의 평행에서 나오는 것이 아니라 본문의 메시지에서 나온다. … 적용은 항상 기록된 내용의 목표를 따르는 것이어야 한다."[13]

---

12 고재수, 『그리스도를 고백함』, 217
13 고재수, 『구속사적 설교의 실제』, 81, 각주 1

구속사적 설교는 결코 한 시절의 설교 운동이나 유행으로 지나가 버리는 것이 되어서는 안 됩니다. 우리의 신학과 목회와 설교가 하나님 우선의 원리와 그의 구원행위 중심의 원리를 잃어버리면 교회의 타락과 변질이 신속히 따라오게 됩니다. 우리는 고재수 교수님의 가르침을 따라 구속사의 원리가 지배하는 신학과 설교 사역을 계속 이어가야 합니다.

5. 성경 석의를 바탕으로 비판적 사고를 훈련하라

고재수 교수님은 우리 학교에서 교의학 교수로 봉직하셨지만, 그가 가르친 과목은 라틴어를 넘어 헬라어 문법이나 헬라어 원문 강독 등을 아울렀습니다. 저는 부끄럽게도 신학 수업을 시작하면서 우리의 현실 문제에 답을 주어야 하는 '조직신학'을 왜 외국인 교수님이 가르치느냐는 '삐딱하고' 건방진 생각을 품었던 적이 있습니다. 현실 문제를 다루기만 하면 뭔가 멋있어 보였고, 그 답의 기준이나 바탕이 무엇이 되어야 하는지에 대해서는 큰 관심이 없었습니다. 그러다 보니 힘들여 성경 원어를 공부해야 할 필요성을 느끼지 못했고, 한동안은 '불량 학생'으로 지냈던 것을 고백합니다. 그러다가 고재수 교수님과의 만남을 통해 조금씩 정신을 차리기 시작했습니다. 왜 그분이 교의학 교수이면서도 기본적으로는 성경학 교수일 수밖에 없는지를 보게 되었고, 왜 모든 논의의 출발이 성경 원어에서부터 시작될 수밖에 없는지를 알게 되었습니다. 그러나 출발이 늦다 보니 그의 개인 조교를 하던 시절에도 그가 가르치던 헬라어 원문 강독 과목의 점수가 그렇게 좋지 못했습니다. 하지만 학기말 시험에서는 훨씬 향상된 점수를 얻었고, 교수님께서 저의 답안지를 펼쳐 놓고 틀린 것 몇 가지를 별도로 가르쳐주시던 기억이 선합니다.

성경 원문의 석의는 모든 신학적 작업의 기초입니다. 건전한 석의에 기반을 두지 않는 신학적 작업이나 목회의 결과들은 한순간에 무너질 수 있습니다. 특별히 교의학은 더욱 그렇습니다. 고재수 교수님은 교의학과 석의의 관계를 건물과 벽돌의 관계에 비유합니다. 그의 표현 그대로를 인용해봅니다. "교의학이 성경적으로 튼튼한 교의적 건물을 건설하려고 할 때 주석[석의]은 그 건물을 위하여 주석적 벽돌을 공급하는 것이다."[14]

집의 무게를 버티지도 못하는 짚이나 잔 나뭇가지로 집을 짓지는 못합니다. 하나님의 말씀이 아닌 다른 원천의 재료로 하나님에 대한 바른 가르침의 집을 지을 수는 없습니다.

고재수 교수님은 로마서 8장 16절의 성령의 증거와 관련하여 인간의 내적 체험을 강조하는 웨슬리의 주장이 본문에 대한 바른 석의에 기초하지 않는다는 점을 잘 지적합니다. 웨슬리는 접두어 쉰(συν)에 이끌리는 토 프뉴마티(τῷ πνεύματι)를 "우리 영에게"로 읽지만, 이는 근거가 없다는 것입니다. 오히려 한역처럼 "우리의 영과 더불어"로 읽든지, 보다 좋게는 우리 영이 직접 증거자로 나서는 것은 아니기에 "우리 영을 지지하여"로 읽는 것이 더 좋다고 말합니다.[15]

---

14   고재수, 『성령으로의 세례와 신자의 체험』, 47
15   고재수, 『성령으로의 세례와 신자의 체험』, 228

성령이 특별히 우리 영에게 내적 인상이나 체험을 제공한다는 웨슬리의 견해나, 이를 신자가 받는 별개의 '성령세례'라고 보는 로이드존스의 입장은 모두가 본문의 바른 석의에서 벗어나고 있습니다. 고재수 교수님은 이와 관련하여 "웨슬리와 Lloyd-Jones는 성령의 증거의 내적 성격을 본문에서 찾아내지 않고 도리어 본문 안에 밀어넣고 말았다"고 비판합니다.[16] 그들의 해석은 본문의 의미를 이끌어내는 석의(exegesis)라기 보다 해석자의 의미를 본문에 밀어넣는 읽어넣기(eisegesis)에 해당한다는 것입니다.

이런 읽어넣기는 해당 본문이 요구하지도 않는 내적 체험이나 소위 '성령세례'를 요구합니다. 이런 요구가 성도들을 불안하게 만들고, 그 눈을 자꾸만 복음이 아닌 다른 곳으로 향하게 만듭니다. 고재수 교수님은 본문에 대한 바른 석의는 오히려 우리를 확신으로 이끈다고 강조합니다. "성령님 자신이 그리스도 안에 있는 자들이 하나님의 자녀라는 사실을 계속적으로 말씀하실 때 하나님의 백성 중에 누가 의심을 할 수 있을까? 그 증거 때문에 신자들은 하나님의 양자로서 정말 하나님께 기도하면서 아버지라는 이름을 사용할 수 있고(롬 8:15) 하나님께 유산을 기대할 수 있다(롬 8:17)."[17]

고재수 교수님은 사람들의 신학적 주장이 성경의 석의에 기초하지 않을 때는 대상을 불문하고 가차 없는 비판을 가합니다. 그 대상이 자유

---

16 고재수, 『성령으로의 세례와 신자의 체험』, 191
17 고재수, 『성령으로의 세례와 신자의 체험』, 193

주의 진영의 신학자들에 국한되지 않습니다. 칼빈이나 워필드 등 우리가 무비판적으로 따르기 쉬운 소위 '우리 편' 신학자들도 예외가 아닙니다. 이런 비판적 사고는 고재수 교수님을 통해 우리가 꼭 배우고 익혀야 할 자세 중의 하나입니다. 이런 비판은 그의 스승에 대해서도 예외가 아닙니다. 예를 들어 주기도문의 첫 번째 간구와 관련하여 고재수 교수님은 하이델베르크 요리문답이 가지는 독특한 2인칭 답변 방식("무엇보다도 먼저 우리로 하여금 주님을[당신을] 바르게 알게 하여 주옵시며 …")에 주목합니다. 다시 말해서 이 부분에 있어서는 다른 어떤 신앙고백문에서 찾아볼 수 없는 방식으로 '하나님에 대하여' 가르치기보다 '하나님께' 직접 기도하는 형식을 취한다는 것입니다. 이런 특성을 무시하고 '간구'를 '계명'으로 바꾸어버리는 것에 대해 고재수 교수님은 비판을 가하는데, 여기에는 그의 스승인 판 브럭헌(J. Van Bruggen)도 포함됩니다.[18] 그는 "간구는 계명이 아니"라고 강조하며, "간구를 마치 그것이 계명인 것처럼 바꿔서 설교해서는 안 됩니다"라고 강변합니다.[19] 이는 구속사적 설교에서도 배우는 것처럼 "성경의 모든 계시들을 같은 도덕적인 붓으로 칠해서는 안 된다"는 원리와 직결됩니다.[20]

    성경의 본문은 그 각각이 가지는 특성이 다르고 다양합니다. 계명(명제적 가르침)은 계명대로, 간구는 간구대로, 송축은 송축대로 그 각각이 가지는 스피치 액트(speech-act)의 특성이나 발화수반력

---

18   고재수, 『그리스도를 고백함』, 271
19   고재수, 『그리스도를 고백함』, 275
20   고재수, 『그리스도를 고백함』, 275

(illocutionary force)의 특성을 잘 고려하여 석의하고 또 설교로 발전시켜야 합니다. 이런 점에 누구보다 예리하고 비판적인 안목을 가진 고재수 교수님의 관점을 잘 배우고 발전시킬 필요가 있습니다.

6. 언약백성의 가정이 구별되게 되라

화란 개혁교회는 고재수 교수님과 박도호 교수님을 교수선교사로 우리 학교에 파송하면서 그들의 자녀들을 가르치기 위해 일반 교사를 별도로 파송하였습니다. 이를 위한 비용의 지출도 만만치 않았을 테지만, 자녀들을 언약의 자녀들로 구별되게 키운다는 정신에 따라 정규 교사를 파송하는 수고를 아끼지 않았습니다. 그만큼 화란 개혁교회가 자녀들의 신앙 교육에 우선권을 둔다는 이야기이며, 이는 우리가 꼭 배워야 할 점입니다.

무엇보다 교회와 가정 안에서 성도의 자녀들을 교회의 일원이요 언약의 백성으로 보는 시각이 확립되어야 합니다. 이스라엘의 아이들도 하나님의 백성입니다.[21] 이런 관점을 바탕으로 교회와 가정이 함께 자녀들을 언약의 자녀로 교육하는 일에 실제적인 노력을 기울여야 합니다. 고재수 교수님은 한국 교회 안에서 성인들만 교인으로 보는 시각이 고쳐져야 할 것으로 보았습니다. 교인들의 수를 셀 때 흔히 자녀들이 배제되는 것을 그는 이상하게 여겼습니다. 언약의 자녀들에 대한 교육의 책임

---

21 고재수, 『십계명 강해』, 18-19

을 교회가 중요하게 받아들여야 합니다. 그는 이렇게 지적합니다. "교회에는 신자들뿐만 아니라 그 자녀들도 있습니다. 신자들의 자녀들은 세례를 받아야 하고 그와 함께 하나님의 구원의 모든 약속들도 받습니다. 신자들의 자녀도 그리스도의 것입니다. 이 때문에 부모들은 자녀들에게 그리스도의 구원을 설명해야 하고 하나님을 어떻게 순종해야 하는지를 가르쳐야 합니다."[22]

이 부분에서 고재수 교수님은 한글판 웨스트민스터 신앙고백 28장 4항의 오역 한 가지를 지적하십니다. "부모가 다 믿거나 한 편만 믿는 자의 유아라도 세례를 받을 수 있다"(2023년판 개정 헌법에는 "한 편이나 양편이 믿는 부모를 둔 유아도 세례 받을 수 있다")라는 항목은 "받을 수 있다"가 아니라 "받아야 한다"로 고쳐야 한다는 것입니다.[23] 이는 하나의 가능성의 문제가 아니라 당연성의 문제라는 것입니다. 이와 같은 오래전의 지적이 아직까지도 고쳐지지 않고 있는 것은 우리의 큰 불찰입니다.

좀 더 실제적인 측면에서, 자녀들의 성공적인 미래를 위한다는 명목으로 자녀들의 신앙 교육을 쉽게 내던지고 있는 한국 교회의 현실을 고서희 사모님은 이렇게 지적합니다. "사실 공적 신앙고백을 하고 성찬에 참여하는 것은 좋은 학교에 입학하는 것보다 더 중요한 일입니다. … 우

---

22 고재수, 『구속사적 설교의 실제』, 43
23 고재수, 『구속사적 설교의 실제』, 43, 각주 2

리가 우리 자녀를 주일날조차도 공부하도록 하고, 신앙생활보다 시험 준비를 위하여 더 많은 기도를 한다면, 우리는 자녀들에게 공부나 성공이 하나님보다 더 중요한 것이라고 가르치는 셈입니다."[24]

이미 오래전에 이런 지적이 있었지만, 지금은 한국 교회 안에 이 현상이 더 심해지고 있습니다. 우리는 에브라임 산지 미가의 집에서처럼 (삿 17:1-13) 보이는 신상을 우리 가정 안에 두지 않을지는 모르지만, 보이지 않는 우상들을 우리 가정에 들이고 있는 것이 아닌지 점검해보아야 합니다. 건전한 인성 교육조차 기대하기 어려운 오늘의 한국의 공교육 현실 속에서 가정과 교회마저 언약백성에게 합당한 교육을 포기해버린다면 한국 교회와 나아가 한국 사회의 내일은 더 어두워질 수밖에 없습니다. 우리는 그 역(逆)을 지향해야 합니다. 공교육이 길러내지 못하는 아름답고 거룩한 성품의 언약의 자녀들을 길러내어 사회 각 영역에서 그들이 별처럼 빛나는 주의 자녀들의 역할을 감당하게 해야 합니다. 이를 위한 가장 일차적인 수고가 가정에서부터 시작되어야 합니다.

7. 개혁교회의 정체성을 분명히 하라

"한국 교회가 약화된다면 그 이유는 교회가 교회답게 살지 않고 세속화 되었기 때문이다."[25]

이는 한참 성장 가도를 달리고 있던 한국 교회에 대한 고재수 교수님

---

24 고서희, '네덜란드 교회의 자녀 교육', in 『그리스도와 교회와 문화』, 237
25 고재수, 『성령으로의 세례와 신자의 체험』, 43

의 예언적 진단입니다. 그가 한국에서 가르치시던 시기만 해도 오늘날과 같은 한국 교회의 급격한 퇴조는 쉽게 올 것 같아 보이지 않았습니다. 그러나 방향이 잘못된 성장은 한계를 가질 수밖에 없습니다. 단지 회집 교인들의 숫자가 준다는 것이 문제가 아니라 교회가 그 본질을 잃고 있다는 것이 더 근본적인 문제입니다. 고신교회는 개혁주의 교회의 기조를 잘 유지함으로써 이런 외적, 물량적 부침(浮沈)에 덜 영향받는 교회가 되어야 합니다.

고재수 교수님은 특히 한국 교회 안에 강하게 작용하고 있던 오순절파의 영향력을 매우 심각한 눈으로 바라보셨습니다. 1980-90년대에 조용기 목사의 영향력은 대단했고, 우리 신학교 안에도 그의 독특한 어투를 흉내 내는 사람들이 많았습니다. 성공적인 목회와 능력 있는 사역을 위해서는 소위 성령세례라 불리는 제2의 축복을 받아야 한다고 생각하는 사람도 많았습니다. 교회 성장이 최고의 가치였고, 교파를 초월하여 무분별하게 오순절파 경향에 이끌려가는 현상이 한국 교회 전반에 퍼져 있던 시대입니다. 이런 현상을 앞에 두고 고재수 교수님은 한국 교회가 양자택일의 길을 가야 한다고 결단을 촉구하셨습니다. 특히 고신교회 일각에서도 신앙고백은 개혁파적으로 하면서 실제적인 목회는 오순절파나 감리교식으로 하고 있는 것을 그는 이상하게 보셨습니다. 그래서 그는 한국 교회가, 특히 우리 고신교회가 오순절파 방향으로 갈 것이냐 아니면 개혁신학의 방향으로 갈 것이냐 사이에서 분명한 선택을 해야 한다고 주문하면서, "나는 한국의 개혁 운동이 이 후자의 지향점을 택하도록 간절히 바라고 기도한다"고 그 절박감을 토로하

기도 하셨습니다.[26]

고재수 교수님은 개혁주의와 복음주의 간에도 뚜렷한 차이점이 있다는 것을 강조하셨습니다. 그 차이점을 보려면 복음주의가 역설하는 것보다 오히려 성경의 가르침에서 무엇을 빼고 있는지를 보아야 한다고 지적합니다.[27] 다시 말해서 하나님에 대한 선택적 이해의 문제입니다. "차이는 '성경의 완전한 내용을 고백하고 옹호하느냐, 아니면 성경의 진리 가운데 좋아하는 부분만을 강조하고 고백하느냐' 하는 것에 있습니다."[28] 복음주의가 하나님의 사랑에 대해 강조하는 것은 좋지만, 진노와 심판의 하나님에 대해서 침묵한다면 그것은 부당합니다.[29] 고재수 교수님은 그렇게 하는 것을 제2계명의 위배로 보고 있습니다.[30] 복음을 전할 때도 좋은 점만 내세우는 광고식 접근을 피해야 한다고 강조합니다.[31]

하나님에 대한 선택적 이해와 가르침은 오늘날의 포스트모더니즘 사조 속에서 더욱 심각해지고 있습니다. 포스트모더니즘에 편승하는 일부 신학자들은 관대함이나 포용, 사랑 등에 대해서는 과도하게 강조하지만,

---

26 고재수, 『성령으로의 세례와 신자의 체험』, 45
27 고재수, 『그리스도와 교회와 문화』, 261
28 고재수, 『그리스도와 교회와 문화』, 265
29 고재수, 『교의학의 이론과 실제』, 177; 『그리스도와 교회와 문화』, 211; 『구속사적 설교의 실제』, 201. 이런 점은 그가 한국어로 번역한 J.R. Wiskerke의 책 『부림』에서 배운 것이기도 하다. 참조, 『부림』, 14
30 고재수, 『십계명 강해』, 36
31 고재수, 『구속사적 설교의 실제』, 97

사람들을 불편하게 만드는 우상숭배나 지옥이나 심판, 형벌 등의 용어는 기피하는 경향을 가집니다. 이런 경향이 그리스도의 대속의 교리를 다루는 데도 직접적인 영향을 미칩니다. 브라이언 매클라렌(Brian D. McLaren)이나 스티브 초크(Steve Chalke) 등에게 있어서 그리스도의 십자가는 일종의 "신적인 아동 학대"로 치부되고 있습니다. 이런 시대사조에 맞서서 우리는 성경의 가르침을 전체로 다 믿고 따르고 설교하는 개혁주의 신학과 신앙의 자부심을 더욱 높여가야 할 때입니다.

8. 사회적 책임을 잊지 말라

에베소서 1장 22절은 만물과의 관계에서 그리스도가 가지는 지위를 만물 위의 머리로 표현합니다. 좀 더 온전하게 말하자면 하나님께서 그리스도를 만물 위의 머리로 교회에게 또는 교회를 위하여 주셨다(αὐτὸν ἔδωκεν κεφαλὴν ὑπὲρ πάντα τῇ ἐκκλησίᾳ)고 말합니다. 이런 표현은 그리스도를 교회의 머리(ἡ κεφαλὴ τοῦ σώματος τῆς ἐκκλησίας)라고 밝히는 골로새서 1장 18절의 말씀과는 차이가 있습니다. 고재수 교수님은 한글 성경의 "만물 위에 교회의 머리"라는 번역이 "오역"이라고 분명히 밝힙니다.[32] 그는 원문을 따라 하나님께서 예수 그리스도를 "만물 위에 있는 머리로 교회에게 주셨"다는 사실을 강조합니다.[33]

---

32 고재수, 『그리스도와 교회와 문화』, 267, 각주 5

33 고재수, 『그리스도와 교회와 문화』, 256

우리가 교회의 머리일 뿐만 아니라 "만물 위에 있는 머리" 되신 그리스도의 지위를 바르게 이해한다면, 왜 교회가 이 세상의 정치 형태나 사회-문화적 문제, 환경의 문제 등에 관심을 기울이지 않을 수 없는지가 분명해집니다. 우리는 그리스도를 교회의 머리요 동시에 만물 위의 머리로 밝히는 이 두 표현의 진리와 강조점을 적당히 얼버무리려 해서는 안 됩니다. 오히려 이를 있는 그대로 취해야 하며 그 강조점을 있는 그대로 살려내어야 합니다. 교회의 머리이신 예수님은 또한 만물의 머리이신 분입니다. 하나님께서 지으신 모든 만물이 예수 그리스도의 다스림 아래에 놓여 있고, 만물은 그 존재를 통하여 의식적이든 무의식적이든 예수님을 높일 책임이 있습니다. 무엇보다 교회는 만물 위의 머리이신 예수님 때문에 만물에 대한 특별한 책임을 지게 되며, 그 보전과 안녕에 더욱 관심을 가지지 않을 수 없습니다.

고재수 교수님은 이런 주제에 많은 관심을 기울이고 있습니다. 예를 들어 '에덴의 네 강'이라는 제목의 글에서 그는 한 면에서는 에덴에서 발원된 네 강이 허구이거나 단지 교훈적 의미만을 가지는 것이 아니라 분명한 역사성을 가진다는 것을 변호합니다. 또 다른 한 면에서는 에덴의 네 강이 가지는 문화적 의미가 무엇인지를 강조합니다. 그는 여기에 하나의 동심원적 원리가 작용하는 것으로 보고 있습니다. 다시 말해 중심에 위치한 에덴에서 시작하여 사람들은 에덴의 네 강을 따라 더 먼 곳으로 이동하는 것이 가능했고, 그곳에서 새로운 문화가 꽃피기 시작했습니다. 하나님의 계획은 에덴에만 머무는 것이 아니라, 그 강이 흘러가는 더 넓은 지경을 포괄한다는 것입니다.

그리스도인이 세상 속에서 문화적 사명을 감당하는 것은 만물의 머리가 되신 그리스도 때문에 더욱 중요한 책무가 됩니다. 이런 책무와 관련하여 고재수 교수님은 스킬더의 문화명령 이해에 대체적으로 공감을 표합니다. 그러면서 스킬더의 문화명령 이해가 환경오염 문제를 더 심화시킬 수 있지 않느냐는 질문에 대한 답변 형태로 이와 같은 주문을 덧붙입니다. "그[스킬더]는 땅을 멸하는 것이 문화 명령에 속하지 않는다는 점을 세 가지로 분명하게 지적한다. … 그가 활동하던 시기는 과학 기술과 산업이 비약적으로 발전하고 그 부정적인 결과들은 매우 더디게 나타나던 시기였다. 오늘날 우리는 불법적 성장의 결과들에 직면해 있다. 그러므로 우리는 창조 세계를 남용하는 행위에 대해서는 스킬더가 예상할 수 있었던 것보다 더 강력하게 경고해야 한다. 우리도 스스로 환경오염을 예방할 의무가 있고, 우리의 쓰레기더미를 다음 세대에 넘겨주지 않아야 한다. 그런데 잘못된 것은 정상 궤도를 벗어난 성장, 불법적인 성장, 더러운 성장이다. 창조 자체의 사용과 그것의 개발이 그릇된 것은 아니다."[34]

고재수 교수님은 '십계명 강해' 속에서도 그리스도인의 사회적 책무에 대해 지적하기를 쉬지 않습니다. 우리가 소위 '영적인 일'에만 관심을 가지고 물질적인 일에 무관심해진다면 그것은 바른 그리스도인의 삶이 될 수 없습니다. "하나님께서는 우리가 가진 물질로 무엇을 했느냐의 문

---

[34] 고재수, 『그리스도와 교회와 문화』, 154-55

제를 중요하게 여기십니다."[35] '거짓 증언하지 말라'('거짓말하지 말라'가 아니고)는 제9계명 역시 중요한 사회적 함의를 가집니다.[36] 거짓 증언으로 가득한 사회는 평화와 안식이 없는 사회입니다. 계명을 지키며 사는 삶이 교회를 넘어 우리 사회를 평화롭고 밝게 만드는 기능을 가집니다.

고재수 교수님은 사회-문화적 문제에 대한 교회의 관심이나 목소리가 한계를 가진다는 것을 잘 인식하고 있습니다. 이를 그는 스킬더의 표현을 빌려 '토르소' 또는 '끝이 잘린 피라미드'(미완성체)라고 부릅니다. 하나님의 뜻이 교회 안에서 이루어지는 것과 같은 직접성을 일반 사회 속에서 기대하기는 어렵습니다. 예를 들어 낙태의 문제에 있어서 그는 생명을 존중하고 보호하는 것이 하나님의 뜻이기 때문에 "정부가 하나님의 사자로서 낙태를 허락해서는 안 된다는 것"을 분명히 밝혀야 한다고 강조합니다. 하나님의 뜻은 교회 안에서뿐만 아니라 "정부에게도 결정적인 것이어야" 하기 때문입니다.[37] 그러면서도 고재수 교수님은 "그것이 사회에서 하나님의 뜻을 항상 완전하게 지키도록 할 수 있음을 의미하지는 않"는다고 덧붙입니다.[38] 일반 사회나 정부가 하나님과의 관계에서 자신의 위치를 바르게 설정하지 못하고 하나님과 상관없는, 또는 더 나쁜 방향으로 하나님을 대적하는 정책을 펼칠 때, 이를 제재할 방법이 없기 때문입니다.

---

35 고재수, 『십계명 강해』, 94
36 고재수, 『십계명 강해』, 104
37 고재수, 『그리스도와 교회와 문화』, 256
38 고재수, 『그리스도와 교회와 문화』, 257

그러나 현실이 그러하다고 해서 그리스도인이 현실 정치나 사회-문화적 문제들에 대한 관심이나 참여를 포기해서는 안 됩니다. 왜냐하면 우리는 현실을 따르는 것이 아니라 하나님의 말씀을 따르는 사람들이며, 말씀이 규정하는 위정자들이나 정부의 위치가 분명히 드러나 있기 때문입니다. 고재수 교수님은 이런 원리를 제시하고 구현해가기 위해서는 그리스도인들의 목소리를 대변하는 정당이나 정치인, 또는 현실적인 통로들을 잘 갖추어나가는 것이 필요하다고 제안합니다.

오늘 우리 고신교회는 어떠합니까? 고신교회는 정치나 사회-문화적 문제에 관심이 없거나 덜한 교단일까요? 전혀 그렇지 않습니다. 우리는 이 분야에 늘 깨어 있는 관심을 기울입니다. 이것이 교회의 머리일뿐만 아니라 또한 만물의 머리 되신 그리스도께 대한 우리의 순종의 형태이기 때문입니다. 하나님의 창조를 믿을 뿐 아니라 만물의 머리이신 그리스도를 따르는 우리 그리스도인은 창조 세계의 보호와 돌봄에 대한 선도적 관심을 기울이지 않으면 안 됩니다. 오늘날의 기후 위기에서도 보는 것처럼 가장 고통스럽게 이 현실에 내몰리는 사람들은 힘없고 가난한 사람들입니다. 창조 세계에 대한 우리의 관심과 그리스도인의 사회-문화적 책무는 이웃 사랑의 구체적 한 형태이기도 합니다.

9. 좋은 목사의 자질을 동등하게 함양하고 다 '큰 자'가 되라

한번은 고재수 교수님께서 저에게 이런 말씀을 하신 적이 있습니다. "미스터 최, 왜 똑똑한 학생들이 다 유학을 가고 싶어 하는지 모르겠어요." 뒤집어 보면 이 질문은 왜 자질이 좋은 사람들이 목회나 선교를 최우선적으로 선택하지 않느냐는 것입니다. 저 역시 유학을 하고 교수가 되어 있어서 할 말이 없습니다.

고재수 교수님의 경우 화란 레이던에서의 그의 목회 사역과 한국에서의 교수 사역에는 공간과 대상의 차이는 있지만 사역자의 자질 면에서는 아무런 차이가 없습니다. 그는 레이던에서의 목회 사역을 매우 즐겁고 보람차게 잘 감당하고 있었다고 말합니다. 한국으로 오는 것이나 한국에서 교수가 되는 것은 그가 좇았던 꿈과는 거리가 멉니다. 그는 좋은 목사가 되기 위해 열과 성을 다해 공부하였고, 교수가 되어서도 늘 "목회 실천"을 염두에 두었습니다.[39]

우리가 어떤 구체적인 직무를 맡을 것인지, 또는 누구를 구체적인 섬김의 대상으로 삼을 것인지는 얼마든지 다를 수 있습니다. 그러나 그 섬김을 위하여 갖추어야 할 자질은 동일합니다. 신학교에서 종종 '나는 시골 목회를 할 것이기 때문에 공부를 좀 못해도 괜찮다'고 말하는 사람을 만나는데, 이는 매우 잘못된 인식입니다. 누구를 섬김의 대상으로 삼든 우리는 최고로 잘 갖추어진 목회자가 되기 위해 열과 성을 아끼지 말아야 합니다.

고재수 교수님은 개혁 교회의 목사들이 다 비슷한 정도의 실력과 인품을 갖추는 것을 이상으로 삼는 배경 속에서 신학 공부를 하고 목사가 되었습니다. 한국 교회에서처럼 목사의 실력이나 인기 여하에 따라 교인

---

39 고재수, 『교의학의 이론과 실제』, 24

들이 쏠려 다니고 교회 규모의 차이를 빚어내는 현상은 매우 비뚤어진 현상입니다. 한 걸음 더 나아가 목사들 사이에 계급화, 서열화 현상이 생기는 것은 매우 우려할만한 일입니다. 그런 점에서 보면 우리가 아무렇지도 않게 사용하는 '부목사' 같은 칭호도 결코 합당하지 못합니다. 고재수 교수님은 이렇게 일갈합니다. "젊은 목사와 나이 많은 총회장 목사 사이에 차이는 큽니다. 하지만 예수님의 대표자로서 예수님의 말씀을 전달할 때 그들의 위치는 서로 같습니다. 그가 누구인지는 중요하지 않고 그가 그리스도의 말씀을 하는 것이 중요한 사실입니다. ... 따라서 설교자는 다른 사람과 비교해서 자신의 위치에 대해 생각할 필요가 없습니다. 그가 생각해야 할 것은 '나는 참으로 예수님의 말씀을 전달하고 있느냐?' 하는 것입니다. 그가 집중해야 할 것은 예수님의 말씀을 받아들이고 연구하고 전달해야 할 일입니다. 그것을 하면 그는 큰 자입니다."[40]

한국 교회 전반에 보편적으로 퍼져 있는 현상입니다만, 목사 칭호보다 '당회장' 칭호를 더 좋아하고, 노회장이나 총회장 같은 자리를 계급처럼 생각하는 저급한 문화는 얼른 쓰레기통으로 들어가야 합니다. 고재수 교수님께서 강조하셨던 것처럼, 주님의 말씀을 신실하게 전하는 우리를 '큰 자'라고 불러주시는 주님의 인정으로 만족하는 목회자들과 그리스도인이 되어야 합니다. 소위 스타 목사들을 만들어내고 그런 사람

---

40   고재수, 『구속사적 설교의 실제』, 122

들을 추종하는 이 땅의 유별난 세속화 현상은 크게 보면 한국 교회 전체를 병들게 하고 교회의 생태계를 파괴하는 독소입니다. 이런 것이 한국 교회의 피하지 못할 대세라 보는 사람도 있겠지만, 우리 고신교회는 다른 기준, 바른 기준을 끝까지 잘 견지해야 합니다. 우리는 세상이나 사람의 인정보다 주님의 인정을 최고의 가치로 삼는 사역자가 되어야 하고, 또 우리 학교가 그런 사역자들을 배출해내는 신학교가 되어야 합니다.

10. 사람을 아끼고 기르는 일에 집중하라

고재수 교수님의 가정에서 보낸 2년은 저에게는 큰 축복이었습니다. 머물 곳 없고 기댈 곳 없던 저에게 당시 그것은 놀라운 하나님의 은혜였지만, 지금 교수의 자리에 있는 저의 입장에 서서 저 자신에게 이런 질문을 던져봅니다. '과연 나라면 내 집에 가족도 아닌 학생을 들여서 함께 생활할 수 있을까?' 이는 단지 빈방 하나를 내어주는 정도가 아닙니다. 내 사생활의 모든 부분이 다 노출될 수밖에 없습니다. 그것도 한 달 두 달 한정된 짧은 시간이 아닙니다. 한국에 거주하시는 시간 거의 내내 고재수 교수님 가족은 그렇게 하셨습니다. 외국인 선교사 주거용으로 지은 감천의 집은 그래도 방이 여유가 있었습니다. 그 집이 매각되고 이사를 한 송도의 집에는 방이 부족했습니다. 그 집에서 다소 독립적인 위치의 좋은 방을 저에게 내어주어 저는 지내기가 참 좋았지만, 어느날 우연히 교수님 부부의 침실을 보게 되었습니다. 계단 아래의 창문도 없는 어두컴컴한 창고방을 침실로 사용하고 계셨습니다. 실생활 속에서 이분들의 우선순위가 무엇인지를 잘 볼 수 있었습니다. 학생에게 더 좋은 방을 내어주고 자신들은 말할 수 없는 불편을 감수하고 계셨던 것입니다.

성도의 공동생활이 말은 참 아름답고 쉽지만, 실제로는 그렇게 쉽지가 않습니다. 한 사람과 함께 삶을 나눌 수 있다면 열 사람, 백 사람과도 함께 할 수 있습니다. 고재수 교수님 가족은 그런 마음으로 자신의 삶을 한국 교회와 나누었다고 생각합니다. 단지 강의실에서의 교수로서만 아니라, 자신의 삶을 쪼개고 나누어 주면서 다음 세대를 위한 말씀의 사역자들을 길러내었습니다. 그러기에 신학의 길에 들어서는 사람들을 위한 그의 조언은 더욱 무게가 서려 있습니다. "목회의 길에 들어서면, 여러분은 여러분의 마음을 쏟아서 일을 해야 하며 근로 기준 시간 같은 것을 상상할 수 없습니다. 여러분이 일상적인 대우에 일상적인 직업을 원한다면 목회의 길에 들어서지 마십시오."[41]

지금은 이 말 했다가 아무도 신학교에 안 오면 어떡하나 싶어서 이 말 하기가 참 겁나는 시대이긴 합니다. 그러나 이 말 배후에는 "이스라엘의 소를 위해서까지 교훈을 주신 하나님께서 전임으로 말씀과 가르침에 수고하는 자들을" 돌보신다는 약속이 놓여 있습니다.[42]

---

41 고재수, 『그리스도를 고백함』, 336

42 고재수, 『그리스도를 고백함』, 336

이런 책임을 교회가 기쁘게 잘 감당해야 합니다. 말씀 사역자들이 직업의식을 초월하는 분명한 소명의식을 가지고 그 모든 필요를 공급하시는 하나님을 신뢰하며 하나님의 일에 자신을 던져야 합니다. 이런 사역자들이 많이 일어날 때 교회가 하나님의 말씀 기반 위에 튼튼히 서고 온 세상을 향하여 복음 사역을 힘차게 감당할 수 있게 됩니다.

우리에게는 고재수 교수님을 통하여 가르침 받은 좋은 개혁주의 신학이 있습니다. 그러나 아무리 좋은 신학이 있어도 그것을 계승하고 이어갈 사람이 없다면 그 신학의 귀함 때문에 오히려 우리의 슬픔은 더 클 수밖에 없을 것입니다. 오늘 목회 및 선교 지망자들의 감소 현상은 우리의 영적 미래를 어둡게 만드는 큰 불안 요소입니다. 말씀의 사역에 헌신할 사람을 발굴하고 고재수 교수님과 그 가족이 하였던 것처럼 자기 삶을 나누고 흩어서 그들을 키워내는 일에 전력을 기울여야 할 때입니다.

III. 나가는 말

저는 요즘도 학교에서 사은회를 맞을 때마다 매 기수 졸업생들에게 고재수 교수님께서 1986년 졸업 사은회 때 우리에게 들려주셨던 말씀 한마디를 꼭 들려줍니다. "여러분은 앞으로 교회를 섬길 때 작은아버지 노릇 하지 말기를 바랍니다." 그가 한국어를 배울 때 '작은아버지'라는 단어를 신기하게 보았던 것 같습니다. 작은아버지는 아버지의 형제일 뿐, 사실은 '아버지'는 아닙니다. 이름에 아버지가 들어가 있다고 해서 작은아버지가 아버지 노릇을 할 수는 없습니다. 교회 안에서 목사나 여타 사역자가 '작은 주님' 노릇 하려 해서는 안 된다는 것을 말하고 있습니다. 우리는 모두가 주님을 섬기는 종일 뿐, 주의 이름이나 지위를 조금이라도 탐할 수 없습니다. 우리가 높이고 섬겨야 할 분은 오직 우리의 주님 예수 그리스도뿐입니다. 고재수 교수님은 이런 섬김을 그의 학문적 활동과 교수 선교사로서의 삶을 통해 잘 보여주셨습니다. 우리에게 귀한 은사를 주신 하나님께 감사를 드리지 않을 수 없습니다. 종년에 원치 않는 알츠하이머 질병으로 인해 많은 아픔을 겪으셨고, 이 때문에 고서희 사모님과 자녀들이 많은 고생을 하셨습니다. 오늘 이런 기회를 통하여 고재수 교수님과 그 가족의 희생과 수고를 기억하고, 작으나마 감사를 표할 수 있게 된 것이 참 뜻깊은 일입니다. 오늘 우리가 가지는 이 행사가 며칠 전 화란의 교회 신문에 소개가 되었습니다. 거기에서 고서희 사모님은 이 행사가 "Gootjes 숭배"가 되지 않기를 바란다는 말씀을 하셨습니다. 예, 그런 일은 결코 없을 것입니다. 다만 한평생 변함없이 한결같은 자세로 성실하게 그리고 활기차게 그리스도를 섬기셨던 교수님의 그 귀한 발자취를 따라 우리 또한 생명 다하는 순간까지 신실하게 주님과 그의 교회를 섬기기를 다짐할 따름입니다.

강연 4

고재수의 한국 생활과 사역

고서희 사모

제가 남편의 한국 생활과 사역을 말하기 전에, 남편이 직접 한 말을 인용하고 싶습니다. 남편은 캐나다 개혁교회에서의 한 연설에서 레이던 목회 사역을 끝낸 것에 대해 이렇게 말했습니다.

"우리는 목회 사역을 끝내고 싶지 않았습니다. 우리는 레이던 목회 사역에 익숙할 뿐 아니라 즐겼습니다. 몇 년 동안 한국 생활은 외로웠습니다. 우리는 한국 교회와 신학교에 큰 도움을 줄 수 없었기에 목회 사역이 그리웠습니다. 그러나 우리는 주님이 우리의 삶을 다른 방향으로 이끄셨음을 깨달았습니다. 우리는 부산에서 한국 교회를 위해 일하도록 부름을 받았습니다."

캐나다 신학교에서의 한 연설에서 그는 이렇게 말했습니다.

"우리 가족이 자매 교회인 고신교회의 신학교에서 가르치기 위해 한국에 갔을 때, 우리 아들 Henk는 두 살이 조금 넘었고, Albert는 9개월이었습니다. 부산 고려신학교의 졸업식에 참석했습니다. 그 졸업식은 약 두 시간 동안 진행되었습니다. 제 이름을 제외하고는 한 마디도 이해할 수 없었습니다. 비록 아내와 제가 레이던에서 한국어 과정을 수강했지만, 무슨 일이 일어나고 있는지 이해할 수 없었습니다. 그 결과, 우리는 한국에서의 초기 몇 년을 언어 훈련에 집중했습니다. 첫 학기에는 라틴어 과목을 하나 가르쳤습니다. 네덜란드인이 한국 학생들에게 영어로 라틴어를 가르치는 것은 특별한 일이었습니다! 언어 장벽 때문에 저는 일을 할 수 없었습니다. 네덜란드에서 꽤 큰 교회의 목사였던 제가 그런 전환을 겪은 것은 힘든 일이었습니다. 어느 날 오후, 라틴어 수업에 학생 절반만 참석했습니다. 그 이유는 부산 미문화원 방화 사건으로 네 명이 사망한 사건 때문입니다. 경찰은 방화의 주요 용의자가 고신대학교의 옛 학생일 가능성이 높다는 것을 알아냈고, 그로 인해 학교 전체에서 이 사건에 대한 논의가 진행되었습니다. 그날 오후에는 아무도 수업을 하지 않았고, 네덜란드인 교수 본인만 강의를 한 것입니다.

점차 우리는 한국어로 자신을 표현하는 법을 배웠고, 학생들은 우리를 이해하기 시작했습니다. 마침내 우리는 신학교 직원의 일원이 되었습니다. 교수님들은 많이 인내하며 우리를 기다려주었고, 학생들은 더 많은 인내를 보여주었습니다. 학생들과의 관계가 초기 몇 년의 외로움을 극복하게 해주었습니다. 저는 한국 학생들의 개방성, 열정, 친절함을 존경하게 되었습니다. 그래서 놀랍게도 저는 가르치는 것을 좋아하게 되었습니다."

남편의 이 말이 우리가 한국에서 겪었던 기쁨과 어려움을 잘 요약합니다. 한국 사회에서의 외로움, 완전히 소속되지 못하는 느낌, 어려운 한국어로 소통하려는 노력, 그러나 곧 한국 형제자매들에 대한 사랑과 가르치는 일에 대한 사랑이 생겼습니다. 학생들이 점차 네덜란드 교회의 교인들을 대신하게 되었습니다. 그러한 일들은 모두 시간이 걸렸습니다.

우리의 새로운 삶은 1980년 2월 14일에 시작되었습니다. 박도호 교수와 그의 아내 Margreet, 그리고 그들의 자녀 Jesseka와 Lukas와 함께 한국에 도착했습니다. 고려신학교와 하도례(Theodore & Grace Hard) 교수 부부의 환영을 받으며 부산 공항에 도착했습니다. 첫 몇 주간 우리는 이근삼 교수 가족의 환대를 받았습니다. 박도호 교수 가족은 하도례 교수와 함께 지냈습니다. 가구가 실린 컨테이너가 도착하여 우리는 첫 번째 한국 집인 우림 맨션 201호로 이사할 수 있었고, 박도호 교수 가족은 401호로 이사했습니다. 그곳에서 처음 만난 사람 중 한 명이 유해무 학생입니다. 그는 아내 옥현순과 함께 같은 아파트(106호)에 방을 빌려 살았습니다. 나중에 우리가 근처 태양열 주택으로 이사했을 때, 그들은 한국어 교사로 도와주었고, 첫 번째 다른 문화와 언어를 가진 나라에서의 생활을 도와준 조력자가 되었습니다. 그들은 모두 우리의 한국 생활에 중요한 존재였습니다. 우리는 또한 신학교 동료들, 특히 박성복 교수와 이보민 박사, 그리고 언어 선생님들과 '일하는 아주머니(Ilhanun Adjumoni)'로부터 많은 도움을 받았습니다.

새로운 집과 새로운 일 외에도 우리는 새로운 교회를 찾았습니다. 우리는 송도제일교회의 교인이 되었습니다. 한국에 있을 때는 언제나 우리는 매 주일 오전 그곳에서 주님께 예배하고 설교를 들었습니다. 처음에는 무슨 말인지 거의 이해할 수 없었습니다. 'Hananim(하나님)', 'Kido(기도)', 'Jesunim(예수님)' 같은 단어를 알아들을 때마다 우리는 서로를 보며 환호했습니다. 우리가 한국어를 배우고 있구나! 시간이 지나면서 대부분의 설교를 이해하게 되었고, 몇몇 찬송가도 배웠습니다. 그 중 하나인 'Koruk, Koruk, Koruk(거룩, 거룩, 거룩)'을 작년 남편의 장례식에서 그가 살며 사역했던 세 나라의 언어인 한국어, 영어, 네덜란드어 버전으로 함께 불렀습니다. 오후에는 네덜란드어 설교를 카세트테이프로 듣거나 영어 예배에 참석했습니다. 특히 초기의 의사소통이 힘들었지만, 우리는 항상 한국 교회 형제자매들의 친절함과 환영의 미소에 감사했습니다.

새로운 집에 자리를 잡고, 가장 먼저 해야 할 일은 한국어를 배우는 것이었습니다. 레이던에서 한국어를 조금 배웠지만, 한국어는 우리가 알고 있는 다른 언어와 너무 달라 매우 어려웠습니다. 한국에 갔을 때, 남편의 친구가 인도네시아 선교사로 갔습니다. 1년 후, 그는 인도네시아어로 첫 설교를 했다는 편지를 보내왔습니다. 비교해 보면, 남편은 우리가 도착한 지 2년이 지나서야 한국어로 첫 설교를 했습니다. 남편은 28세까지 학생이었고, 그 후 레이던 교회에서 즐겁게 목사로 일했습니다. 그런데, 그는 다시 학생이 되어야 했습니다. 신학교는 우리를 위해 개인 교사들을 찾아주었습니다. 그 후 2년 반 동안 우리의 주요 일과는 한국어 공부와 저녁 숙제였습니다. 남편은 다시 학생이 된 것이 아주 힘들었지만, 주님이 새로운 일로 인도하신다는 확신이 그로 하여금 계속 나아가게 했습니다. 부산에서 2년간의 개인 학습 후, 그는 한 학기 동안 서울 명도원에서 한국어를 공부했습니다. 그 후, 그는 한국어로 신학을 강의할 수 있었습니다.

1981년 여름, 우리는 아파트에서 동양 시멘트 공장 근처의 태양열 집으로 이사했습니다. 그 집은 미국 정통장로교회(OPC) 선교사 랄프 잉글리시(Ralph English 양길수) 목사를 위해 지은 것이었지만, 그가 부산을 떠난 후 우리가 임대했습니다. 우리 가족, 한국 학생 가족, 그리고 나중에는 우리 아이들을 가르치는 네덜란드 교사를 위한 충분한 공간이 있었습니다. 그런데 우리는 그 집에 지네가 많다는 것을 알게 되었습니다. 지네를 보면 남편을 불렀습니다. 그는 부엌에서 큰 요리용 칼을 가져와 지네의 머리를 강타했습니다. 지네는 남편을 두려워했는지, 저와 우리 작은 아들 Kees는 물었지만, 남편은 절대 물지 않았습니다. 또한 크고 들판과 같은 정원이 있어서 아이들이 놀 수 있었고, 봄에는 동네 할머니들이 쑥을 뜯으러 오셨습니다. 일하는 할머니와 함께 방앗간에서 쑥떡도 만들었습니다. 남편은 지하실에 멋진 서재가 있어서 책을 보관할 수 있었습니다. 그곳에서 강의를 준비했으며, 레이던에서 시작한 박사 논문 작업도 계속했습니다.

1981년 10월, Henk와 Albert는 작은 동생 Kees를 맞이했습니다. 그즈음 네덜란드에서 시어머님과 친정 부모님이 한국을 방문했습니다. 원래 계획은 아기가 태어나기 전에 그들이 떠나는 것이었지만, Kees는 사교적인 아이였기 때문에 조부모를 보고 싶어 했고, 예상보다 한 주 혹은 두 주 일찍 태어났습니다. 신기하게도, 2년 후 딸 Jentine을 출산하려 할 때, 이번에는 제 어머니와 남동생이 우리와 함께 있었습니다. 이번에는 아기가 태어날 때 어머니와 남동생은 한국에 있으려 했지만, Jentine은 아직 태어나지 않았고, 예정일 몇 주 후에 태어났습니다. 결국 친정어머니가 네덜란드에 돌아간 후 Jentine이 태어났습니다. 아기의 출산은 절대로 우리의 계획대로 되지 않았습니다.

1982년, 박도호 교수 가족의 장녀 Jesseka가 초등학교에 입학해야 했고, 우리 아들 Henk도 다음 해에 학교에 입학해야 했습니다. 우리는 평생 한국에 머물 수 없다는 것을 알고 있었기 때문에, 아이들이 네덜란드 교육 과정을 따라 배우기를 원했습니다. 고등학교 친구 중 한 명이 교사였는데, 그녀가 한국에 와서 1983년 1월에 우리를 위해 '네덜란드 국제 학교'를 설립해 주겠다고 해서 매우 기뻤습니다. 신학교는 건물의 최상층에 있는 교실을 사용할 수 있도록 허락해 주었습니다. 신학교는 교실을 페인트칠하고 칠판과 겨울에 방을 따뜻하게 할 수 있는 난로를 제공했습니다. 그래서 우리는 네덜란드에서 온 교사들을 차례로 맞이하였고, 이들은 1년 또는 2년 동안 머물며 유치원부터 고학년까지 가르쳤습니다. 아이들은 신학교 운동장에서 놀았고, 신학교 학생들은 그들에게 축구와 한국식 탁구를 가르쳐 주었습니다.

마침내 1983년 초, 남편은 한국에 온 목적인 수업을 본격적으로 시작할 수 있었습니다. 그는 한국어로 교리, 라틴어, 그리스어를 가르쳤습니다. 처음에는 글로 작성한 강의 내용을 한 단어씩 읽어야 했고, 학생들이 질문을 하면 쌍방 모두 영어 설명이 필요했습니다. 그러나 시간이 지나면서 그의 한국어 실력이 향상되어 결국 자유롭게 강의할 수 있었습니다. 대다수 질문을 이해하고 한국어로 대답할 수 있었습니다. 남편은 강의 때뿐 아니라 교실 밖에서도 학생들과 교류하는 것을 매우 좋아했습니다. 졸업반 학생들이 졸업 여행에 그를 초대했을 때 매우 영광스러워했습니다. 한 번은 고씨 가문의 발생지인 제주도까지 방문했습니다.

매년 여름, 우리 가족과 박도호 교수 가족은 번갈아서 3개월간 휴가를 떠났습니다. 우리는 네덜란드 교회에 사역을 보고하고, 친척들을 만나고, 휴식을 취했습니다. 보통 짝수 해에 휴가를 갔지만, 1985년 초에는 특별한 여행을 했습니다. 남편이 신학 박사 논문 방어식을 위해 캄펀(Kampen)에 갔기 때문입니다. 그는 '하나님의 영성'에 관한 학위논문을 썼습니다. 우리는 어린 두 아이를 데려갔고, Henk와 Albert는 한국에서 네덜란드 선생님과 남았습니다. 여행은 힘들었습니다. 서울에서 눈 때문에 지연되고, 짐이 분실되고, 네덜란드에서는 심한 눈보라로 기차 운행이 중지되어 부모님 댁까지 버스를 타고 가야 했습니다. 시어머니가 우리 짐이 분실되었다는 소식을 듣고 매우 긴장하셨지만, 왜 그렇게 되었는지 묻지 않으셨습니다. 그러다 저에게 다가와서 속삭였습니다. "네 남편 논문 방어식 노트는 가지고 있니? 아니면 분실된 짐에 있니?" 저는 남편의 논문 방어식에 필요한 모든 자료와 옷은 기내 수하물에 가지고 있었다고 안심시켜 드렸습니다. 네덜란드 도착 후 며칠 동안은 비행기에서 입고 있던 옷만 입고 지냈습니다. 다행히 항공사가 우리 짐을 찾아 배달해 주었습니다.

1985년 1월 21일은 중요한 날이었습니다. 우리는 모두 캄펀의 Broederkerk 건물로 갔습니다. 그곳에서 박사 학위 논문 방어식이 열렸습니다. 네덜란드 관습에 따라 일종의 도우미(Paranymphs) 두 명이 있었는데, 한 명은 그의 형제 Jan Pieter였고, 다른 한 명은 오랜 친구 Hilbert Gunnink 목사였습니다. 남편은 Doekes 박사와 함께 박사 과정을 시작했지만, 결국 Kamphuis 교수가 지도교수가 되었습니다. 방어식 후에는 리셉션과 친한 친구 및 가족과의 저녁 만찬이 있었습니다. 방문객에는 한국인 얼굴도 몇 명 있었습니다. 네덜란드에서 2주를 보낸 후, 우리는 한국으로 돌아왔습니다. 그동안 큰 자녀들은 우리 없이도 잘 지내고 있었습니다. 그들은 심지어 한국 결혼식에도 참석했었습니다!

다음 해 우리는 정기 휴가로 네덜란드를 방문했습니다. 그때 우리 집에 어려운 일이 있었습니다. 머물던 태양열 집이 팔렸고, 새 주인은 우리가 네덜란드에 머물고 있는데 집을 비워달라고 요구했습니다. 할 수 없이 박도호 교수 가족이 우리의 짐을 보관해 주었고, 새로운 집도 찾아주었습니다. 우리는 송도의 아름다운 집으로 이사할 수 있었습니다. 우리는 모두 송도에서 사는 것을 좋아했습니다. 남편은 그 집 2층에 있는 서재를 정말 좋아했습니다. 큰 창문으로 송도 바다가 보였고, 서재 앞 발코니에는 연못과 작은 바위가 있는 정원이 있었습니다. 안타깝게도 우리는 그곳에서 1년밖에 살지 못했습니다. 그 후 우리는 동아대학교 근처 대신동으로 이사했습니다. 한국에 있는 9년 동안 우리는 네 번 이사했습니다. 이사하는 것을 싫어하게 되었습니다. 이사하는 일은 항상 힘들었습니다. 남편은 책을 번호 매긴 상자에 포장해야 했습니다. 한국에서의 사역을 마치고 캐나다로 이사할 때, 우리는 가족을 위한 충분한 공간과 좋은 서재가 있는 집을 찾기 위해 많은 신경을 썼습니다. 마침내 우리는 소원을 이루었습니다. 저는 지금도 1989년에 구입한 집에 살고 있습니다.

남편은 신학교에서 가르치는 일 외에도 '구속사적 설교 모임'을 인도했습니다. 또한, 가끔 우리 교회의 젊은이와 다른 학교 학생 그룹을 위해 강연을 했습니다. 그는 부산 주변에 있는 교회에서도 설교했습니다. 처음에는 설교를 위해 통역이 필요했는데, 종종 박성복 교수가 통역을 맡았습니다. 설교 중에 교인들이 여러 번 웃는 것을 눈치챘습니다. 하지만, 자신은 웃긴 말을 하지 않았습니다. 나중에 박 교수님께 사람들이 왜 웃었는지 물어보니, 그는 네덜란드 설교가 너무 진지해서 교인들도 조금 웃을 필요가 있다고 대답했습니다. 그래서 그는 통역할 때 몇 가지 농담을 넣었다고 했습니다.

시간이 지나면서 제 남편은 한국의 상황과 교회들이 직면한 문제들에 대해 더 많이 알게 되었고, 한국어로 책을 쓰기 시작했습니다. 강의와 마찬가지로 그는 책도 바로 한국어로 썼고, 나중에 학생들이 그의 표현을 교정해 출판 준비를 도왔습니다. 그의 마지막 책은 매우 특별했습니다. 우리가 네덜란드로 돌아가 캐나다로 이사하기 전, 부산에서의 마지막 몇 주 동안 우리 가족은 애린 유스 호스텔의 한 방에서 살았고, 거의 매일 남편과 그의 학생 도우미 권수경 씨가 출국 전에 마지막 책을 완성하기 위해 열심히 일했습니다. 그리고 마침내 끝냈습니다. 한국에서의 마지막 저녁에 그 책이 완성되었습니다!

다음 날 우리는 친구들과 함께 공항으로 갔고, 한국을 떠났습니다. 한국에서의 시간 동안 어려움과 좌절도 있었지만, 항상 한국의 형제자매들과 함께한 시간에 감사했습니다. 한국을 떠난 해인 1989년 말, 남편은 가족과 친구들에게 보내는 연례 소식 편지에 이렇게 썼습니다. "우리는 그렇게 한국을 떠났습니다. 한편으로는 예상치 못한 일이 아니었고, 오래 전부터 그 일이 다가오고 있음을 알았습니다. 그러나 다른 한편으로, 깊이 감동했습니다. 거의 10년 전에 시작한 일이 이제 뿌리를 내리고 있었는데, 그것을 남겨두고 떠나야 했습니다. 한국 친구들과의 교제도 중단해야 했습니다. 우리는 한국에서 많은 것을 경험했습니다. 행복한 일도 많았고, 힘든 일도 많았습니다. 우리는 떠날 준비가 되어 있었고, 떠나는 것을 후회하지 않았습니다만, 한국에서의 삶은 우리에게 깊게 새겨졌습니다. 우리는 다른 문화와 다른 교회 생활의 경험으로 우리의 삶이 풍요로워졌다는 것에 감사합니다."

   남편이 말했듯이, 우리는 주님의 교회가 한 나라나 한 대륙에 국한되지 않는다는 것을 경험했습니다. '하이델베르크 요리문답서 21주일'에서 말하듯이, 하나님의 아들이 온 인류로부터 그분의 교회를 모으신다는 것을 진정으로 보았습니다. 우주 만물을 창조하신 하나님을 찬양합니다.

강연 5

동료로서 본 고재수의 고려신학대학원 교수 사역

박도호 교수

존경하는 교수님, 직원분들, 학생들, 졸업생들, 고려신학대학원과 고신교회의 친구들, 그리고 존경하는 참석자들, 특히 우리의 소중한 친구이자 주 안에서 형제 자매인 고서희 사모님과 아들 Albert!

오늘 오후 이 자리에 서게 되어 남다른 감회가 있습니다. 준비위원회의 요청으로 "동역자가 본 고재수의 고려신학대학원 교수의 봉사"를 발표하게 되었습니다. 저와 제 아내 마그리트를 이 자리에 초대해 주시고 한국을 방문하게 해 주신 준비위원회에 감사드립니다.

고재수 교수의 생애와 사역에 대한 여러 '관점'이 있을 수 있습니다. 이것은 저의 개인적 관점입니다.

저는 1979년 고재수 교수를 처음 알게 되었습니다. 당시 우리는 부산에 위치한 고려신학대학원에서 가르치기 위해 한국으로 갈 준비를 하고 있었습니다. 고재수 교수는 네덜란드 자유 개혁교회의 전형적인 젊은 목사라는 첫인상을 주었습니다. 그는 당시 네덜란드 자유 개혁교회(the Gereformeerde Kerken in Nederland, Vrijgemaakt)라고 불렸던 교단의 목사였습니다. 그는 친절하고, 도울 준비가 되어 있었고, 지식이 풍부한 사람이었습니다. 그와 그의 아내는 한국에 교수로 부름 받았다는 사실을 아직 실감하지 못하고 있었습니다. 저와 제 아내도 마찬가지였습니다. 그런 일은 그 교회에서도 처음 있는 일이었습니다! 네덜란드에서 두 명의 목사가 교단을 대표하여 자매 교회의 신학대학원에서 '교수 선교사(Missionary Professors)'로 가르치기 위해 한국으로 가게 된 것입니다. 아주 먼 거리의 한국으로! 정말 놀라운 일이었습니다!

우리는 그때만 해도 서로 몰랐습니다. 한국에서 8년 동안 지내면서 우리는 개인적으로, 그리고 가족으로서 서로를 알게 되었습니다. 정말 기쁜 날들이었습니다.

저는 고재수 교수를 특히 교수 선교사로서 다음과 같이 몇 가지로 표현하고 싶습니다. 그는 네덜란드인이고, 개혁주의자이고, 충성스럽고, 잘 훈련되어 있고, 생산적이고, 독립적이고, 그리고 에큐메니컬 진보주의자였습니다.

DRLDPIP(Dutch, Reformed, Loyal, Disciplined, Productive, Independent, ecumenically Progressive)!

1. 고재수 교수는 확실히 네덜란드인이었습니다.

그는 네덜란드 북부 프리스란트 주의 레이우바르던(Leeuwarden) 출신으로 캄펀에 있는 자유 개혁교회 신학대학에서 신학을 공부했습니다. 그는 전형적인 네덜란드인이었습니다. 특히 미국에서 태어나고 자란 저와 비교했을 때 더욱 그랬습니다.

고재수 교수의 모국어는 네덜란드어였고, 그의 성격, 습관, 선호도는 전형적인 네덜란드 사람임을 느낄 수 있었습니다. 그는 본래 다소 내성적인 사람이었으나 친해지고 나면 매우 쉽게 사귈 수 있는 그런 사람이었습니다. 그는 외향적이라기보다는 내향적이었습니다. 분명한 것은 우리 미국인처럼 시끄럽지 않았습니다! 보통은 조용히 말했습니다. 그러나 웃음소리는 요란하고 매력이 있었습니다. 강압적이거나 과시하지 않았습니다. 기본적으로 네덜란드 음식을 즐겼던 것 같습니다. 물론 한국의 다양한 요리와 맛을 시도하는 것도 좋아했습니다. 그의 아침 식사와 점심 식사는 한국에 있는 동안 내내 전형적인 네덜란드식이었던 것 같습니다. 아침에는 설탕을 넣지 않은 죽을 먹고, 점심으로는 빵에 무언가를 얹어 먹었는데, 대체로 치즈를 선호했습니다.

고재수는 철저하게 네덜란드식으로 교육받고 훈련받았습니다. 네덜란드에서 가장 높은 수준의 고등학교에 다니면서 라틴어와 그리스어 공부에서 탁월했고, 신학교에서 그리스어 신약성경과 라틴어 교부들의 저서를 읽는 데 아무런 문제가 없었습니다. 우리 대부분의 미국인은 그렇지 못합니다. 그는 고등학교에서 영어, 독일어, 프랑스어도 잘 배워 현대 언어로 된 신학 서적을 읽는 데도 문제가 없었습니다. 다시 말해, 이것은 대부분 미국인이 가지지 못한 강점입니다.

캄펀 신학대학(현재는 Utrecht로 옮겼고, '신학 대학교'로 불림)에서 그는 뛰어난 학생이었습니다. 당시 네덜란드의 신학 교육은 매우 까다로웠습니다(지금은 다소 덜 까다로워진 듯 보입니다). 그리스어, 히브리어, 라틴어를 잘 알고 있어야 했습니다. 구약과 신약, 개혁주의 신앙고백, 교의학, 교회사에 대한 지식도 철저해야 했습니다.

캄펀 신학교는 존 칼뱅, 아브라함 카이퍼(父), 헤르만 바빙크, 그리고 특히 클라스 스힐더의 영향을 받아 개혁주의적이고 성경적이었습니다. 그리고 자기 비판적인 정통주의 분위기가 있었습니다. 1967년 9만 여명의 교인 중 약 1/3이 새롭고 좀 더 자유주의적 교단으로 분리되는 일이 있었습니다. 비공식적으로 '연대 밖 개혁교회'라고 불렸고, 대다수는 더 엄격한 신앙고백을 유지하며 비공식적으로 '연대 내 개혁교회'라고 불렸습니다. 네덜란드어로는 '바위턴페르반덜스(buitenver banders)'와 '빈넌페르반덜스(binnenverbanders)'라고 합니다.

2. 고재수 교수는 철저한 개혁주의 신자이자 신학자였습니다.

캄펀은 '연대 내 개혁교회'의 신학교였습니다! 신학교는 상당히 철저했습니다. J. 캄프하위스, C. 트림프, J. 반 브루헌, J. 다우마와 같은 교수들은 네덜란드 개혁주의 신앙고백서, 벨직 신앙 고백서, 하이델베르크 요리문답, 도르트 신조가 교회 연합의 신앙고백 기준으로 일관되게 유지되어야 한다고 굳게 확신하고 있었습니다. '연대 밖 개혁교회'는 예를 들어 "사후에는 어떤 상태가 되는가?"와 같은 질문에 대한 답의 차이를 허용했습니다. 일부는 기독교인이 죽으면 천국에 가지 않는다고 설교했습니다. 그들은 몸과 구별되는 '영혼'이나 '정신'이 없다고 말했습니다. 예수님의 재림 때 새로운 몸으로 다시 일어나기까지 땅에 묻혀 있다는 것이죠. 이것은 하이델베르크 요리문답 22주일에서 "나의 영혼은 죽음 후 즉시 머리 되신 그리스도에게로 올라갈 것입니다…"라고 말하는 것과 모순됩니다. '연대 내 개혁교회'는 단호했습니다. 성경에 의하면 우리가 죽으면 즉시 영혼은 천국으로 갑니다. 이것이 하이델베르크 요리문답의 1주일에서 말하는 "살아서나 죽어서나 우리의 위로"의 일부입니다. 그리고 캄펀 신학교는 그 점에서 분명했습니다!

고재수 교수는 이러한 배경과 확신을 가지고 한국에 왔습니다. 더 나아가, 그는 자유 개혁교회의 초기 역사의 결과물을 한국에 가져왔습니다. 예를 들어, 클라스 스힐더의 영향입니다. 1952년에 사망한 스힐더는 1930년대 개혁교회의 갱신을 이끌었습니다. 스힐더는 1920년에 사망한 위대한 지도자 아브라함 카이퍼를 높이 평가했으며, 카이퍼의 성경 권위와 삶의 모든 영역에 미치는 하나님의 주권을 강조했습니다. 그러나 스힐더는 몇 가지 점에서 카이퍼의 신학에 의문을 제기했습니다. 하나는 '언약과 세례'의 문제였습니다. 카이퍼에 따르면, 17세기 개혁 신학자들의 견해에 따라, 하나님은 가장 깊은 의미에서 택자와 언약을 맺으십니다. 더 넓은 의미에서, 언약은 이미 중생한 것으로 간주 되는 신자의 자녀들과도 맺어집니다. 따라서 자녀들이 중생한 것으로 간주하여 유아 세례를 시행합니다. 스힐더는 이에 동의하지 않았습니다. 스힐더의 견해에 따르면, 하나님은 신자들과 그들의 모든 자녀와 언약을 맺으시며, 이는 자녀의 선택 여부와 상관없이 그렇습니다. 세례 시의 약속은 세례를 받은 모든 사람에게 주어집니다. 자녀들이 하나님의 주권적 은혜로 그리스도를 믿게 되면, 세례 시의 약속이 성취됩니다. 그러나 자녀들이 주님을 떠나 개인적으로 그리스도를 믿지 않으면, 그들은 여전히 '언약의 자녀'이지만, '불신 언약의 자녀'입니다. 교회에서 엄청난 갈등이 발생했습니다. 결국, 제2차 세계대전 중 1944년 개혁교회의 총회는 스힐더를 캄펀의 교의학 교수직에서 해임하고, 그를 분열주의자로 교회 징계에 처했습니다. 이는 스힐더를 따르는 많은 교인이 그 결정에 항의하며 교단을 떠나는 직접적 결과를 초래했습니다. 그들은 자신들이 참 교회를 이어가고 있다고 주장했습니다. 그들은 총회의 비성경적 결정으로부터 '스스로 자유한다(liberating themselves)'라고 말했습니다. 이렇게 해서 개혁교회의 종교개혁이 탄생했으며, '네덜란드 자유 개혁교회'라는 별명을 가지게 되었습니다(네덜란드어로 'Gereformeerde Kerken(Vrijgemaakt)').

고재수 교수와 제가 네덜란드 교회를 대표해서 한국에 왔을 때 소개해야 했던 꽤 긴 역사였습니다. 그러나 1944년 네덜란드 자유 개혁교회가 붙잡은 개혁 신앙에 대한 헌신은 우리의 유산의 일부였습니다. 우리가 가진 유산은 고재수 교수의 개인적인 신앙과 부산에서의 교수 사역에도 깊이 반영되어 있었습니다. 그는 성경의 권위를 지키고, 그 권위에서 파생하는 개혁주의 신앙고백서를 지켜야 했습니다. 그러나 자유 개혁교회 전통에 따르면, 개혁주의 신앙고백서에 대한 헌신 내에서도 신학적 여지가 있어야 합니다. 하나님의 말씀에서 더 많은 빛을 찾고, 신학적 문제에 대해 깊이 토론하며, 심지어 일부 문제에 대해 의견이 다를 수 있는 여지입니다. 이것은 교회가 분열하지 않고도 가능합니다. 교회는 신앙고백에 대한 명확하고 일관된 헌신이 있는 한, 특정 신학적 견해를 절대화해서는 안 됩니다. 교회는 항상 개혁되어야 합니다(semper reformanda). 이것이 고재수 교수가 개혁 신학자로서 지켰던 것입니다. 그리고 이것을 그는 부산 고려신학대학에서 학생들에게 강의했습니다.

3. 고재수 교수는 충성스러운 사람이었습니다.

가장 중요한 것은, 고재수 교수는 주 하나님께 충성했다는 것입니다. 충성됨은 그에게 개혁 신앙의 중심에 있었습니다. 그리고 그것은 그의 삶에 분명히 나타났습니다. 그는 흠이 없는 성인도 아니고, 천사도 아니었습니다. 단지 은혜로 구원받은 죄인이었습니다. 단점, 실패, 그리고 기이한 버릇을 가지고 있었습니다. 부차적인 문제에서도 엄격한 관점을 가진 사람이었습니다. 때로는 우리에게 그의 견해가 다소 경직되어 보이기도 했습니다. 그러나 예를 들어 고려신학대학 채플 시간에서 그가 기도하는 방식은 그의 충성심이 어디에 있는지를 분명히 보여주었습니다. 그는 하나님께 진실하고 헌신적인 사람이었습니다.

따라서 그는 하나님이 그에게 주신 소명에 충실했습니다. 남편으로서, 아버지로서, 교회 회원으로서, 목사로서, 그리고 부산에서는 교의학 교수로서 말입니다. 당시 그의 동료였던 우리와 그의 많은 학생들은 그의 충성심을 고신교회와 고려신학대학원에 증언할 수 있습니다. 신학교

내외의 관계에서도 신실함을 느낄 수 있었습니다. 그는 권력을 위해 정치적으로 움직이지 않았고, 사람들을 끌어내리기 위해 뒤에서 험담하지 않았습니다. 교수로서 맡겨진 신뢰를 배신하지 않았습니다. 그는 충성스러웠습니다.

그는 교수 회의에서 충성스러웠습니다. 그는 강의할 때 충성스러웠습니다. 그는 동료들에게 충성스러웠습니다. 그는 저에게도 충성스러웠습니다.

4. 고재수 교수는 매우 규율 있는 사람이었습니다.

고재수 교수는 철저한 규율의 사람이었습니다. 시간 엄수와 일상적 루틴을 지키는 사람이었으며, 하나님이 주신 시간을 최대한 활용하는 사람이었습니다.

이는 그가 한국어를 배우는 방식에서도 분명히 드러났습니다. 그는 한국어를 잘 배웠고, 유창하게 말하고 쓸 수 있었습니다. 한국어를 잘 배우기 위해서는 규율이 필요했습니다. 당시 한국에 있던 선교사들이 흉내 낼 수 없었습니다. 안타깝게도 말입니다! 그러나 고재수 교수는 한국어를 연습하고, 조교들과 대화를 많이 하며, 새로운 단어를 배우고, 한국어를 점점 더 잘 쓰기 위해 노력했습니다. 저는 그를 존경했습니다!

그는 강의를 준비하는 방식에서도 규율을 지켰습니다. 강의는 그에게 사소한 일이 아니었고, 즉흥적으로 준비 없이 하는 일이 없었습니다. 절대로 아니죠. 그의 강의는 신학교, 학생들, 그리고 하나님을 향한 헌신의 문제였습니다.

그는 논문 작업에서도 훈련된 규율을 잘 지켰습니다. 1985년 1월 21일, 캄펀 신학대학교에서 신학 박사 학위를 받았으며, 학위 논문 『하나님의 영성』을 성공적으로 마쳤습니다. 이는 하나님이 영으로 존재한다는 것이 무엇을 의미하는지에 관한 연구였습니다. 1985년 박사 학위를 받았지만, 그 이전 수년 동안, 특히 부산에서 교수로 재직하는 동안, 이 어려운 주제를 읽고, 소화하고, 평가하고, 쓰기 위해 열심히 노력했습니다. 요한복음 4장 24절에서 사도 요한이 "하나님은 영이시니 (헬라어: pneuma), 예배하는 자가 영과 진리로 예배할지니라"라고 쓴 것처럼, "하나님은 영이시다"라는 말이 무엇을 의미하는지 연구했습니다. 그는 논문과 함께 출판한 18개의 신중하게 작성된 '명제' 중 첫 번째에서 '하나님의 영성'이란 창조주이자 구속주로서 생명을 주시는 하나님이 몸을 가지지 않으신다는 것을 의미한다고 설명했습니다. 이는 전체 논문의 간결하고 명확한 요약입니다. 고재수 교수는 저에게 그의 확장된 요약의 영어 번역을 부탁했습니다. 마지막 문장은 다음과 같습니다. "하나님을 영으로 묘사함으로써 우리는 성경에 의해 가르침을 받아 우리의 삶에서 하나님을 어떻게 알게 되는지를 확립합니다. 창조주가 몸을 가지지 않으시고 모든 생명을 그의 처분에 두신다는 점에서, 하나님이 우리 피조물과 맺는 관계가 그려집니다."(*De Geestelijkheid van God*, p. 237)

우리는 이 논문이 1980년부터 시작된 많은 강의 일정 가운데 이루어진 집중적 연구와 글쓰기의 절정이라고 말할 수 있습니다. 고재수 교수의 훈련된 규율이 그 열쇠였습니다!

5. 고재수 교수는 생산적이었습니다.

생산성이라면, 고재수 교수는 1980년대에 대다수 교수가 달성한 것을 초과했습니다. 우리는 방금 그의 논문 작성이라는 큰 업적을 언급했습니다. 또한 9년 동안의 강의 준비, 예배와 설교, 교수 회의와 조교들과의 토론, 그리고 물론 수업에서 학생들과의 토론을 언급할 수 있습니다. 그는 이 모든 역할에서 활발하고 참여적인 사람이었습니다!

그러나 아마도 신학자로서 그의 생산성을 가장 잘 측정할 수 있는 것은 그가 당시 한국어, 영어, 네덜란드어로 쓴 책과 글들의 숫자일 것입니다.

2010년 그의 글을 수집하고 *Teaching and Preaching the Word: Studies in Dogmatics and Homiletics*이란 제목으로 출판했습니다. 이 책의 일부 장은 1980년대 네덜란드어로 작성된 기사들의 영어 번역입니다. 이 작업의 끝에 있는 선택된 참고 문헌목록(p. 411-413)에서 1980년대에 쓴 책과 더 많은 글의 목록을 발견할 수 있습니다. 한국어, 네덜란드어, 영어로 작성되었습니다. 우리는 다음과 같은 글들을 찾을 수 있습니다:

"하나님의 청지기로서의 인간": 원래 네덜란드어로 작성되어 1980년에 자유 개혁교회의 학술지 *Radix*에 게재됨.

"성경과 관련한 성령의 증거": 원래 네덜란드어로 작성되어 1985년에 *Radix* 잡지에 게재됨. 영어 번역을 요청받아 기쁘게 작업함.

"이 일들은 우리에게 본보기가 되기 위해 일어났습니다" 설교와 '구속사적 설교'와 '모범적 설교'의 문제에 대해 Prof. C. Trimp의 최근 작업에 응답하는 내용. 1986년에서 1987년 사이에 주간지 *De Reformatie*에 실린 글; 본래 네덜란드어로 작성됨.

"성령 세례와 오순절의 의미": 본래 네덜란드어로 작성되어 1987년에 *Radix* 잡지에 게재됨.

마지막 부분에는 한국어로 쓴 책과 논문 목록이 있는 참고 문헌이 있습니다.

『구속사적 설교의 실제: 성경 해석과 설교 사이』(한국어 1987)

『성령으로의 세례와 신자의 체험』(한국어 1판 1980년대/ 2판 1991)

『십계명 강해』(한국어 원래 1980년대 강의; 1993)

『교의학의 이론과 실제』 (수집된 논문) (한국어 1판 1980년대/ 2판 2001)

『그리스도와 교회와 문화』 (한국어 1판 1980년대; 2판 확장판 2008)

이 기간 네덜란드어와 영어로 작성된 다음 논문들:

"Bedoelen jullie dat een Christen zich zo kan voelen: Een kennismaking met de charismatische Beweging" (*De Reformatie*, 1985)

"The Sense of Divinity: A Critical Examination of the Views of Calvin and Demarest" (*Westminster Theological Journal*, 1986)

"Special Revelation in its Relation to General Revelation" (*Westminster Theological Journal*, 1985)

다행히도, 고재수 교수가 1989년 캐나다 온타리오 해밀턴으로 이주한 후에도 그의 생산성은 계속되었습니다. 캐나다에서 교수로 재직하는 동안 작성된 *Teaching and Preaching the Word: Studies in Dogmatics and Homiletics*에 많은 논문들이 있습니다. 위에서 인용한 책의 끝에 있는 참고 문헌 목록의 계속 이어진 부분을 참조하십시오. 정말 인상적입니다!

6. 고재수 교수는 독특한 틀 안에서 독립적 사고를 하는 분이셨습니다.

고재수 교수는 매우 네덜란드적이고, 매우 개혁주의적인 신학자였으며, 큰 충성심과 분명한 규율을 가지고 있어 놀라운 출판 목록을 남겼습니다. 그러나 그의 독립적 사고와 표현을 언급하지 않을 수 없습니다.

그와의 많은 대화를 기억합니다. 그의 독립적 사고는 특정 신학자, 특정 해석적 질문, 그리고 당시의 중요한 문제에 반응하는 방식에서 잘 드러났습니다. 한 번은 우리가 칼뱅에 관해 토론하고 있었습니다. 저는 칼뱅이 그의 주석에서 성경 구절을 논의할 때 좋은 주석적 감각을 가진 것 같다고 말했습니다. 그런데 그는 특정 본문에 대해 교회 전통이나 현재의 개신교 해석 다수 의견에 반드시 동의하지 않았으며, 자신의 독립적인 의견을 유지했습니다. 예를 들어, 구원의 영원한 선택 교리에 관해서, 그는 중요한 본문을 공정하고 정직하게 살펴보는 데 매우 신중했습니다. 그는 본문이 어떤 것을 '증명'한다고 빨리 결론짓고 싶어 하지 않았습니다. 그는 심지어 '중간에 남겨두고', 본문이나 구절이 A 또는 B 또는 C를 의미할 수 있다고 말했습니다. 종종 그는 이렇게 접근했습니다. "해석자 #1은 이 본문에 대해 이렇게 말하고, 해석자 #2는 다르게 말합니다. 나는 그것에 대해 독단적일 수 없지만, 세부 사항에 대해 무엇을 말하든지 간에, 몇 가지는 분명합니다." 그 후 자신의 해석을 제시합니다. 고재수 교수는 "네, 칼뱅은 '냉철한(sober-minded)' 해석자입니다. 나는 그것이 좋습니다."라고 말했습니다. "냉철한(nuchter)"이라는 표현을 사용함으로써, 그는 자신의 성경 해석을 묘사하고 있었습니다. 이는 일반적으로 네덜란드 사람들의 "냉철한" 삶의 접근 방식과 관련이 있을 수 있습니다. 네덜란드 사람들은 '그 자유분방한 미국인들'과 대조적으로 자신의 "냉철한" 접근 방식을 자랑스럽게 생각합니다. 그러나 근본적으로 고재수 교수는 기독교인과 신학자로서 자신의 결론에 도달하기 전에 본문과 주제를 신중하게 살펴볼 권리를 유지하고 싶어 했습니다.

그가 칼뱅을 존경한다고 해서 항상 칼뱅의 모든 의견에 동의한 것은 아닙니다. '성령으로의 세례' 문제에 관해서는, 그가 이에 대해 쓴 글에서 분명히 드러났습니다. 칼뱅은 '성령으로의 세례'가 사도행전 2장에서 묘사된 오순절 사건과 확실히 연결되어 있다고 보았습니다. 그러나 그는 그것을 더 넓게 보았으며, 구약의 예언자들이 예언한 '성령의 부어짐'과 연결되어 있으며, 사도행전 전체와 이후 교회 역사에서 그리스도의 오심에 따른 구속의 적용과 연결된다고 보았습니다. 따라서 칼뱅은 '성령으로의 세례'가 오순절에 국한되지 않고, 개별 기독 신자의 성화의 시작과 계속으로서의 하나님의 중생 사역에서 계속된다고 보았습니다. 고재수 교수는 여기에서 동의하지 않았습니다. 그는 '성령으로의 세례'가 오순절 사건을 독점적으로 가리키며, 교회가 능력으로 충만해지는 사건이라고 보았습니다. 개별 신자들은 교회에 통합됨으로써 사도행전 2장에서 묘사된 이 일회성 '성령으로의 세례'의 혜택을 받는 것입니다. 당시 한국에서 저는 이 점에서 칼뱅과 다른 신학자들의 의견에 동의했고, 지금도 여전히 그렇습니다. 따라서 저는 여기에서 고재수 교수와 의견이 달랐고, 여전히 다릅니다. 그럼에도 우리는 좋은 친구이자 동료로 남았습니다! 그리고 우리는 모든 기독교인에게 '성령으로의 세례'의 증거로 방언을 말하는 '두 번째 경험'을 기대하는 오순절 운동과 신학이 잘못되었다는 데 동의했습니다.

사실, 고재수 교수는 어떤 신학적 주제에 대해서도 '합의에 동참'하는 것을 상당히 주저했습니다. 이는 아마도 그의 신약학 교수 야콥 판 브루헌(Jacob Van Bruggen) 교수의 영향을 받은 것일지도 모릅니다. 판 브루헌(Van Bruggen) 교수는 여러 주석에서 주어진 본문에 대해 '보수적 신학적 합의'와 다르게 해석하여 우리를 계속 놀라게 했습니다. 여러 예를 들 수 있습니다. 신약학자 헤르만 리델보스(Herman

Ridderbos)는 캄펀에 있는 다른 신학교, 즉 개혁교회(Synodaal)의 신학교에서 보수적 신학자로 활동했습니다. 그 신학교는 1944년 '자유(Vrijmaking)' 당시 스힐더를 따르지 않은 더 큰 그룹이었습니다. 리델보스는 여러 책에서 '하나님 나라'를 '이미와 아직'으로 설명했습니다. 이는 한 세대 전의 미국 성경신학 전문가인 게할더스 보스(Geerhardus Vos)를 따르는 것이었습니다. 하나님 나라는 예수님과 함께 이 땅에 왔지만, 예수님의 재림 때에만 완성될 것입니다. 판 브루헌 교수는 그의 주석에서 이 해석에 동의하지 않았습니다. 그는 '하나님 나라'가 전적으로 미래의 성격을 가진다고 말했습니다. 예수님이 재림하실 때만 하나님의 나라가 올 것이라는 것이죠. 고재수 교수는 이 점에서 판 브루헌 교수와 의견을 같이한다고 저에게 표현했습니다. 그래서 우리는 판 브루헌과 고재수가 이 점에서 '같은' 입장을 취하는 것을 볼 수 있습니다. 이는 판 브루헌 교수뿐만 아니라 고재수 교수를 특징짓는 것입니다.

그는 일반적으로 주해와 해석에 있어서 '판 브루허니안(Van Bruggian)' 접근 방식을 취했습니다. 따라서 고재수 교수는 반드시 '보수적 신학적 합의'나 심지어 '정통 개혁 신학적 합의'에 동의하지 않았으며, 종종 다른 입장을 취했습니다.

이 점에서 그는 아마도 클라스 스힐더(Klaas Schilder)가 보여준 본에 일찍이 영향받았을 것입니다. 스힐더는 아브라함 카이퍼를 존경하면서도, 언약, 세례, 일반 은총과 같은 문제에서 카이퍼와 다른 입장이었습니다. 여러 주제에 대해 고재수 교수는 성경의 권위, 명확성, 충분성에 전적으로 헌신했으며, 이는 종교개혁의 'Sola Scriptura' 원칙입니다.

그는 또한 성경의 메시지를 요약한 개혁주의 신앙고백의 내용에 전적으로 동의했습니다. 그러나 그는 성경 본문과 주제를 새롭게 바라보고, 분석하고 해석하며, 때로는 '새로운 통찰'을 얻기 위해 준비되어 있었습니다. 이 점에서 그는 진정으로 '스힐더리안(Schilderian)'이자, '판 브루허니안(Van Bruggian)'이었습니다.

솔직히 말해, 제가 '성령으로의 세례' 문제에 대해 언급했듯이, 저는 고재수 교수가 쓴 모든 것에 대해 언제나 동의하지는 않았습니다. 그래도 우리는 친절한 동료이자 좋은 친구로 남았습니다. 이는 제가 여전히 감사하게 생각하는 점입니다.

7. 고재수 교수는 '에큐메니컬하게 진보적'이라고 불릴 만큼 열정을 가지고 있었습니다.

우리의 사적 대화와 공개 토론에서 반복되는 한 문장이 있었습니다. 그 문장은 "이 접근 방식은 우리를 앞으로 나아가게 합니다"였습니다. 그리고 반대로 그는 "이 접근 방식은 우리를 앞으로 나아가게 하지 않고, 퇴보하게 합니다"라고도 표현했습니다.

네덜란드의 아브라함 카이퍼 이후로, 종종 '신칼빈주의'라고 불리는 것은 세 가지를 하고자 하는 특징이 있었습니다. 1) 16세기의 '오직 성경'의 원리에 따라 성경으로 계속 돌아가고, 개혁주의 신앙고백을 성경의 좋은 요약으로 전적으로 지지하는 것, 2) 비성경적 사상과 운동을 대립적이고 종종 논쟁적 방식으로 반대하는 것, 3) 신학과 교회 생활에서 앞으로 나아가고, 새로운 아이디어와 접근 방식을 개발하여 우리를 뒤로 물러서거나 정체되지 않게 하는 것.

카이퍼는 단순히 과거(17세기의 청교도)를 반복하는 것이 아니라, 현대와 '조화'를 이루면서도 현대의 죄와 오류를 피하고자 했습니다. 스힐더는 언약과 다른 성경적 개념을 사용하여 교회 생활을 심화하고 풍요롭게 하여 교육과 정치에까지 영향을 미쳤습니다.

고재수 교수는 고신교회를 진정한 개혁주의 교회로 보고, 한국 장로교회와 세계 장로교회에 충실하고 개방적인 자세로 임하는 에큐메니즘을 보여주었습니다. 스힐더와 캄펀 신학교의 후배 교수들은 웨스트민스터 신앙고백서의 교회관을 거부했습니다. 웨스트민스터 신앙고백서는 25장에서 두 개의 교회, 즉 1) 모든 종류의 교회에 있는 모든 택함 받은 자들인 '비가시적 교회'와 2) 성경적이지만 순결의 정도가 다른 세상의 모든 교파와 교회인 '가시적 교회'에 대해 이야기하고 있습니다. 스힐더와 그의 직계 후배들은 이 주장을 거부했습니다. 그들에게 참된 교회는 '비가시적' 면과 '가시적' 면이 있는 하나의 참된 교회였으며, 벨직 신앙고백서 27-29조에 묘사된 참된 교회의 세 가지 표징(순수한 설교, 순수한 성례전 집행, 교회의 권징)이 있습니다. 따라서 이들에게 세계 장로교회는 신앙고백적으로는 진정한 개혁교회로 받아들여지지 않았습니다. 그러나 1960년대에 들어와서 J. 캄프하위스 교수의 주도로 이러한 인식이 바뀌기 시작했습니다. 그리고 나중에 고재수 교수도 한국과 다른 지역의 장로교회를 진정한 개혁교회로 받아들였습니다.

고재수 교수는 교회에 대해서 웨스트민스터 신앙고백서와는 다르게 말하는 벨직 신앙고백서의 27-29조를 확실히 따랐지만, 이것이 그가 부산의 지역 고신교회 회원으로서 전심으로 협력하고, 고려신학대학 생활에 충실히 참여하는 것을 가로막지는 않았습니다.

우리가 한국에 산 동안, 우리는 장로교와 개혁교회, 심지어 복음주의 세계 전체에서 카이퍼와 바빙크에 대한 세계적 관심이 증가하는 것을 보았습니다. 한편으로, 고재수 교수는 카이퍼와 바빙크가 재능 있고 헌신적인 개혁신학자였기 때문에 이 진전을 기뻐했습니다. 그들은 당대에 새로운 종교개혁과 개혁주의 에큐메니즘에 기여했습니다. 그러나 다른 한편, 그는 몇몇 주제에 대해 그들을 신뢰할 수 없다고 느꼈습니다. 예를 들어, 세례, 카이퍼의 가정적 중생 개념, 교회의 다형성, 카이퍼의 문화적 야망, 비기독교인에게 성령이 어떻게 작용하는지에 대한 카이퍼의 견해 등입니다. 따라서 카이퍼와 바빙크의 모든 입장에 동의하는 것은 고재수 교수의 말로는 "우리를 앞으로 나아가게 하지 않을 것"이었습니다. "앞으로 나아간다"라는 부분은 교회 생활에서 변화할 성경의 내용을 서로 도와서 새롭고 긍정적 영향을 미치도록 하는 것을 의미했습니다. 예를 들어, '구속사적' 설교는 스힐더와 자유 개혁교회 전통의 다른 사람들을 따르는 것입니다.

"우리"라는 부분은 "우리를 앞으로 나아가게 한다"라는 문구에서 전 세계의 장로교와 개혁교회, 신학자, 선교사, 그리고 평범한 기독교인들이 ICRC(국제개혁교회협의회)와 같은 조직에 함께 모이는 것을 의미했습니다.

"이것이 우리를 앞으로 나아가게 한다!"라는 문구는 아마도 고재수 교수의 스타일과 가장 깊은 동기를 나타내는 표현일 것입니다. 그는 에큐메니컬하게 진보적이었습니다. 그의 이러한 열망은 여전히 우리 모두에게 동기를 부여할 수 있습니다. 그는 세상을 떠났지만, 그의 저서와 목소리는 남아 있습니다. 그것을 들어봅시다. 항상 "이것이 우리를 어떻게 앞으로 나아가게 하는가?"라는 질문을 가지고 말입니다.

결론

추모 강연을 마치며, 제 동료이자 친구인 Niek Gootjes 교수에게 경의를 표하고자 합니다. 그의 초기 발병 알츠하이머병은 하나님의 영광을 위해 신학교를 섬기며 교회를 섬기는 삶을 계속할 수 있었던 삶을 단축했습니다. 그것은 하나님의 섭리였습니다.

우리는 고재수 교수를 맹목적으로 모방하거나 그의 모든 견해를 따르는 것으로 그의 기억에 충성을 나타내려고 해서는 안 됩니다. 그것은 현명하지도 적절하지도 않을 것입니다. 그리고 항상 '냉철한' 사람이고 신학자였던 고재수 교수는 분명히 그것을 허락하지 않을 것입니다. 우리가 모두 따라야 할 것은, 주님이 주신 은사, 에너지, 그리고 고재수 교수의 삶의 열매에 감사하며, 우리의 모든 노력에서 우리 주 예수 그리스도의 복음에 전심전력한 그의 헌신입니다.

강연 6

고재수의 삶과 고신교회

권수경 목사(일원동교회 담임)

도입

'고재수의 삶과 고신교회'라는 제목을 받았습니다. '고재수의 삶'은 '고재수 교수님의 삶과 신학'을 함께 가리키는 표현이라고 봅니다. 앞서 유해무, 최승락 두 분 교수께서 고재수 교수님의 삶과 신학을 한국교회와 연결해 많이 말씀해 주셨는데, 두 분 전공이 마침 교의학과 성경신학이라 고재수 교수님의 학문 전반을 다 다루셨다고 봅니다. 그래서 저는 시간도 많이 갔고 하니까 개인적인 이야기를 간단히 나누어 볼까 합니다.

고 교수님의 삶도 신학도 정말 소중하지요. 저한테도 그렇고 다른 많은 사람에게도 그렇다고 믿습니다. 그런데 그게 우리 한국교회 특히 고신교회와 무슨 상관이 있을지는 솔직히 잘 모르겠습니다. 한국에 오셔서 10년 동안 엄청난 영향을 끼치셨고 그 결과 교수님께 배운 것을 복으로 생각하는 개인은 정말 많이 만나 보았습니다만, 적어도 총회 차원에서는 교수님이 한국에 계시는 동안에도 물론이지만, 캐나다로 이주하신 뒤에는 특히 공적 교류가 거의 없지 않았나 싶습니다. 한국을 떠나신 뒤에는 오히려 독립개신교회가 교수님 신학에 관심이 많아 모셔서 강의도 듣고 책도 내고 했는데, 우리는 교수님에게 아무 관심도 없다가 돌아가시기가 무섭게 갑자기 관심을 쏟으니 다소 당황스럽습니다.

교수님과 고신 교단은 두 가지로는 엮여 있으리라 봅니다. 하나는 10년 동안 교수님께 배운 제자들이 현장으로 나가 배운 것을 목회로 또 삶으로 실천해 고 교수님의 삶과 신학을 이었다고 봅니다. 그 영향력은 눈에 보이지 않고 통계로 낼 수도 없으나 교수님께 배운 사람은 이구동성으로 큰 배움을 얻었다 했으니 그 고백과 이후의 삶이 명확한 증거라고 믿습니다. 또 하나는 교수님 제자 가운데 몇 사람이 신학교 교수가 되어 강단에서 또 삶으로 교수님의 신학을 계승했다고 봅니다. 고려신학대학원 최승락 원장을 비롯해 몇 분의 제자가 신대원 교수로 가르쳤으니 그 분들을 통해 고 교수님의 신학도 전수되었을 것입니다. 사람의 정보와 자료에는 한계가 있어 교수님의 십 년 사역을 통해 하나님이 하신 일의 참 열매는 주님 앞에 가서 확인할 수 있으리라 믿습니다.

교수님이 처음 한국에 오셨을 때는 박사학위를 받기 직전이었습니다. 그래서 박사후보생에 해당하는 독토란두스 Doctorandus라는 학위를 갖고 계셨는데 그걸 약자로 Drs.라 씁니다. 그런데 우리는 이걸 영어식으로 읽어 Doctors, 즉 박사학위를 여럿 가지신 분이라 불렀습니다. 전공인 교의학과 성경신학 외에도 철학, 고전학, 교부학, 교리사 등에 해박한 지식을 갖고 계시다는 걸 학생들이 수업 시간마다 확인했기 때문이지요.

저 개인적으로 고재수 교수님은 저에게 신학적으로 가장 큰 영향을 끼친 분입니다. 영어로 "by far the strongest influence"를 남기셨습니다. 고려신학대학원 재학 시절 수업을 통해서도 많이 배웠지만, 교수님 개인 조교로 2년 이상 댁에 함께 살면서 연구하시고 집필하시는 일에 참여하면서 일거수일투족을 다 보고 배워, 이후로는 유학할 때나 또 지금까지 목회자로 또 신학자로 연구할 때도 교수님 흉내를 내면서 연구와 집필에 많은 열매를 경험하고 있습니다.

오직 성경으로

고재수 교수님의 삶 가운데 단편적으로 몇 가지가 기억납니다. 제가 함께 사는 동안 사모님과 두 분이 톨킨의 『반지의 제왕』을 재미있게 읽으시는 걸 보았고, 한국 음식 가운데는 비빔밥을 좋아하신 것으로 기억납니다. 그때 온 식구가 송도에 있던 '정득 분식'이라는 조그만 식당으로 가서 비빔밥으로 외식을 했던 기억도 있습니다. 집에서는 디니 사모님이 준비하신 식사를 늘 함께 먹었는데, 잡곡밥도 많이 먹고 네덜란드 사람 아니랄까 감자도 많이 먹었습니다. 아침에는 빵을 많이 먹은 것 같은데 아이들이 빵에 버터를 잘 바르기에 무슨 비결이 있느냐 물었더니 "한국

아이들은 젓가락질을 잘하지 않느냐?" 하셨습니다. 문화가 상대적이라는 걸 그때 느껴 보았습니다. 사모님께 화란어를 잠시 배우면서 In Holland Staat Een Huis하고 Daar Bij die Molen이라는 노래도 배웠습니다. 아이들 생일 때는 Jarige Job이었나, Jarige Jos였나, 책도 읽어 주시던 일도 기억납니다. 비행기도 교수님과 함께 처음 타 보았습니다. 부산에서 서울로 가는 비행기였는데 무슨 일로 서울에 갔는지는 기억나지 않습니다.

정말 기억에 남는 것, 제 뼛속까지 들어와 자리를 잡은 것은 당연히 교수님께 배운 신학이지요. 제가 고재수 교수님께 뭘 배웠을까요? '오직 성경으로(sola scriptura)!' 그거 하나는 고 교수님께 확실하게 배웠습니다. 재미있지요. 고 교수님과 같이 있으면서 구속사적 설교에 관한 책을 번역했는데, 제 생애 처음 번역한 시드니 크레이다누스(Sydney Greidanus)의 그 책 제목이 또 "쏠라 스크립투라"입니다. 그 책을 번역하고 또 고 교수님과 성경도 함께 연구하면서 구약을 그리스도 중심으로, 구속사적으로 보는 게 어떤 건지 제대로 배웠습니다. 제가 앞으로 출판할 책 가운데 구약성경에 대한 구속사적 연구와 설교가 상당 부분 포함되어 있습니다. 그리고 네덜란드 비스케르커(J. R. Wiskerke) 목사님의 에스더 강해인 『부림』도 함께 번역했는데, 교수님이 고재수, 권수경 공역으로 하자 하셨는데 제가 그냥 교수님 이름으로만 하시라 했던 기억이 납니다. 교수님과 나란히 이름을 새길 기회를 놓쳤으니 후회가 좀 되긴 합니다만 그 과정에 또, 성경 본문 연구를 통해, 하나님의 섭리를 보는 방법을 많이 연습했으니 훨씬 소중한 것을 얻었지요. 제가 출간하려는 책 가운데 하나가 "하나님의 무대에서"라는 제목인데, 사람의 일을 하나님의 섭리라는 관점에서 풀어 본 내용입니다.

고재수 교수님은 전공이 교의학입니다. 박사 논문 제목이 "De Geestelijkheid van God"였던 것으로 기억합니다. 그런데 교의학 또는 조직신학을 하는 분들은 시스템 곧 architectonic에 집중하는 경향이 있어서 빈자리를 메꾸려는 유혹을 쉽게 받습니다. 하나님에 대한 지식을 체계적으로 정리하다 보면, 이를테면 1번, 2번, 4번은 나오는데 3번은 성경에 안 나오는 수가 있습니다. 그럴 때 성경 구절 가운데 비슷한 게 있으면 그걸 슬쩍 인용하고는 1, 2, 3, 4가 다 있다 하고 말하는 거지요. 한 보기로, 웨스트민스터 신앙고백서 10장 3항에 보면 "선택된 아이들은, 어려서 죽어도, 그리스도에 의해 성령으로 거듭나고 구원받는다"라는 구절이 있습니다.[1] 그런데 인용한 성구를 보면 예수님이 아이들을 환영하셨다는 구절(눅 18:15), 회개하고 세례를 받으라고 한 베드로의 설교(행 2:38), 거듭나야 천국 간다는 주님 말씀(요 3:3), 아들을 믿어야 생명이 있다는 말씀(요일 5:12) 등인데 아이가 성령으로 거듭난다는 말은 어디에도 없습니다. 언약 신학을 구성하는 과정에서 빠진 3번을 슬쩍 끼워 넣은 경우지요.

고재수 교수님은 언약 신학과 유아세례에 대해 글도 많이 쓰시고 강의나 설교도 하셨는데, 책으로 나온 자료를 보아도 비슷해 보이는 구절을 적당히 끼워넣기보다 본문을 철저하게 연구해 활용합니다. 웨스트민

---

[1] Elect infants, dying in infancy, are regenerated, and saved by Christ, through the Spirit.

스터 신앙고백서에 나오는 추정된 중생 이론을 조심스럽게 비판하면서 일관성 있게 언약론적으로 접근합니다.[2]

어린아이의 중생 문제에 대한 칼뱅, 우르시누스 등의 설명을 분석하는데 한 마디로 성경의 지지를 받느냐 안 받느냐에 초점을 맞춥니다. 아이의 중생 문제는 성경이 전혀 말하지 않고 있으며, 모태에서 성령이 충만했던 세례요한이나 태중에서 구분된 예레미야를 활용하는 것도 잘못임을 명백히 밝힙니다.

철저하게 성경적이면서 또 철저하게 논리적입니다. 거의 완벽에 가까운 일관성을 보여줍니다. 그러면서 하나님이 주신 약속 그 자체에 초점을 맞춥니다. 그게 언약 신학 아닙니까? 하나님이 믿는 사람의 가정을 내 백성으로 약속하셨고 그 가정에는 어린 자녀도 포함된다는 사실, 다시 말해 성경이 명백하게 말하는 내용만으로 든든한 언약 신학을 구성할 수 있음을 보여주셨습니다. 인간의 사변을 하나님 말씀과 섞는 것을 철저하게 반대하신 그 정신을 제가 잘 배웠고, 기독교 복음과 세상 사상을 구분해 설명한 첫 책 『질그릇에 담은 보배』를 고재수 교수님의 영향 아래 썼다고 보시면 됩니다.

'오직 성경으로'라는 원리는 정말 중요하면서도 실제로 실천하는 사람은 많지 않은 참 어려운 원리라 생각합니다. 성경에 대한 단편적 지식이 많다고 되는 것도 아니고, 원어를 잘 알아서 본문을 잘 분석한다고 되는 것도 아니고, 성경 전체를 짜임새 있게 파악하되 바른 교리와 고백의 체

---

[2] 고재수, 『교의학의 이론과 실제』(1992), 273-288.

계 안에서 할 수 있어야 하고, 또 교회사에서 그 본문과 그 교리를 다룬 사람들의 관점을 분석해 정리하면서 할 수 있어야 하는데, 참 죄송한 말씀이지만 고신에서, 아니 우리 한국교회 역사에서, 교의학을 이렇게 성경 본문에 충실하게 정리하고, 또 성경 본문을 이렇게 바른 교리와 고백의 체계에서 해석한 분은, 고재수 교수님이 거의 유일하지 않나 생각합니다. 고재수 교수님에게 그런 교의학을, 체계를 정리할 건강을 안 주신 하나님의 뜻은 아직도 미궁입니다.

배운 것들

제가 고 교수님께 배운 것들을 몇 가지 소개해 보려 합니다. 저 말고도 영향을 받은 분이 많겠지요. 앞으로 몇 년 동안 제가 계속 낼 책을 보시면 제가 영향을 얼마나 받았는지 확인하실 수 있을 겁니다. 구약에서 톨레도트를 기록할 때처럼 덜 중요한 것부터 몇 가지 말씀드려 보겠습니다.

1) 마태복음 16장 23절에서 예수께서 베드로에게 이렇게 말씀하시지요. "**휘**파게 **오피**소 무 사타**나**!" "사탄아, 내 뒤로 물러가라." 여기서 헬라어 "사타나"는 '사타나스'의 호격인데(Vocative), 고 교수님이 한국말하고 헬라어가 똑같다 하셔서 그때 처음 그런 줄 알았습니다. 물론 헬라어는 '사타나스'에서 시그마가 떨어져 '사타나'가 됐고 우리는 '사탄'이라는 히브리어에 '아'를 붙여 '사타나'가 되었으니 과정은 다릅니다만 어쨌

든 결론은 같아졌습니다. 우리는 한국어라 별 느낌이 없는데 교수님은 처음 한국어가 외국어였으니까 호격이 똑같다는 게 재미있게 느끼셨던 것 같습니다.

지금도 "사타나"를 생각하면 교수님과 유머를 좀 더 나누었더라면 하고 생각합니다. 대화는 항상 즐거웠고 웃음이 넘쳤는데 내용이 다 기억나지 않으니 안타까울 따름입니다. 교수님과 사모님이 대화를 나누실 때는 웃음이 더 많았던 기억이 나는데, 그때는 제가 일기를 쓰기 전이라 기록이 없고 아직 스마트폰도 없던 시절이라 사진도 거의 없습니다.

2) 교수님이 한국에서 '여호와'라는 이름 사용하는 것을 부러워하셨습니다. 영어나 서양 언어에서는 70인역을 따라 '여호와' 또는 '야웨'를 '주님(Lord, Heere)'으로 옮기는 게 관례처럼 되었는데, '야웨'도 'Lord', '아돈'도 'Lord'가 되어 성경의 뜻을 정확하게 파악하기 어렵다는 이유였습니다. 그 이야기를 나누고 얼마 뒤에 한국에서 표준새번역이라는 성경이 나왔는데 서양 전통을 따라 '야웨'도 'Lord'로 번역한 걸 보고 어이가 없었던 기억이 납니다. 시편 110편을 보면 "여호와께서 내 주에게 말씀하시기를" 하고 시작하는데, 영어는 "The Lord says to my Lord"로 되어 있습니다. 우리말도 신약 마태복음 22장 44절의 인용이 "주께서 내 주께 말씀하시기를"로 되어 벌써 헷갈리지요? 그런데 우리말은 이인칭 'You'에 해당하는 말이 없어 하나님을 'You'로 지칭할 때도 거의 '주'로 번역합니다. 그래서 2절은 "여호와께서 시온에서부터 주의 권능의 규를 보내시리니"로 되어 있는데, 원어는 "여호와께서 시온에서

부터 You의 권능의 규를 보내시리니"입니다. 공동번역은 여호와를 쓰니까 혼동이 안 생겼지요. 표준새번역은 "주께서 시온에서부터 임금님의 권능의 홀을 보내시리니" 해서 'You'를 "임금님"으로 옮겼습니다. '주'가 중복되는 걸 막긴 했는데 "임금님" 곧 'King', 또는 'Your Majesty'라는 엉뚱한 말을 써 더 큰 혼동을 부릅니다. 그래 놓고 시편 다른 곳에서는 'You'를 또 전부 '주'로 옮겼습니다. 하여간 대한성서공회는 뭐 하는 단체인지 모르겠어요. 우리가 만약 '야웨'를 '주'로 번역하는 서양 전통을 따른다면 시편 110편에서는 '야웨'도 '주', '주님'도 '주', 'You'도 '주', 해서 3가지 서로 다른 단어가 '주'라는 한 낱말로 번역이 됩니다. 총 7절로 된 이 짧은 시편에 '야웨'가 3번 (1, 2, 4절), '아돈'이 두 번 (1, 5절), 'You'가 10번 나옵니다. 열다섯 번이나 나오는 주가 무슨 뜻인지 어떻게 알겠습니까? 번역을 이렇게 헛갈리게 만들면 성경을 읽으라는 말인지 읽지 말라는 말인지 알 수가 없지요. 저는 고 교수님 희망대로 한국이 '야웨'라는 이름을 잘 간직하길 바라고, 2인칭을 가리키는 말도 속히 하나 만들어 내어 특히 시편을 번역할 때 혼란을 피할 수 있기를 기대합니다.

3) 예수께서 오천 명, 사천 명을 먹이신 기적에서, 헬라어 문법 분석을 통해 기적의 순간을 정확하게 짚어 주신 것도 기억납니다. 마가복음 8장 6절에서, 사람들을 앉히시고($παραγγέλλει... ἀναπεσεῖν$), 떡을 가지시고($λαβών$), 축사하시고($εὐχαριστήσας$), 떼신($ἔκλασεν$) 것은 전부 아오리스트인데, 제자들에게 주신($ἐδίδου$) 것 하나만 미완료로 되어 있

어서, 한번 떼신 다음 나누어 주시는 동작을 반복적으로 하신 거기 기적이 나타나 있다고 분명하게 설명해 주셨습니다. 성경 낱말의 시제 하나도 대충 넘기면 안 되겠다는 것을 이때 알았습니다. 마태복음 15장 35~36절과 마가복음 6장 41~42절, 누가복음 9장 15~16절 등 본문도 아오리스트와 미완료 구성이 똑같습니다. (마 14:19와 요 6:11은 주신 것도 미완료가 아닌 아오리스트를 쓰는데, 아마도 기적 자체를 강조하고 어느 순간이 기적인지는 관심을 안 둔 것 같습니다.)

고재수 교수님과 함께 지내면서 성경의 소중함을 제대로 알았습니다. 성경을 모르면 성경 영감에 대한 확신이 잘 안 서지요. 축자 영감은 말도 못 합니다. 그런데 성경 본문을 꼼꼼하게 하나하나 분석하고 거기 담긴 뜻을 파악하고 나면 낱말 하나하나가 얼마나 소중한지, 정말 점 하나, 획 하나도(ἰῶτα ἓν ἢ μία κεραία) 없어지지 않을 것이라 하신 말씀이 피부에 와닿습니다(마 5:18).

고 교수님이 캄펀 신학교 판 브루헌(Jacob van Bruggen) 교수님의 책 『The Future of the (English) Bible』을 주셨는데 미국 가서 잃어버렸다가 내용이 좋아 아마존에서 다시 구매했습니다. 성경 본문 몇 곳을 골라 영어 번역을 두루 비교한 책인데, 킹 제임스 번역이 가장 좋다는 결론이었습니다. 그 책을 읽고 깨달은 내용이 제 첫 책 『질그릇에 담은 보배』에서 성경적 겸손 개념을 설명할 때 활용했습니다. 지금도 '황금률'을 주제로 원고를 완성해 곧 출간할 예정인데, 참고한 영어 성경 가운데는 언제나 킹 제임스 번역이 가장 좋았습니다. 물론 저도 킹 제임스 번역의 원본인 Textus Receptus의 권위에 대해서는 동의하지 않지만, 적어도 성경을 원문 그대로 정확하게 번역하는 일이 얼마나 소중한지 절실히 느끼고 있습니다. 성경 원문을 약간만 잘못 번역해도 주님께서 우리에게 주시는 메시지가 흐려진다는 것을 보면서 고재수 교수님 아래서 말씀을 꼼꼼하게 보는 법을 훈련한 것에 대해 날마다 감사하고 있습니다. 그와 동시에 형편없는 개역개정을 졸속으로 출간해 한국 교회의 말씀을 흐려 놓은 대한성서공회가 한국교회의 영적 도덕적 타락에 상당 부분 책임이 있지 않나 생각도 하게 됩니다.

그리고 신학교에 입학하자마자 교수님이 보시던 Blass와 Debrunner의 헬라어 문법책 『A Greek Grammar of the New Testament』을 저한테도 추천하셔서 1986년에 말씀사에서 구입해 지금까지 40년 가까이 정말 유용하게 잘 활용하고 있습니다.

4) 저도 교수님과 같이 지내다 보니 성경을 꼼꼼하게 살피는 게 몸에 조금 붙어서 어느 날 창세기 14장 14절에 의문이 생겼습니다. 아브라함이 롯을 구출하러 318명을 데리고 그돌라오멜 동맹군을 공격했는데 아브라함이 "단까지" 쫓아갔다는 표현이 나옵니다. '단'은 사사시대에 단 지파가 라이스를 공격해 이름을 '단'으로 바뀌었는데, 모세가 기록한 창세기에 어떻게 '단'이 나올 수 있는지 질문을 드렸지요. 교수님은 며칠 연구를 하시더니 저한테 "미스터 권, 그것은 프라블럼이예요." 하셨습니다. 현재의 사본으로는 확실한 답을 얻기 어려운 문제라 그런 말씀이었지요. 캐나다와 미국에서 만났을 때는 그 이야기를 나눌 기회가 없었는데 지금쯤은 주님을 만나 직접 해결하셨으리라 믿습니다.

저는 졸업 후 교수님을 두 번 뵈었습니다. 1991년 봄 미국으로 유학을 간 직후 뉴욕에서 편도 여덟 시간 차를 몰고 캐나다로 가서 해밀턴의 교수님 댁에 며칠 머물며 말씀도 나누고 관광도 했습니다. 그리곤 제가 사는 게 많이 힘들어 몇 년간 연락도 못 드렸습니다. 한인교회 담임 목회를 하면서 공부하다 보니 박사학위를 늦게 2007년 5월에 받았습니다. 그래서 바로 보고를 드리고 두 달 뒤에 고 교수님 내외분을 제가 살던 코네티컷 그리니치로 모셨습니다. 제가 경제적으로 아직 어려운 시기였는데, 마침 교인 한 분 아파트가 비어 거기 모셨고 토요일에는 가까운 뉴욕 맨해튼도 구경시켜 드렸습니다. 주일 예배도 함께 드렸는데, 설교를 부탁드렸더니 한국말을 많이 잊었다며 사양하셔서 좀 아쉬웠습니다. 그 뒤에 집사람과 함께 캐나다를 두 번 방문했는데, 교수님 건강이 안 좋아 사모님도 못 뵙다가 2019년 6월에 사모님만 겨우 한 번 뵐 수 있었습니다. 작년에 교수님이 돌아가셨을 때는 마침 제가 미국에 있던 기간이라 집사람과 함께 이번에는 뉴욕 아닌 인디애나에서 또 편도 8시간 거리를 운전해 장례식에 다녀올 수 있었습니다.

보기 세 개

교수님과 함께 있으면서 배운 것 가운데 지금도 기억나는 것 몇 가지만 소개해 보겠습니다.

사례 1 - 사도행전 11장 17절 번역

첫 보기는 출간된 책에도 나옵니다.[3] 지금 보아도 논리적으로 참 치밀하고 철저하게 성경적인 논의라 생각합니다. 개역개정은 본문을 이렇게 옮깁니다.

"그런즉 하나님이 우리가 주 예수 그리스도를 믿을 때에 주신 것과 같은 선물을 그들에게도 주셨으니 내가 누구이기에 하나님을 능히 막겠느냐 하더라"
(εἰ οὖν τὴν ἴσην δωρεὰν ἔδωκεν αὐτοῖς ὁ θεὸς ὡς καὶ ἡμῖν πιστεύσασιν ἐπὶ τὸν κύριον Ἰησ οὖν Χριστόν, ⸀ἐγὼ τίς ἤμην δυνατὸς κωλῦσαι τὸν θεόν)

사도행전 10장에서 베드로가 고넬료 집에서 말씀을 전할 때 성령이 그들에게 내려오셨습니다. 그래서 베드로가 그들에게 세례를 베풀었는데 사람들이 그 소식을 듣고는 이방인과 교제했다며 베드로를 비판했습니다. 그러자 베드로가 성령이 오시는 순간 "성령으로 세례 받으리라"(행 11:16) 하신 주님의 말씀이 생각났다고 한 다음 이 구절을 이야기했습니다.

이 구절에서 문제가 되는 어구는 "주 예수 그리스도를 믿을 때에"입니다. 복수 3격으로 되어 있습니다. 지금 성경은 대부분 이 구절을 베드로에게 연결해서 "우리가 주 예수 그리스도를 믿을 때 주신 것과 같은

---

[3] 고재수, 『성령으로의 세계와 신자의 체험』(1989), 69-76.

선물을 그들에게도 주셨다"라고 번역합니다. 교리적으로는 문제가 없습니다. 하지만 고 교수님은 이 번역에 역사적 오류가 포함되어 있다고 봅니다. 성경 여러 구절을 살펴보면 제자들은 예수님을 구주로 믿은 순간 성령을 받은 것이 아닙니다. 오래전부터 예수님을 구주로 믿었고 오순절에 성령이 오시자 성령을 선물로 받았습니다.

그에 비해 고넬료 집안사람들은 베드로가 전하는 말씀을 듣고 처음 예수님을 믿었습니다. 오실 메시아를 고대하고 있었지만, 베드로를 청해 주 예수님에 관해 듣는 순간 예수님을 믿게 되었고 그때 성령이 오셨습니다. 그러니 역사적으로 볼 때 "주 예수 그리스도를 믿을 때에"라는 구절은 베드로 아닌 고넬료 집안사람들에게 연결해야 합니다. 그러면 교리적으로뿐 아니라 역사적으로도 바른 설명이 되지요.

문법적으로는 둘 다 가능합니다. 단 하나의 문제는 구조상 "우리"는 이 구절에 붙어 있는데 "그들"은 약간 떨어져 있다는 점입니다. 하지만 고 교수님은 사도행전 18장 18절에 비슷한 구문이 나오는데, 거기도 멀리 있는 대명사에 연결해야 뜻이 통한다고 설명하십니다. "서원이 있어서 겐그레아에서 머리를 깎았다"는 내용인데, 브리스길라 아굴라가 이 구절과 붙어 있고 문법적으로도 연결이 되지만 전부 이 어구와 조금 떨어져 있는 "그" 곧 바울과 연결합니다. 거리가 문제가 아니라는 말씀이지요.

그렇게 보면 이 구절은 고넬료 집안이 주 예수를 구주로 믿었을 때 하나님이 이전에 베드로와 사도들에게 주셨던 성령을 그들에게도 선물로 주셨다는 뜻이 됩니다. 주 예수를 구주로 믿어야 성령을 받는다는 교리를 강조하려고 그렇게 번역했을 수도 있지만 오순절 성령 강림은 하나님의 구원 역사에서 단회적인 중요한 사건이기 때문에 그 전에 믿었던 제자들은 당연히 믿은 이후에 성령을 받았겠지요(요 7:39). 고 교수님이 가르치시던 무렵 한국교회가 성령 세례 문제로 시끄러웠는데 교수님은 성령 세례가 성도들이 그리스도를 구주로 믿을 때 받는 성령을 가리키며 오순절파 사람들의 주장처럼 2차적 축복이 아니라고 분명히 가르쳐 주셨습니다. 그러면서 예수를 믿은 것과 성령을 받은 것 사이의 시간적 차이는 성령이 오시는 그 시대에 살았던 제자들에게 국한된 특수한 상황이기 때문에 오늘날 믿은 이후에 다시 성령을 체험하는 일을 성령 세례라 부르는 일은 신학적으로 옳지 않다고 정확하게 가르쳐 주셨습니다.

사례 2 - 사도행전 18장 2절 번역

"아굴라라 하는 본도에서 난 유대인 한 사람을 만나니 글라우디오가 모든 유대인을 명하여 로마에서 떠나라 한 고로 그가 그 아내 브리스길라와 함께 이달리야로부터 새로 온지라 바울이 그들에게 가매"(개역개정)

("καὶ εὑρών τινα Ἰουδαῖον ὀνόματι Ἀκύλαν, Ποντικὸν τῷ γένει, προσφάτως ἐληλυθότα ἀπὸ τῆς Ἰταλίας καὶ Πρίσκιλλαν γυναῖκα αὐτοῦ διὰ τὸ ⌜διατεταχέναι Κλαύδιον χωρίζεσθαι πάντας τοὺς Ἰουδαίους ⌜ἀπὸ τῆς Ῥώμης, προσῆλθεν αὐτοῖς")

여기서는 "글라우디오가 모든 유대인을 명하여 로마에서 떠나라 한 고로"의 연결 문제입니다. 모든 번역이 이 구절을 아굴라, 브리스길라 부부가 이탈리아를 떠난 이유로 번역합니다. 그런데 고 교수님은 '바울이 두 사람을 만난 이유'로 번역하는 게 좋다고 하셨습니다. 그렇게 연결하면 번역이 이렇게 됩니다.

"(바울이) 아굴라라 하는 본도 출신 유대인 한 사람을 만났는데 아내 브리스길라와 함께 이탈리아에서 막 온 사람이다. 글라우디오가 모든 유대인을 명하여 로마에서 떠나라 한 까닭에 바울이 그들에게 갔다."

근거는 글라우디오가 유대인을 로마(도시)에서 나가라 했지 이탈리아(지역)에서 나가라 한 게 아니라는 것입니다. 로마에서 나가라 했기 때문에 수도 밖으로만 나가면 됐지 이탈리아를 떠날 것까지는 없었다는 거지요.

그러면 이렇게 바꾸면 무슨 차이가 있습니까? 바울에게 이탈리아 본토 그리고 나아가 로마에서 전도할 마음이 이때 이미 있었다는 게 드러납니다. 사도행전 19장 21절에서 바울은 "로마도 보아야 하리라"고 했는데 그건 3년 6개월 이후의 일입니다. 세계 중심부에서 복음을 전하고자 한 바울의 열망이 훨씬 더 일찍 있었다는 점이 드러나는 셈이지요.

(물론 반론도 가능합니다. 제 생각입니다만, 나중에 브리스길라 아굴라 부부가 로마의 교회를 인도합니다. 따라서 이 부부는 이전에도 로마에 있었을 가능성 큽니다. 로마에서 나가라 하니 아예 이탈리아를 떠나 고린도 지역에 와 있었을 가능성이 있다는 말이지요. 그렇게 본다면 기존 번역이 더 타당할 것입니다.)

사례 3 - 사도행전 18장 5절 해석

"실라와 디모데가 마게도냐로부터 내려오매 바울이 하나님의 말씀에 붙잡혀 유대인들에게 예수는 그리스도라 밝히 증언하니"(개역개정)

말씀에 붙잡혔다는 말의 뜻 해석 문제입니다. 대체로 실라와 디모데가 전해준 데살로니가 빌립보 두 교회 소식을 듣고 바울이 은혜를 받아 더욱 말씀에 붙잡혀 열정으로 전도했다고 보는데, 교수님은 두 사람이 선교헌금을 갖고 왔기 때문에 이제는 장막 만드는 일을 그만두고 풀타임으로 전도에만 애썼다는 뜻으로 보는 게 좋다고 하셨습니다. 다시 말해 오늘날 교회가 교역자의 생활비를 전액 부담하여 전적으로 말씀 사역에만 애쓰게 하는 것이 매우 성경적이라는 결론이지요.

마무리

고재수 교수님은 우리 한국교회에 주신 하나님의 큰 선물이었습니다. 십 년의 가르침이 많은 열매를 맺었고, 또 지금도 제자들을 통해 풍성한 열매로 나타나고 있습니다. 한국을 너무 일찍 떠나신 것도 아쉽고, 캐나다에 계시는 동안 더 배우지 못해 아깝고, 병 때문에 너무 일찍 은퇴하신 것이 가장 안타깝지만, 하나님의 일은 오늘도 또 내일도 이어진다고 믿습니다. 교수님을 선물로 보내 주신 하나님께 영광을 돌리며, 함께 와 많은 고생을 겪으신 디니 사모님과 가족들에게 큰 감사를 드립니다.

2부_____ 제2회 고재수 교수 기념 신학강좌

강연 1 **고재수(N. H. Gootjes) 교수와 '구속사적 설교'**

강연 2 **구속사적 설교의 역사와 과제**

고재수(N. H. Gootjes) 교수와 '구속사적 설교'

신득일 교수(고신대학교 신학과 명예교수)

I. 들어가면서

고재수 교수는 설교학자가 아니고 교의학자이다. 그는 교의학자로서 한국에서 여러 편의 교의학적인 논문을 쓰고 책도 여러 권 남겼다.[1] 무엇보다도 그는 박사논문을 한국에서 마무리했다.[2] 그런데 아이러니하게도 한국에서 그가 교의학자로서 남긴 학문적 업적에 대해서는 아는 사

---

1 고재수, '성령의 증거' 『고신대학논문집』 14 (1986): 251-276; '성령으로의 세례를 지적하는 본문들에 대한 주석적 고찰' 『고신대학논문집』 15 (1987): 197-221; '일반계시 및 그것이 특별계시와 갖는 관계' 『고신대학논문집』 16 (1988): 75-85; '일반계시와 관련한 로마서 2:14-15의 의미' 『개혁신학과 교회』 1 (1991): 149-172. 저서: 『성령으로서의 세례와 신자의 체험』(서울: 개혁주의신행협회, 1989), 『교의학의 이론과 실제』(서울: 여수룬, 1992).

2 N. H. Gootjes, *De Geestelijkheid van God* (Franeker: T. Wever, 1984).

람이 많지 않다. 오히려 그의 설교가 더 잘 알려져 있다. 그것은 그의 설교의 특징이라고 할 수 있는 '구속사적 설교'라는 설교패턴으로 잘 알려져 있다.

고재수 교수는 성경학자도 아니면서 성경연구 특히 성경주석에 관심이 많았다. 왜냐하면 그는 교회의 교리가 성경에 기초를 두어야 한다는 강한 신념을 갖고 있었기 때문이다. 그래서 그는 하나의 교의학적 주제를 다룰 때도 항상 성경본문에서 출발했다. 사실 그의 일차적인 관심은 성경에 있었던 것이다. 그래서 그는 성경을 주석하는 것을 좋아했다. 그의 설교도 이 성경주석의 산물이라고 할 수 있다. 즉 성경본문을 메시지로 만든 것이다. 그가 한국에 남긴 '설교'는 한국에서 구속사적으로 한 설교의 모범이 됐다.

여기서 본고의 제목인 '고재수 교수와 구속사적 설교'는 '고재수 교수의 구속사적 설교'란 의미로 다룰 것이다. 먼저 이 주제에 대한 그의 견해와 그의 업적과 그 특징을 소개하고 평가할 것이다.

II. 본론

1. '구속사적 설교'의 개념

우리가 아는 대로 설교학에서 설교의 종류 가운데 '구속사적 설교'란 것이 없다. 고재수 교수도 '구속사적 설교'라는 말을 편의상 사용하기는 하지만 정확하게는 '설교에 있어서 구속사'(redemptive history in pr eaching)라고 했다. 설교학적으로 말하면 그의 설교는 본문설교(textual sermon)인데 구속사적인 관점에서 전개하는 설교였다. 그렇지만 모든 설교가 구속사적인 것은 아니다. 왜냐하면 성경본문의 장르가 다양하고, 성경해석 방법은 장르에 따라 달라야 하기 때문이다. 예를 들어서 비유나 율법조항이나 지혜서 같은 본문에서 구속사적인 관점을 유지할 수 있으면 좋지만 대체로 그것은 어려운 일이다.[3] 그의 책 '구속사적 설교의 실제'에 시가서 본문이 없는 것도 이와 무관하지 않다.

고재수 교수가 강조하는 구속사적 관점은 주로 역사적 본문에 국한된다. 그는 설교자가 역사적 본문을 설교할 때 이 방식으로 설교하는 것이 본문에 나타난 하나님의 뜻을 가장 잘 전달하는 방법이라고 했다. 그래서 그는 늘 이 방식으로 설교하려고 했다. 그렇지만 그는 학교의 강의 시간에 '구속사적 설교'를 가르친 적도 없고, 그렇게 설교해야 한다고 강조한 적도 없다. 다만 그렇게 설교했을 뿐이다.

1) 역사

(1) 역사로서 구속사

'구속사'라는 말은 '구속'과 '역사'라는 단어의 합성어이다. 고재수 교수는 이 용어를 설명하면서 역사를 먼저 다룬다. 그는 먼저 성경이 하나님의 말씀으로 거기에 기록된 역사도 사실로 받아들인다. 즉 구속사는 일반역사와 같다는 말이다. 이것은 단순한 표현이지만 많은 신학적 견

---

3   고재수 교수는 하박국의 신앙을 모범으로 제시했는데 그것이 가능한 이유 중의 하나가 그 본문이 기도문이기 때문이다. 고재수,『구속사적 설교의 실제』(서울: CLC, 1987), 81-82.

해를 반박하는 의미도 있다. 왜냐하면 성경의 구속사는 일반역사와 구분해서 이해하는 학자들도 있기 때문이다. 특별히 인간의 역사(Historie)와 하나님의 역사(Geschichte)를 구분하는 칼 바르트(Barth)의 역사관과 성경의 역사적 기록을 단지 전승으로 보는 판넨베르크(Pannenberg)와 같은 학자들의 입장을 고려하면 그렇다.[4] 또한 '구속사신학'으로 대표되는 폰 라트(von Rad)의 '구속사'는 전승사를 의미하기 때문에 성경의 역사성을 보장할 수 없다.[5] 고 교수는 이 역사성의 문제를 따로 다루지는 않았지만 구속사가 시공간에서 일어난 일반역사와 같다는 것을 전제로 하고 있다.

(2) 역사의 통일성

고재수 교수는 성경의 역사를 구속사로 규정하고 그 역사가 통일체라고 표현한다.[6] 그는 이를 네 가지 측면에서 제시한다. 첫째, 그 역사는 하나님 안에서 통일됐다. 왜냐하면 그것은 동일한 한 하나님이 이루시는 역사이기 때문이다. 둘째, 그 역사는 그리스도 안에서 통일됐다. 왜냐하면 그리스도는 자신의 죽음으로써 구원의 기초를 세우시고, 부활로써 완전한 구원을 이루셨는데 구약의 백성과 신약의 백성도 오직 그리스도를 통하여 구원을 얻을 수 있기 때문이다. 셋째, 그 역사는 믿음으로 통일성을 이룬다. 왜냐하면 구약의 백성이나 신약의 백성에게 요구되는 것

---

[4] 신득일, 『구속사와 구약주석』(서울: CLC, 2017), 36, 38.

[5] 신득일, 『구속사와 구약주석』, 19-20, 30.

[6] '통일체'란 통일성을 의미하는 Unity에 대한 번역으로 보인다.

은 하나님에 대한 믿음이기 때문이다. 넷째, 그 역사는 최종 목표에도 통일성이 있다. 왜냐하면 구약의 성도는 이 세상이 아니라 새 예루살렘을 기대했고, 신약의 성도도 같은 목표를 가지고 세상의 회복을 기대하기 때문이다(히 11).[7] 그리스도 안에서 구속사의 통일성을 다루는 부분에서 역사의 시작과 과정과 마침이 되신 그리스도를 언급했더라면 그 개념이 더 명료해졌겠다는 생각이 든다(롬 11:36).

(3) 역사의 전진성

역사로서 계시는 한꺼번에 주어진 것이 아니고 하나님의 행위가 역사가 전개되는 과정을 따라서 주어졌다. 고 교수는 이 구속사의 전진을 '변화' 또는 '발전'이라고 표현한다. 그는 역사에 나타난 시대를 크게 구약과 신약과 그리고 사도시대 이후의 시대는 다르다고 말한다. 이 시대의 변화에 따라서 약속과 직분도 다르다고 주장했다.[8] 이런 변화를 지적하는 것은 단순히 시대가 다르다는 것이 아니라 그 시대에 맞추어서 본문을 해석하고 적용해야 한다는 의미이다.

구약에서도 시대적 변화가 많이 있었고 신약에서도 역사적 발전과 변화를 볼 수 있지만 가장 큰 변화는 구약에서 신약으로 발전한 계시의 전진이 될 것이다. 그리스도의 대속의 사역으로 말미암아 구약의 제사를 비롯한 율법의 요구가 성취되었기 때문이다. 이 역사의 전진은 작은 변

---

7 고재수, '성경의 역사적 본문에 대한 구속사적 해석'『고려신학보』 16 (1988): 24-25.

8 고재수, '성경의 역사적 본문에 대한 구속사적 해석' 25-25.

화에서도 나타나고 큰 변화에서도 나타난다. 이 전진의 개념을 고려한 해석을 해야 한다는 것이다.

그는 역사 또는 계시의 발전이라고 해서 "상태가 항상 더 나아지고 또 하나님의 백성이 뒤로 미끄러지지 않음을 말하는 것"이 아니라고 지적한다.[9] 이 표현은 낭만주의 영향을 받아서 계시의 전진을 씨에서 자라나서 큰 나무가 되는 것으로 설명한 게할더스 보스(Vos)의 유기적 전진 개념을 염두에 두고 한 말로 보인다.[10] 즉 구속의 행위가 축적된다고 해서 계시의 양이 늘어나지 않는다는 말이다. 그것은 백성의 순종과 불순종에 달려있다. 예를 들면 사사시대의 사람들은 족장들에게 약속된 내용이 성취된 것을 보았지만 순종하지 않아서 계시가 잘 나타나지 않았다(삼상 3:1). 아합시대는 상당한 계시발전이 있어야 할 시기이지만 엘리야가 사라짐으로써 삼 년 동안 하나님의 계시도 사라졌다(왕상 17:1~7; 18:1).

고재수 교수는 역사적 발전에 나타나는 작은 변화라고 할지라도 그것을 놓치면 바른 해석을 할 수 없다고 경고한다. 이것은 구약시대 족장들의 역사와 예수님 당시의 역사적 진전도 고려해야 한다는 것이다. 즉 같은 거짓말이라도 아브라함과 이삭의 거짓말이 다르고, 제자들이 양식을 구하지 않는 사건들(막 6:35~44; 8:1~10, 14~21), 세례 요한의 의심과

---

9   고재수, 『구속사적 설교의 실제』, 198.

10   G. Vos, *Biblical Theology:* Old and New Testament (Grand Rapids: Eerdmans, 1948), 7. 이점은 트림프 교수도 경고한 바 있다. C. 트림프, 『설교학 강의』 고서희, 신득일, 한만수 역 (서울: CLC, 1986), 71.

도마의 의심은 다르다는 것이다.[11] 이 역사적인 간격을 유지해야 할 이유는 그때가 지금이 아니고 우리가 과거로 돌아갈 수 없기 때문이다. 고재수 교수의 구속사의 전진은 그리스도를 통한 성취라는 관점에서 구약을 유대인과는 다르게 해석하는 정도를 넘어서 우리가 생각하는 것보다 훨씬 섬세한 면이 있다.

2) 구속

성경에 기록된 사건이 역사적인 사실이라고 해도 성경의 역사는 그 자체가 의미를 알려주는 것으로 끝나지 않는다. 즉 성경의 역사는 사실이지만 역사적 교훈을 주기 위해서 기록되지 않았다는 것이다.[12] 우리가 성경을 통해서 역사적인 교훈을 받을 때는 성경의 의도와 무관한 이상한 교훈을 받게 된다는 것을 예로 들어서 설명한다. 즉 야곱의 결혼을 통한 일부다처제, 죽음의 원인이 된 압살롬의 헤어스타일, 세례 요한의 옷과 음식에 나타난 청빈 생활, 위험에 처하게 한 베드로의 사투리와 같은 것이다.[13] 오히려 성경의 역사는 구원의 의미를 지닌다. 구원은 타락 이후 여자의 후손이 뱀의 후손을 공격할 것이라고 선언한 데서 시작된다. 그 구원은 족장들에게 주어진 약속과 제사와 다윗 왕조에게서 확인되고 예수 그리스도에게서 성취됐다. 그래서 그 역사를 설명할 때 하나님이 어떻게 구원의 역사를 이루셨는가에 초점을 두어야 한다. 그는 "성

---

11 고재수, 『구속사적 설교의 실제』, 198-199.
12 고재수, "성경의 역사적 본문에 대한 구속사적 해석," 『고려신학보』 16 (1988): 20-21.
13 고재수, "성경의 역사적 본문에 대한 구속사적 해석," 21-24.

경은 구속사의 이야기를 하는 것이니까 당연히 구원자인 예수 그리스도가 중심적 위치를 가집니다"라고 강조하면서 이것이 복음서에 한정되지 않고 구약에도 해당된다고 한다.[14]

3) 사상적 배경

'구속사'란 말은 하늘에서 갑자기 떨어진 것도 아니고 고재수 교수의 전유물도 아니다. 구속사(Heilsgeschichte)란 용어는 낭만주의 진영에서 먼저 소개됐다. 그렇기 때문에 그 용어 자체는 구약에 대한 합리주의적 접근방식에서 나온 다른 용어와 마찬가지로 여전히 약점을 가지고 있고 또 논쟁의 여지도 있다.[15] C. 트림프(Trimp) 교수는 이 용어의 문제점을 9가지로 열거했지만[16] 고재수 교수는 이 문제를 언급하지 않고 자신의 입장을 바로 제시한다. 그것은 구속사란 용어에 대한 다양한 오해를 불식하고 성경적인 답을 주려는 시도로 보인다.

구속사에 대한 그의 개념은 네덜란드에서 모범적 설교와 구속사적 설교의 논쟁이 있던 시대(1930-40년대)에 개혁교회 진영의 학자들에

---

14   고재수, 『구속사적 설교의 실제』, 200.

15   신득일, 『구속사와 구약주석』, 27.

16   C. Trimp, *Heilsgeschiedenis en Prediking*, (Kampen: Van den Berg, 1986), 41-45: 1) 콕세이어스의 구속사 개념(세대주의적 성격). 2) 역사를 유기적인 발전으로 보는 낭만주의적 관점. 3) 역사 자체가 삼위일체적 역동성을 지닌다고 보는 변증법적 사고(여기서는 본체론적인 삼위일체와 경륜적인 삼위일체가 무시된다). 4) 구속사가 성장하는 하나님의 사역이라는 것(H. Berkhof). 5) 구속사를 시대적인 제약을 받는 역사로 보는 관점. 6) 구속사라는 말을 상대화시키면 하나님의 영원한 뜻은 사변화됨. 7) 칼 바르트가 구속사를 기록 가능한 인간의 역사와는 다른, 하나님의 역사로 보는 것. 8) 성경의 역사를 '진리 체계'로 여기고 플라톤적인 이데아와 같이 보는 구속사 개념. 9) 해방신학에서 사용하는 구속사 개념.

의해서 다듬어진 개념이다.[17] 물론 그 전에 계시역사란 이름으로 그 개념이 전달되었지만 그것은 주로 K. 스킬더(Schilder)와 B. 홀베르다(Holwerda)가 주장한 내용을 따른 것이다. 특별히 스킬더는 여러 기고문과 '고난의 그리스도'(Christus in zijn Lijden, 1930)를 통하여 구속사적 관점을 성경해석에 적용한 본을 보였다.[18] 고 교수는 구속사 개념은 "역사는 하나님의 작정의 성취이다. 그 작정은 영원하다. 그러나 그 전개는 시간 안에서이다"라는 스킬더의 정의에 기초한 것이지만[19] 앞에서 언급한 대로 계시의 직선적 전진 개념은 받아들이지 않는다. 또한 그는 홀베르다는 구속사를 '그리스도 중심적'이란 개념으로 이해한다고 하면서 그의 입장을 따랐다. 그는 홀베르다가 쓴 '설교에 있어서 구속사'(De Heilshistorie in de prediking)란 글을 영어로 직접 번역하고 싶다고 했다.[20] 물론 이미 영어로 그 글이 번역되어 있었지만 그것은 적절한 번역이 아니라고 했다. 안타깝게도 그 계획은 이루어지지 않았다. 고재수 교수의 구속사에 대한 개념은 당시 네덜란드 깜뻔신학교의 입장을 공유한 것이다. 또한 실제적인 그의 해석도 그 학교 교수와 같은 교단 목사들의 글에 의존한 경우가 많다.

---

17 고재수 교수의 구속사 개념에 대한 이해는 크레이다누스의 책에 소개된 것이다. 시드니 크레이다누스, 『구속사적 설교의 원리』, 권수경 역 (서울: SFC, 1989), 220-224.

18 트림프, 『설교학 강의』, 64.

19 크레이다누스, 『구속사적 설교의 원리』, 222. Wat is de hemel? 49ff.

20 B. Holwerda, "De Heilshistorie in de prediking," in ... Begonnen hebbende van Mozes... (Terneuzen: Littooij, 1953), 79-118.

4) 필요성

고재수 교수에게 구속사적 설교가 필요한 이유는 간단하다. 여기에 적극적인 면과 소극적인 면이 나타난다. 적극적으로 구속사적 설교가 필요한 이유는 성경의 역사는 하나님이 인간의 구원을 위해서 일하신 것을 기록한 것이기 때문이다. 여기서 설교자는 하나님의 사역을 회중에게 전함으로써 하나님이 본문에서 무엇을 행하시고, 무엇을 원하시는지를 전해야 한다는 것이다. 성경에는 하나님과 인간이 등장하지만 하나님이 먼저이고 하나님의 관점에서 인간의 행동을 평가해야 한다고 한다.[21]

소극적인 면에서 잘못된 해석을 피하기 위해서 구속사적 관점이 필요하다고 한다. 모범적 설교의 문제점을 지적하는 것이 구속사적 관점의 정당성을 이해하는데 도움이 된다고 판단하고 당시 권수경 조교에게 크레이다누스의 책에서 해당 부분을 번역해서 소개하도록 권했다.[22] 그는 모범적 설교가 지니는 많은 문제점 가운데 도덕화(moralizing)와 심리화(psychologizing)를 예로 제시했다. 도덕화는 인간의 행동에 초점을 맞추는 방법이다. 예를 들어 요나단의 행위는 본받아야 할 우정의 모델이고, 사울의 행위는 반면교사로 삼아야 한다는 것이다. 심리화는 인간의 내적 상태, 그의 감동과 경험을 집중적으로 생각하는 것이다. 심리화를 시도하면 한 사건에 대해서 무한한 적용을 만들어낼 수 있다. 예를

---

21 고재수, 『구속사적 설교의 실제』, 196-197.

22 S. Greidanus, "역사적 본문을 모범적으로 설교하는데 대한 반대론들," 권수경 역, 『고려신학보』 16 (1988): 109-129.

들어 엘리야가 한 기도를 두고 절망감을 느낄 때 기도할 장소를 찾아가서 기도해야 한다거나, 죽여달라는 기도조차도 사명을 다한 사람이 죽음을 불사하는 평안한 기도라든지 대책 없는 적용이 나올 수 있다.[23] 요즘은 우울증에 대한 내적 치유를 언급하기도 한다. 이것이 부분적으로 도움이 될 때도 있지만 이것이 더 문제가 되는 것은 성경의 등장인물의 특별한 위치를 무시한 해석이다. 그들의 직분이나 역사적 상황을 고려하지 않은 것이다. 더욱이 여기에는 하나님이 개입될 여지가 없다. 이점을 고려하여 "성경의 역사적 본문에 있어서 그 적용은 구속사적인 것이어야 한다"라고 주장한다.[24]

2. 고재수 교수의 '구속사적 설교의 실제'(1987)

1) 성격

서문에서 '설교집'이란 말이 나오긴 하지만 엄격한 의미에서 이 책은 설교집이 아니다. 고재수 교수는 이 책의 제목으로 '주석과 설교 사이'(Between Exegesis and Sermon)라는 좀 애매한 타이틀을 붙였다. 이 책은 주로 고신대학의 경건회 시간에 '설교'한 내용이다. 그렇지만 그는 이 책에 실린 내용이 완성된 설교가 아니라고 판단한 것이다. 그는 본문을 주석해서 메시지를 만들었지만 아직 완성된 설교가 아니기 때문

---

23 고재수, "성경의 역사적 본문에 대한 구속사적 해석," 30-31.
24 고재수, "성경의 역사적 본문에 대한 구속사적 해석," 26-28.

에 '주석과 설교 사이'라는 제목을 붙였다. 그래서 이 책의 성격은 설교집이 아니고 '설교집의 형식'을 갖춘 설교를 만들기 위한 자료로 제시된 것이다.

이 책에는 24편의 본문의 '설교'가 있지만 그것은 단순한 메시지로 그치지 않고 각주와 구속사적 설교와 방식에 대한 간략한 지침이 부록으로 첨가됐다. 각주와 부록은 고 교수가 처음부터 계획하고 이미 작업한 상태일 수도 있지만 이와 관련해 필자도 필요성을 언급했다. 그 내용이 한국 신학생이나 목사에게 생소해서 거기에 너무 많은 질문이 생기고 또 메시지의 성격을 보다 분명하게 설명하기 위해서 각주와 부록을 달도록 제안했던 것이다.

그리고 '주석과 설교 사이'란 제목은 한국 독자에게 와닿지 않기 때문에 '구속사적 설교의 실제'(The Practice of Redemptive Historical Preaching)라는 부제를 달면 좋겠다고 제안했다. 고 교수는 그 제안을 좋게 여기고 필자가 소개하고 추진한 출판사(CLC)와 계약조건에 관한 제의도 받아들였다. 그런데 출판사에서 '주석과 설교 사이'라는 제목보다는 부제가 더 분명하고 나아 보인다고 하면서 부제를 책 제목으로 선정하려고 한다고 알려왔다. 고 교수가 여기에 동의함으로써 속표지의 영문 제목과는 달리 이 책이 '구속사적 설교의 실제'라는 제목으로 출판됐다.

2) 특징
(1) 견고한 주석의 기초

설교 준비에서 가장 중요한 부분은 본문을 주석하는 것이다. 물론 그 주석의 성격과 수준이 다양하지만 트림프 교수는 설교자가 하는 주석을 '설교학적 주석'이라고 한다.[25] 이것은 첫 단계의 본문해석이 끝난 다음에 하는 것인데 청중을 의식한 본문주석이다. 그런데 고재수 교수는 이 설교학 교과서를 따르지 않는다. 즉 트림프 교수는 본문이 선택되면 먼저 다양한 번역을 비교하며 그 차이를 발견하고 본문에 대한 질문을 가지고 원어성경을 연구하라고 권하지만 고 교수는 이 순서가 틀렸다고 생각한다.

그는 자국어로 성경을 읽다가 본문이 결정되면 바로 원문을 연구해야 한다고 주장했다. 설교자가 먼저 스스로 히브리어와 헬라어에서 자국어로 번역한 후, 다음 단계로 다양한 번역을 비교해 봐야 한다고 주장했다. 또한 주석도 마찬가지다. 주석은 본문비평, 정경론, 번역, 역사적 설명, 지리적 상황, 본문해설이라는 긴 과정이 포함된다. 이 과정에서 고 교수는 먼저 다른 주석을 참고하지 않는다. 그는 설교자가 직접 사전, 문법책, 역사와 지리와 관련된 일차적인 학술자료를 사용하여 본문을 주석한 다음에 다른 주석을 참고한다고 했다. 그가 참고하는 주석은 세 종류라고 했다. 비평 주석, 복음주의 주석, 개혁신학 주석.

비평 주석은 설교자가 본문에 더욱 집중해서 세밀하게 읽도록 자극하고, 복음주의 주석은 본문에 대한 일반적인 이해를 파악할 수 있으며, 개혁신학자의 주석은 설교자의 해석에 대한 방향을 제시한다고 했다.

---

25   트림프, 『설교학 강의』, 25-26.

트림프 교수가 경고한 대로 그는 결코 한 주석의 노예가 아니었다.

실제로 그의 본문주석은 탁월한 언어분석과 더불어 놀라운 통찰력을 드러낸다. 특히 "본문의 강조점은 이삭의 거짓말이 죄라는 사실에 있지 않고 그 거짓말이 불필요한 것이었다"라는 말이나 "십자가를 지지 않고 나를 좇는 자는 내게 합당치 아니하니라"는 표현에서도 드러난다.[26] 또한 문맥을 고려한 본문 설명과 교의학적 이해가 항상 저변에 깔려 있다는 것도 주석이 안전하고 역동적인 해석이 되도록 한다는 인상을 준다. 설교의 성패가 달려있는 주석이 견고하면 주일 설교를 기다리는 회중은 안심이 될 것이다.

(2) '식재료'와 '식사'의 명확한 구분

트림프 교수가 '식재료와 식사'를 언급한 대로[27] 고 교수도 이 표현을 썼다. 이것은 설교준비와 설교작성 간의 관계를 설명할 때 즐겨 쓰는 비유이다. 그는 "설교자는 부엌에서 준비하는 식재료를 내어놓으면 안 되고 밥상을 차려야 한다"라고 말했다. 그의 설교는 이 원칙을 잘 지키고 있다. 설교를 준비하는 과정은 본문선택 후 본문번역과 주석을 거쳐서 설교문을 작성하는 긴 절차가 요구된다. 그 과정에서 본문비평과 원어의 의미와 신학적 의미를 찾는 등 본문을 정당하게 이해하기 위한 많은 연구가 필요하다. 그렇지만 그것은 설교자가 혼자서 할 일이지 그 부분을

---

26 고재수, 『구속사적 설교의 실제』, 26, 93.
27 트림프, 『설교학 강의』, 26, 46, 72.

설교에 담을 필요가 없다는 것이다. 예를 들어서 설교자는 성경원어인 히브리어와 헬라어로 본문을 연구하고 다양한 성경번역본과 외국어로 된 자료를 사용하지만 설교에서는 그 결과만 전하면 되는 것이지 성경원어나 외국어를 성도들에게 알릴 필요는 없다는 것이다. 그래서 언어에 있어서 그의 설교는 한국 목사들보다 더 한국적으로, 영어단어 하나 쓰지 않고, 쉬운 한국어로만 작성됐다. 또한 비평가의 주석이나 자유주의 신학자들의 책을 많이 참고했겠지만 그들의 이름이나 그들의 사상을 설교에서 전혀 언급하지 않았다. 다만 그들의 잘못된 성경해석을 본문에 기초해서 반박하거나 경계했을 뿐이다. 설교에서 성도들에게 어려운 말을 쓰거나 유명한 학자들의 이름이나 사상을 언급하면서 목사의 '유식함'을 내보이는 것은 천박할 뿐만 아니라 그것은 설교자의 임무가 아니기 때문이다.[28]

그는 뛰어난 요리사처럼 고급 식재료를 세심하게 다듬어 누구나 맛있게 먹을 수 있는 정갈한 밥상을 차렸다. 그의 설교는 아주 평이하고 메시지는 명료하다. 쉽다고 해서 내용이 부실한 것은 아니다. 그가 사용하는 자료가 어느 정도 수준인지 각주를 봐서도 알 수 있다. 그는 설교에서 자신의 실력을 과시하는 것이 아니라 본문이 말하는 풍요로운 복음을 회중에게 효과적으로 전하는 데 관심이 있었다. 그는 신학교수가 빠지기 쉬운 함정에 걸려들지 않았다.

---

28 번역 문제와 관련해서, "설교에서 자주 '히브리어와 헬라어는 우리의 번역과는 달리 표현한다'라고 말하는 것은 좋지 않다고 본다. 이렇게 말하는 것은 원문을 모르는 교인들로 하여금 번역성경을 믿지 못하도록 만들고 결국 그들에게서 성경을 빼앗는 셈이 된다"라는 말은 인상적이다. 고재수, 『구속사적 설교의 실제』, 75.

(3) 그리스도 중심 해석

고 교수는 "성경은 구속사의 이야기를 하는 것이니까 당연히 구원자인 예수 그리스도가 중심적 위치를 가집니다"라고 말했다.[29] 물론 이것은 복음서에만 국한되지 않고 구약에도 해당된다. 바울서신에도 "그리스도 안에서"라는 표현이 수없이 반복되는 것은 그리스도를 통해서만 하나님과 교제할 수 있다는 것이다. 그렇다고 해서 설교에서 이 말을 계속 반복하면 안 되고 본문이 그리스도와 그분의 구원이 어떤 관계를 가지는지를 설명하면서 구원에 대한 다양한 접근방식을 쓸 것을 권했다.[30]

그는 자신의 원리에 충실했다. 그는 아브람의 거짓말이 그리스도가 오시는 것에 영향을 미치는 것을 언급했고, 나답과 아비후의 죽음이 참된 제사장 그리스도를 대망하게 하고, 나아만에 대해서 설교하면서 그리스도를 통해서 값없이 주시는 구원이고, 하박국서에서 진정한 즐거움이란 그리스도께서 이루신 구원의 즐거움이라고 설교한다. 그가 그리스도 중심이라고 할 때 구약본문에서 모형을 만들어내거나 알레고리적으로 어떤 인물이나 사건을 예수님의 인격과 사역에 연결시키는 것과 다르다. 그가 시행한 그리스도 중심적 해석은 역사적 간격을 두고 계시의 전진을 고려한 정당한 시도였다.

(4) 비평이론과 자유주의 신학 배제

---

29 고재수, 『구속사적 설교의 실제』, 200.
30 고재수, 『구속사적 설교의 실제』, 201.

고재수 교수는 단 한 번도 비평가나 자유주의 신학자의 이름이나 사상을 소개하지 않았다. 다만 그는 설교에서 그들의 이론과 연구결과를 반대하거나 경계할 뿐이었다. 설교가 학술적 논쟁이 되어서는 안 되고 또 그들의 학문적 연구결과를 한 마디로 설득력 있게 논박할 수도 없고 또 그렇게 하는 것은 설교의 본질을 흐리기 때문일 것이다. 그의 책에 나타난 내용은 다음과 같다.

① 이삭의 거짓말에 대해서 설교할 때 "자유주의 입장을 지지하는 신학자들은 거짓말에 초점을 두고, 원래 거짓말에 대하여 한 가지 이야기만 있었는데 창세기 기자들이 한 가지 이야기를 세 번 반복했다고 합니다. 그들은 창세기 본문에서 하나님과 자기 백성 간에 있는 관계를 무시했기 때문에 그와 같은 생각을 할 수 있었습니다"라고 설명했다.[31] 이것은 전승사비평을 염두에 두고 한 말이다. 그들은 아내를 위태롭게 한 하나의 이야기를 다른 상황에서 변형시켜서 세 가지 전승을 만들었다고 주장한다.[32] 그렇지만 고 교수는 성경의 권위와 역사를 허무는 이 방법을 소개하거나 본격적으로 비판하지 않고 설교의 선을 넘지 않는 정도에서 가볍게 언급했지만 명료하게 반박했다. 필자가 경건회 시간에 이 설교를 들었을 때, 고 교수는 신학생을 대상으로 메시지를 전했기 때문인지는 몰라도 세 거짓말 사건의 차이를 장소와 인물들을 조목조목 들

---

31 고재수, 『구속사적 설교의 실제』, 24.
32 H. Gunkel, *Genesis*: Handkommentar zum Alten Testament (Göttingen: Vandenhoeck & Ruprecht, 1902), LIX.

면서 본문과 역사적 차이를 드러내었다.

② 같은 설교에서 고 교수는 "일반적으로 이 세상에 있는 권력들은 대부분 하나님을 반대합니다. 그래서 이 세상의 그 어떤 권력이 하나님의 능력보다 더 크다는 사실로써 위로를 삼으려고 합니다. 이런 생각의 배후에는 인간의 능력이 끝나는 곳에서 하나님의 능력이 비로소 시작된다는 사상이 깔려 있습니다. 그러나 이런 생각은 그릇된 것입니다"라고 주장했다.[33] 이것은 정확한 문구는 아니지만 일반적으로 알려진 키에르케고르의 사상을 반영하는 바르트의 신학을 반대하는 것으로 보인다.[34]

③ 사울이 예언한 사건에 대해서 설교할 때 그는 사울의 비정상적인 행위에 대해서 아무런 언급을 하지 않았다. 오히려 그것은 성령의 능력으로 하나님의 말을 하는 것으로 설명했다. 각주에서 그는 사울의 행위가 황홀경과 아무런 상관이 없다고 밝혔다.[35] 이것은 종교사학파의 관점에서 이스라엘 예언의 본질을 황홀경으로 설명하려는 휠쉬(Hölscher)와 같은 비평가들을 의식한 표현으로 보인다.[36]

---

33 고재수, 『구속사적 설교의 실제』, 28.
34 트림프, 『설교학 강의』, 65.
35 고재수, 『구속사적 설교의 실제』, 58.
36 Gustav Hölscher, *Die Profeten*: Untersuchungen zur Religionsgeschichte Israels (Leipzig: J. C. Hinrichs, 1914), 12, 33.

④ 예수님의 사십 일 금식에 대한 설교에서 "그렇게 순종함으로써 그 (예수님)는 아담이 죄를 짓지 않을 수 있었음을 밝히 증명하셨습니다. 죄의 원천은 하나님께서 인간을 너무 약한 존재로 창조하신 것에 있지 않습니다"란 표현은 실존주의 인간관을 반대하는 것이다.[37] 실존주의 신학에 의하면 인간은 본래 죄를 지을 수밖에 없는 연약한 존재로 창조되었고, 오히려 죄된 본성을 지닌 존재로 창조되었다고 생각한다.[38] 이것은 당시 학계에 만연된 실존주의 사상을 성경에 기초해서 명확하게 반박한 것이다.

이 밖에도 교회성장학과 같은 그릇된 신학과 선교의 주체를 혼동하는 현실을 지적하고 율법폐기론과 한국에 알려진 그라아프의 잘못된 모형론도 설교를 통해서 드러냈다.[39] 그는 이렇게 깊이 있고 복잡한 신학사상도 본문에 근거를 두고 적절하게 처리하면서 본문의 의도를 드러내려고 노력했다.

(5) 짧지만 강력한 적용

흔히 "개혁교회의 설교는 적용이 없다"란 말을 종종 듣는다. 물론 "본문선택이 곧 적용이다"라는 홀베르다의 주장을 고려하면 그럴 수도 있

---

37 고재수, 『구속사적 설교의 실제』, 113.

38 Paul Tillich, *Systematic Theology* II (Chicago: The University of Chicago Press, 1957), 44. 그는 창조와 타락은 동시에 일어난 것으로 본다. 그것은 인간은 원래 타락한 존재이기 때문에 시공간 속의 타락은 존재하지 않는다는 것이다.

39 고재수, 『구속사적 설교의 실제』, 37-46, 56, 153-160, 184-192.

다. 그렇지만 적용이란 말은 한국교회 상황과 청중의 기대와 관계가 있다고 봐야 한다. 일반적으로 본문설교를 하는 개혁교회의 설교는 본문을 해설하는 과정에 적용이 녹아있다고 봐야 하고 또 결론에도 짧은 적용이 나온다. 이것을 이해하지 못하면 거기에는 "적용이 없다"라고 말하게 될 것이다.

그러나 고재수 교수의 설교는 적용이 명확하다. 그런데 그 적용은 한국 성도가 기대하는 적용과는 다르다. 그것은 본문의 역사적 간격을 고려한 상태에서 정당한 적용과 교훈을 도출해 내려고 시도한 것이다. 그 적용은 인간의 행동 또는 상황이나 구조적 대비에서 나오는 것이 아니고 우선 하나님에게서 나온다. 그것은 과거에 역사하셨던 하나님은 오늘 우리가 섬기는 하나님과 동일한 분이라는 데서 출발한다. 그 하나님의 존재와 속성 그리고 사역이 오늘 우리에게 요구하는 바를 삶에 드러내도록 선포하는 것이 적용이다.

소위 '원시복음'은 단순한 복음이 아니라 성도가 사탄의 세력을 항상 대면하여 살지만 궁극적으로 승리하신 주님을 의지해야 한다는 것이다. 아브람의 거짓말에서 우리는 정직하게 살아야 한다는 교훈이 아니라 약속에 신실하신 하나님을 보고 우리의 구원이 확실하다는 확신을 갖게 한다. 구원과 율법을 설교하면서 자녀 신앙교육의 책임은 전적으로 부모에게 있다는 적용은 주일학교를 의존하는 한국교회에 너무나 충격적인 선언이다. 기도에 대한 설교에서 사람들에게 영향을 주려는 우리의 기도가 얼마나 잘못된 기도인가를 잘 드러낸다. "이것이 하나님의 영광을 위한 것이다"라는 말로써 자신을 속일 수 있다는 말이 우리의 욕심을 지적하는 말로 들린다. 누가 크냐는 설교에서 예수님의 대표자로서 예수님의 말씀을 전하는 자는 다 똑같다는 말은 서열을 중시하는 한국교회에 경종을 울린다. 교회의 선교를 설교할 때 선교의 주체와 파송 방법과 파송 목표를 구체적으로 제시했다. 여기서 다양한 역할을 하는 '선교사'는 배제된다. 종과 주인의 관계를 설교하면서 노사문제를 해결하는 원리를 제시했다. 또한 빌라델피아교회에 대해서 설교하면서 참된 교회의 모습이 무엇인지를 보여주면서 교회성장신학을 배제했다.

그의 설교에 나타난 적용은 매우 간결하고 명확하다. 또 그 메시지는 강력하다. 여기서 한 가지라도 한국교회에 제대로 적용된다면 큰 변화가 일어날 것이다.

3. '구속사적 설교'의 확산

고재수 교수의 설교는 재직 당시에도 학교나 고신교단 안에 머물러 있지 않았다. 그의 설교방식은 타 교단의 목사들에게도 영향을 미쳤기 때문에 가끔 다른 모임에 초대받았다. 또한 해외 학술지에 기고하여 '구속사'의 중요성을 알리기도 했다. 그리고 '구속사적 설교'에 관심이 있는 사역자들을 위한 정기적인 모임도 인도했다.

1) 학교 바깥의 활동

고재수 교수는 합신 측 목사들의 '설교연구모임'에 가끔 초청받아 그들의 설교를 평가하고 발표도 했다. 한번은 어느 목사의 설교를 듣고 그 설교의 문제점을 조목조목 지적하고 평가했는데 나중에 설교한 목사가 "사실 이 설교는 박윤선 목사의 설교입니다"라는 말을 듣고 놀랐다고 웃으면서 말씀하신 기억이 난다. 나중에 알게 되었지만 그가 합동신학교인지 합신 목사들의 모임인지 정확하지는 않지만 합신에 가기 전에 학교의 허락을 받았다는 기록이 있다. 한번은 이런 외부 활동과 관련해서 "서울까지 가서 설교할 수 있어서 좋겠습니다"라고 했더니 그는 "교수가 설교하러 다니는 것은 좋은 일이 아닙니다. 교수는 그 시간에 책을 써야 합니다. 목사들이 그 책을 사용하여 설교하면 많은 교회가 동시에 나의 설교를 듣게 될 것입니다"라고 대답했다.

고 교수는 신학대학원 재직 당시에도 '구속사적 해석'에 대한 주제로 해외 학술지에 기고한 적도 있다.[40] 그가 들은 어느 목사의 설교에서 누가복음 4장 16절에 관한 설교의 문제점을 지적했다. 한 마디로 그 목사의 설교는 모범적인 설교였다. 예수님이 습관을 따라 안식일에 회당에 가셨다는 것이다. 그분은 모든 것을 아시는 분이지만 교육받은 대로 정기적으로 회당에 참석했다. 우리도 목사보다 아는 것이 많아도 예배에 잘 참석하고 예수님이 부모와 랍비들의 교육을 받아서 감사했듯이 우리도 부모와 목사의 교육에 감사해야 한다고 했다.

이것은 구체적이고 좋은 교훈이지만 그 목사의 관점이 잘못되었다고 지적했다. 먼저 본문에는 감사도 없고 부모의 교육에 대한 언급도 없다. 예수님이 회당에 가셨다는 것이 단순한 모범이 아니고 그분은 메시아시

---

[40] N. H. Gootjes, "Luke 4:16 - Redemptive Historical or Exemplary?," *Northwest Theological Seminary Review* 3/2 (Sep 1988), 20-24.

다. 예수님이 회당에서 읽으신 이사야 61장 1~2절은 바로 자신을 가리킨다. 그래서 이 설교는 예수님과 우리의 유사성을 드러내면서 그분의 유일성을 무시한 것이다. 그래서 고 교수는 이 내용으로 설교하는 것에 대해서 세 가지를 제시했다. 첫째, 본문 선택이 잘못됐다(눅 4:16이 아니라 눅 4:16~21 또는 눅 4:16~30을 선택하는 것이 좋다). 둘째, 예수님은 통상적인 회당 참석을 하셨던 것이 아니고 그들의 교사로서 역할을 하셨다. 셋째, 예수님은 당시 많은 설교자 중의 하나가 아니라 사람들의 구주이신 것을 드러내셨다.

캐나다 해밀턴신학교로 옮긴 후에 '구속사적 설교의 실제'의 부록 부분은 캐나다 개혁교회에서 격주로 발간하는 클라리온(Clarion)이라는 잡지에 4회에 걸쳐서 연재되었고[41] 그것이 다시 네덜란드 개혁교회에서 발간하는 영문잡지인 '룩스문디'(Lux Mundi)에 실렸다.[42] 이 글은 스킬더 탄생 백 주년을 맞아서 기고한 것이다. 이 기고에는 새로운 것이 없지만 이것은 그가 계속 이 구속사적 관점을 확산하고 있다는 것과 그 방법론을 구축하는 데 크게 기여한 스킬더를 여전히 존경하고 있다는 것이다.

1995년 초에 고재수 교수를 방문한 적이 있었다. 그때 학교에서 한 잡지를 보여주면서 "이분이 마가복음 1장 13절에서 예수님이 동물 애호

---

41 N. H. Gootjes, "Rethinking redemptive-historical interpretation," Clarion 38 (1990): 330-331; 361-363; 374-376; 403-404.

42 N. H. Gootjes, "Redemptive Historical Interpretation," Lux Mundi 9-4 (1990): 6-16.

가였다"라고 글을 썼다고 하면서 "예수님을 이렇게 모범으로 삼으면 안 된다"라고 하셨다. 이 본문은 모든 피조물의 왕이 되신 그리스도를 묘사하는 것이라고 했다. 그는 캐나다에서도 같은 방법으로 설교했겠지만 구속사와 관련된 연구물은 더 이상 남기지 않았다.

2) '구속사적 설교 연구회'

고재수 교수가 한국을 떠나기 전에 총회교육위원회 간사들을 중심으로 모인 성경공부모임이 있었다. 이것은 잘 알려지지 않은 모임이었지만 구속사적으로 설교하려고 갈망하는 설교자에게는 매우 소중한 모임이었다. 매주 모일 때마다 회원이 한 본문을 발표하면 고 교수가 평가하고 또 한 본문을 구속사적으로 해석한 내용을 교수님이 간략하게 발표하는 시간이었다. 물론 이 모임에서 성경본문만 다룬 것은 아니고 구속사적 설교의 필요성과 그 논쟁의 역사 그리고 자신의 설교준비 과정과 방법에 대해서도 강의했다. 이 모임은 1988년 6월부터 1989년 5월까지 진행됐다. 여기서 본문과 관련된 내용을 몇 가지 소개하면 다음과 같다.[43]

(1) 창세기 12장 1~3절

---

43 한 학기 이상 이 모임을 가졌는데 그동안 회원이 발표한 내용을 평가한 것과 고 교수가 직접 본문을 정해서 전해준 본문을 대략 적어 보면 다음과 같다: 엡 2:12-23; 눅 2:1-7; 눅 2:8-20; 사 1:10-17; 창 21:8-13; 창 12:1-9; 눅 9:28-36; 민 20; 대상 11:1-19; 창 38:24-30; 마 9:36-38; 막 9:14-29; 막 2:1-12; 창 33:1-11; 막 14:66-72; 시 76:1-12; 요 3:26-32; 요 19:17-22; 눅 19:1-10; 왕상 12; 욘 3; 암 5; 레 7:1-10; 삿 20:17-28; 룻 2; 행 7:54; 요 6:1-15; 계 3:14-22; 잠 25:2-3; 계 7:1-8; 막 6:46; 눅 16:1-13; 왕상 17:3-4; 마 10:38; 살전 5:19-22.

이 본문으로 아브람이 하나님의 명령을 받고 순종했으니 우리도 아브람처럼 순종해야 한다고 적용해서는 안 된다. 이 본문은 하나님의 약속에 관한 것이다. 땅과 후손. 여기서 아브람의 생애에 대해서 말할 수 있지만 이 특별한 부르심과 약속에 대해서 설교해야 한다. 이것은 19세기 네덜란드 사람들이 그 땅을 떠나서 미국으로 이주하는 것을 정당화하는 것도 아니다. 이것은 이스라엘이 시작되는 특별한 사건이기 때문이다.

아브람의 소명으로 주어진 명령의 중요성을 느끼도록 하기 위해서 약속이 주어졌다. 이제 이스라엘 백성은 하나님의 구원사역의 중심이 된다. 하나님의 백성에 대한 행동에 따라서 하나님은 그들을 대하실 것이다. 그리스도가 여기서 보인다. 아브람과 그의 후손은 복의 채널이 될 것이다. 하나님의 약속은 아브람을 통하여 이루어질 것이다.

적용점 : 1. 하나님만 신뢰하라. 우리는 구원사역이 더 커졌기 때문에 더 많이 신뢰해야 한다. 2. 하나님의 백성은 육신이 아니라 하나님의 능력으로 된다. 그래서 우리는 아브라함의 후손이 됐다(갈 3:29). 3. 이스라엘을 핍박한 백성은 저주받았고, 선대한 백성은 복을 받았다. 이것은 하나님의 백성, 교회가 역사의 중심이 된다는 말이다. 즉 하나님은 교회를 중심으로 역사를 운행하신다.

(2) 창세기 21장 8~13절

사라는 아브라함을 책망한다. 아내가 남편을 책망하는 것은 잘못된 것이기 때문에 칼빈도 사라의 태도가 잘못되었다고 말했다. 그러나 이 본문에서 설교자는 여자의 잘잘못을 따져서는 안 되고 이스마엘의 태도를 문제 삼아야 한다. 그러기 위해서는 이삭의 위치와 그 시대를 고려해야 한다. 이삭은 약속의 후손이고, 아브라함에게 약속된 복의 흐름의 역사에 속한다. 그리스도가 이 반열에서 태어나기 때문에 그는 특별한 방식으로 태어났다. 이스마엘은 장남이었음에도 불구하고 그 때문에 상속자가 되지 못했다. 그 당시 아브라함의 집은 교회였다. 하나님의 말씀은 거기 있었다. 아브라함은 예언자처럼 직접 하나님의 말씀을 들었다. 아브라함의 집에 속한 사람들은 모두 교회에 속했다. 그런데 이스마엘은 이삭의 위치를 인정하지 않았다. 그런 사람은 나가야 한다. 누가 교회에 속하는가? 그리스도의 중요한 구원사역을 인정해야 한다. 그렇지 않으면 교회에서 나가야 한다. 혈통 때문에 교회에 속하는 것은 아니다. 사라가 맞았다. 이것은 권징에 대한 본문이다. 바울은 혈통과 언약이라는 두 아들의 형식을 보여주었다(갈 3장).

(3) 창세기 38장 24~30절

이삭과 야곱은 그들의 친척 즉 하나님을 아는 여인들과 결혼했다. 그러나 에서는 이방인과 결혼하여 부모의 근심이 됐다. 유다는 자녀들을 잘못 결혼시켰다. 그런데 그는 그 전에 잘못됐다. 그는 형제들을 떠남으로써 계시의 장소를 떠났다(1절). 26절에서 유다가 실수를 인정하는 것이 나오는데 이것을 회개로 보고 따라야 할 본으로 삼는 것은 모범적인 것이다.

본문의 초점은 '씨'에 관한 것이다. 이때도 계대결혼이 있었다. 유다는 이 책무를 다하지 못했다. 르우벤은 빌하와 동침해서, 시므온과 레위는 살인죄를 지음으로써 제외되었기 때문에 유다가 백성의 인도자가 되어야 했다. 그러나 그의 역할은 요셉에게로 간다. 그 이유는 이 사건 때문이다. 유다의 행동의 결과를 볼 때는 그는 씨에는 관심이 없고 재물에 관심이 있었다. 그들은 가나안 땅에서 하나님의 백성이 될 수 없었고 미래도 없었다. 하나님의 은혜로운 행동을 통해서만 미래가 보장된다. 하나님의 은혜로 약속의 씨는 계속 이어지지만 유다는 지도자가 되지 못하고 요셉이 장자권을 이어받아서 그 백성을 보호한다. 유다는 다말과 동침함으로써 후손을 얻었다. 인간은 죄를 짓고 하나님은 그 속에서도 자신의 계획을 이루어가시는 은혜를 베푸신다.

(4) 열왕기상 17장 3~4절

그릿 시냇가의 교훈은 무엇인가? 이것을 사역자에게 쉼이 필요하다고 생각하고, 모세와 바울의 광야 생활도 언급하는 것은 논리적으로도 맞지 않다. 후자는 쉬는 기간이 아니고 훈련기간이었다. 이런 실수는 한 줄 본문을 일반화해서 적용한 것이다. 게다가 하나님이 먹을 것까지 공급해 주시니까 사역자가 쉼의 장소로 가는 것이 필요하다는 것은 잘못된 적용이다.

엘리야가 그릿 시냇가로 피한 것은 "비가 오지 않을 것이라"라는 예언 때문이었다. 아합왕과 그 백성은 바알 숭배자로서 수확은 바알에게 달려있다고 생각했다. 그래서 그것을 경고하기 위해서 비가 오지 않도록 했다. 그것은 이스라엘이 받아야 할 심판이었다. 더 큰 심판은 엘리야가 그릿 시냇가로 숨은 것이다. 그것은 하나님의 말씀이 사라졌기 때문이다. 백성이 하나님을 섬기지 않으면 하나님의 예언은 없어진다.

이 시대에 하나님을 섬기지 않으면 말씀도 없다. 즉 교회가 순수한 하나님의 말씀을 받지 않고 부정하면 좋은 설교는 사라진다. 그러면 설교는 사람들이 좋아하는 쪽으로 기울어지게 될 것이다. 말씀을 거부하는 이스라엘의 상황에서도 하나님은 엘리야를 기적적인 방법으로 보호하시고 그를 이스라엘에 남겨두셨다. 하나님은 심지어 이방 지역에서도 기적을 행하시고, 이스라엘에게 은혜를 베푸시려고 말씀을 보존하셨다. 여기서 하나님의 은혜가 나타난다. 이 본문은 심판, 은혜, 기적으로 이루어졌다.

(5) 마가복음 2장 1~12절

이 본문으로 '불행한 자를 구하자'라고 말하면 곤란하다. 왜냐하면 친구들처럼 하자고 하면 인간의 행동에 초점을 맞추는 것이고, 예수님처럼 하자고 말하면 우리가 예수님처럼 행할 수 없기 때문이다. 본문의 강조는 우리가 할 수 없는 것을 하시는 예수님께 있다. 5절에서 "그들의 믿음을 보시고"를 인간의 행함을 강조하는 것으로 보는 것은 교의학적으로 읽는 것이다. 그들의 믿음이란 무엇인가? 여기서 시간이 중요하다. 1장에서 병고치는 이야기가 몇 번 나오는데 이들의 믿음은 예수님은 병을 고칠 수 있다는 것을 믿은 것이다. 그때 예수님은 그들의 기대와는 달리 "네 죄사함을 받았느니라"라고 하셨다. 그들의 믿음에 병고침뿐만 아니라 죄사함이 포함되어야 했다. 본문의 강조는 병고침이 아니라 죄사함에 있다. 예수님이 필요한 이유는 죄사함을 받기 위함이다. 우리는 병고침의 본문에서 병고침이 무엇 때문에 나오는가를 살펴보아야 한다. 말로 죄사함을 받으라고 하는 것보다 병고치는 것이 더 어렵겠지만 예수님은 죄를 사하는 권세가 있는 분임을 나타내려 하셨다.

대지: 1. 예수님은 스스로 죄를 용서할 수 있는 분이다. 2. 친구들은 그것을 알아야 한다(그들은 신앙이 부족했다). 3. 서기관들은 그것을 반대한다. 4. 예수님은 그것을 증명하셨다.

4. 평가

이미 앞 단원에서 평가에 해당하는 진술이 있었지만 여기서는 좀 아쉬운 부분과 돋보이는 부분을 몇 가지 지적하고자 한다.

1) 구속사에 대한 학문적 논의가 없다. 역사적 본문에 대한 구속사적 설교방식에 대한 논문이나 『구속사적 설교의 실제』의 부록에서 구속사의 용어와 개념에 대한 다양한 문제점을 언급하지 않고 자료만 언급하고 자신의 입장을 제시했다. 학술적인 부분은 본문과 역사에 대한 크레이다누스의 이해를 비판한 데서 나타날 뿐이다.[44]

---

[44] 크레이다누스, 『구속사적 설교의 원리』, 17-21. 여기서 그는 "크레이다누스가 성경의 무오성을 거부하고, 성경의 역사적인 본문에서 역사성을 중요시하는 구속사적 설교방법의 여러 주장들을 반대한다"고 했다(17).

2) 구속이란 말보다 구원이란 표현을 많이 사용함으로 이 용어의 차이를 드러내지 않았다. 구속과 구원은 같은 결과를 가져오지만 그 말의 의미는 다르다. 고 교수는 '구속사'란 제목을 붙이면서도 그 의미를 설명할 때 '구원'이란 단어를 사용한다. 구원은 위험에 빠진 사람을 구해주는 것이지만 구속은 상업적인 용어로서 구원의 방법을 포함하는 표현이다. 즉 값을 주고 산다는 말이다. 다시 말해서 기독교의 구원은 그리스도의 피 값을 치른 결과로 얻어진 것이다. 그래서 구속이란 말이 기독교 구원의 의미를 나타내는데 더 적합하다. 그는 한글로 이 둘의 차이를 인식하지 못한 것 같다.

3) 구속사적 설교방법을 제시하기는 하지만 그것은 너무 간단한 메뉴얼이다. 그것은 맛보기에 지나지 않는다. 좀 더 체계적으로 제시했으면 좋았겠다는 아쉬움이 있다. 고 교수 자신은 이런 방법으로 설교하는 교회의 가르침에 익숙하고, 그 방식대로 신학교육을 받고, 수십 년간 축적된 신학적 유산을 활용하여 본문을 해석하고 설교를 작성하지만, 한국 교회의 설교자는 이렇게 생소한 주제와 관점을 소화하고 그 방식으로 설교를 작성하기는 어렵다. 더 많은 교육과 훈련이 필요하다.

4) 구속사적 설교의 정당성을 전개하면서 그리스도의 구원을 강조하지만 그 방식의 해석이나 설교에 대한 당위성을 성경적으로 좀 더 설득력 있게 제시했으면 좋았을 것이다. 성경 전체가 그리스도의 구원을 말한다는 것은 누구나 다 알고 있다. 그러나 성경 독자가 그 관점에서 성경

을 읽어야 할 이유는 잘 모른다. 그것은 요한복음 5장 39절에 나와 있다. 그는 단지 예수님이 구약의 성취자로 오셨다는 의미로 그 구절을 인용한다.[45] 그러나 이 구절은 구약이 영생을 주시는 그리스도, 즉 예수 그리스도 안에 있는 구원을 증언한다는 내용이다. 이 구절이 구속사적 설교의 성경적 근거로 제시되었으면 더 좋았을 것이다.

5) 도식적이지 않다. 즉 개혁교회 설교의 전형적인 표현인 여자의 후손과 뱀의 후손 간의 충돌이 되풀이되지 않았다. 이 부분은 당시 모범설교를 주장하는 자들의 지적이기도 하다. 그렇지만 그것이 구속사를 포기하도록 하는 이유가 되지는 않는다. 개혁교회 목사의 설교에서 단골 메뉴와 같이 나오는 것이 사탄과 여인의 후손 간에 있을 예언에서 새 예루살렘을 향하는 성도의 걸음이라는 도식이다. 이것은 스킬더가 특별히 강조한 것이다. 트림프 교수는 구속사적 설교를 작성할 때 이 도식화를 피하라고 경고했다.[46] 고 교수는 이 점을 크게 의식한 것 같다. 그는 설교에서 이 내용을 결코 반복하지 않았다. 즉 멀리 있는 문맥 때문에 본문에 가까운 문맥을 놓치지 않았던 것이다.

III. 나가면서

---

45 고재수, 『구속사적 설교의 실제』, 200.
46 트림프, 『설교학 강의』, 33.

고재수 교수는 한국에 개혁교회가 추구하는 구속사적 설교에 관한 소중한 유산을 남겼다. 그의 설교는 설교의 위치를 잘 지켰다. 그의 설교는 성경본문에 나타난 하나님이 어떤 분이며, 우리를 위해서 무엇을 하셨으며 그리고 그분이 우리에게 무엇을 요구하시는가에 초점을 두었다. 하나님의 약속과 계획 그리고 섭리와 사역을 드러내면서 적용도 하나님에게서 나왔다. 물론 그 중심에는 그리스도가 있다. 그는 그 설교방식으로 본문에서 엉뚱한 교훈을 도출하는 것을 막을 뿐만 아니라 그 방식에서도 문제가 될 수 있는 무리한 해석과 도식화를 잘 처리했다. 참 하나님과 그리스도를 아는 것이 영생이라는 것을 생각하면(요 17:3), 한국교회에 이런 설교가 얼마나 절실한가를 느끼게 된다. 그의 설교는 설교자의 임무에 대해 성찰하게 한다.

끝으로 구속사적 설교에 대한 고 교수의 바람이 담긴 개인적인 편지 일부를 소개함으로써 이글을 마무리하려 한다[47]. "어떤 사람은 Mr. 신의 설교방식에 동의하고 다른 여러 사람은 동의하지 못할 것입니다. Mr. 신의 방식은 어렵고, 많은 연구를 요구하는 것입니다. 바쁜 목사나 전도사는 할 일이 많아서 마음 깊이 그 어려운(??) 방법을 좋아하지 않을지도 모르겠습니다. 그래도 옳은 것은 옳은 것이기 때문에 그대로 가르치기 바랍니다"(1993. 2. 7).

---

47 이 내용은 필자가 네덜란드 깜뻔 신학교를 졸업할 때, 그가 사무엘하 6장에 관한 구속사적 주석을 한 나의 논문(drs.)을 반 정도 읽고 보낸 축하 편지의 일부이다.

구속사적 설교에 대한 신학적 회고와 전망

김재윤 교수(고려신학대학원, 교의학)

I. 들어가면서 : 설교, 그리스도 그리고 교회(건설)

그리스도께서는 이 보편적인 유형교회에 (복음 전파의) 직분, 계시의 말씀, 은혜의 방편(the ministry, oracles, and ordinances of God[1])을 주심으로 현세에서 세상 끝날까지 성도들을 모으고 보호하려 하셨고 또 자기 약속을 따라 자신의 임재와 성령으로 말미암아 직분, 계시의 말씀과 은혜의 방편을 그 목적을 이루도록 효력 있게 하신다(웨스트민스터 신앙고백서 25장 3).

---

[1] 대교리문답 154문답, 소교리문답 88문답에는 규례들이 그리스도께서 자신의 중보의 은덕을 우리에게 전달하는 외적 방편인 말씀, 성례, 기도라고 설명하고 있다.

설교는 성례, 기도와 함께 '그리스도'께서 자신의 중보의 은덕을 전달하시기 위해서 사용하시는 외적 방편이다. 설교는 인간 직분자의 언설임에도 인격이신 그리스도 그분 자신과 연관된다. 다른 한편 설교는 보편적 유형교회에 주어졌다. 그리스도께서 '교회'를 모으고 보호하시는 효력 있는 방편으로 사용된다. 설교는 삼위께서 교회를 부르시는 '공예배의 요소'로서 이를 통해서 교회를 세우신다. 그리스도는 교회 건설의 '약속'(마태복음 16장 16~18절, 마태복음 28장 19~20절)을 주시는데 설교 안에서 이 약속은 현실화되고 약속으로 소망의 제목이 된다.

설교는 누구보다도 종교개혁자들에 의해서 강조됐다. 교회론, 기독론, 공예배는 설교를 통해서 이해됐다. "말씀이 있는 바로 그곳에 교회가 있다"[2](설교와 교회). 루터의 이 명제는 종교개혁 전통이 취한 교회론을 가장 압축적으로 잘 표현하고 있다. 다른 한편 루터는 외적인 말씀(the word)과 그리스도(the Word)를 연결한다. 하나님은 자신의 심령 안에서 말씀하시는데, 루터에 의하면 이것이 사도 요한이 말한 로고스(the Word)이다. 로고스인 말씀은 하나님 밖으로 흘러넘칠 수 없는데다만 '보내심'에서 이 로고스는 육체 혹은 인간과 연합해서 보이는 로고스(the visible Word)가 되셨다. 루터는 성육신하신 로고스(Word)와 그 로고스가 설교에 의해서 뿌려지는 것이 말씀 속에 다 포함된다. 설교는 그리스도 자신이 비처럼 뿌려지는 것이다[3](설교와 그리스도). 이처럼

---

2 Martin Luther, *Martin Luthers Werke. Kritische Gesamtausgabe, Weimarer Ausgabe*, (이하 *WA*) vol. 50 (Weimar: Boehlaus Herrmann Nachfolge), 630.

3 Julius Köstlin, the *Theology of Luther: in Its historical Development and Inner*

때로 루터는 (복음) 설교와 말씀이신 그리스도를 직접적으로 일치시키기도 한다. 복음 설교는 단지 언어적 전달이 아니라 그리스도 자신, 그분의 인격의 현존이다. 복음 설교 자체가 십자가에 달리신 그리스도이기 때문에 바로 이 그리스도는 복음 설교를 듣고 믿음 안에 있는 성도들과 하나로 연합한다. 그리스도와 복음 설교는 믿음을 창출하기 때문에 말씀이 있는 곳에 그리스도가 계시고 말씀이 있는 곳에 교회가 있다.

그리스도와 설교의 이런 불가분적인 이해는 칼뱅에서도 나타난다. 칼뱅은 사도 요한이 하나님의 아들을 'sermo'라고 부른다고 설명한다.[4] 구약 성도들은 중보자이신 그리스도를 알고 있었고 그리스도를 통해서 하나님과 관계하며 하나님의 약속에 참여한다는 것을 믿었다. 그들이 먹은 신령한 식물과 음료는 그리스도이다.[5] 하나님의 자기 계시는 역사를 통해서 다양한 형태 속에서 전진한다.[6] 복음에서 그리스도는 완전히 계시된다. 우리가 믿는 그리스도는 자신의 복음으로 옷을 입으신 그리스도이시다(설교와 그리스도). 복음으로 옷 입은 그리스도를 믿음으로

Harmony vol.1 (Philadelphia: Lutheran Publication Society, 1897), 127.

4   라틴어 sermo를 칼뱅은 항상 그리스도로 보지 않는데 때로는 말씀(the Word), 때로는 설교, 그리고 때로는 신-인 언설이라고 본다. John Calvin, *Joannis Calvini opera quae supersunt omnia*, ed. Cunitz, Baum, Reuss.(이하 *CO*.) (Brunsvigae: C.A. Schwetschke, 1863), 47, 1 (John 1:1) 칼뱅이 sermo를 이런 다양한 용법으로 사용한 것은 그리스도와 설교 사이의 긴밀한 연관성을 잘 보여준다고 할 수 있다.

5   *CO*. II. 314. 물론 우리는 칼뱅이 신구약의 차별성에 대해서 언급했고, 복음에서 그리스도가 완전하게 계시되었음을 분명히 전제한다. *CO*. II. 401.

6   *CO*. II. 314. 이 진술은 구속사적 설교의 핵심과 일치한다.

받아들일 때 신자는 참으로 그리스도를 안다.[7] 다른 한편 교회는 말씀의 통치인 그리스도의 통치 아래 있다. 승천하신 그리스도는 말씀과 성령으로 교회를 다스리신다. 칼뱅은 성경과 설교를 완전히 동일한 것으로 보지 않지만 적어도 이 둘을 모두 하나님의 말씀(Verbum Dei)으로 정의한다.[8] 내적인 선생인 성령은 설교를 통해서 교회를 가르치시는데 성경적인 설교는 항상 살아있고 생명을 주는 말씀이다(설교와 교회).[9]

대교리문답은 말씀 봉사 직분의 일을 아주 구체적으로 가르친다. 이 일을 위해서 부름을 받은 이들은 하나님의 말씀을 설교할 때 무엇보다도 올바른 교리(건강한 가르침, 딤전 1: 10, 6:3, 딛 2:1, 8)를 설교해야 한다(대교리문답 159문답). 이때 건강한 가르침은 우리 주 예수 그리스도의 말씀[10]이며 이는 경건에 따르는 가르침과 병행한다. 다른 한편 대교리문답은 설교를 듣는 이들에 대해서도 말하고 있다. 설교를 듣는 이들은 삶의 총체로서의 경건, 곧 설교 말씀을 묵상하고 숙고하며 마음속에

---

7   CO. II. 401.

8   W. H. Neuser, "Calvin's Verständnis der Heiligen Schrift," in: *Calvinus sacrae Scripturae Professor*, ed. W. H. Neuser (Grand Rapids: Eerdamans, 1994), 54.

9   CO. II. 426.

10   우리 주 예수 그리스도의 말씀은 1) 예수 그리스도에 관한 말씀, 혹은 2) 예수 그리스도가 하신 말씀으로 해석될 수 있다. 1)은 일반적인 의미로서 예수 그리스도를 증거하는 가르침으로 볼 수 있다. 2)는 구체적인 예수님의 가르침들을 말하고 좀 더 세부적으로는 경건을 이익의 방도로 생각하는 일(디모데전서 6장 5절)과 연관된 예수님의 직접적인 가르침들을 말한다. 가령 누가복음 12장 13절에서 21절은 좋은 예가 될 수 있다. 바울은 건강한 가르침은 단지 예수님의 가르침에만 있지 않고 그것을 경건에 대한 가르침과 병행한다고 여긴다. 따라서 현상적으로 건강한 가르침인 예수 그리스도의 가르침을 따르지 않는 것과 경건에 관한 가르침들을 따르지 않아서 병든 상태에 빠지는 것은 서로 병행하고 있다. 경건 자체를 최상의 유익으로 생각하지 않고 경건을 수단으로 (금전적) 유익을 구하는 일은 건강한 가르침인 예수님의 가르침과 경건에 따른 가르침을 따르지 않는 것이다.

간직하여 그 말씀의 열매가 삶 가운데 맺히도록 해야 한다(대교리문답 160문답). 설교는 기독론과 교회론, 그리고 공예배와 경건과 같은 실재적인 것들과의 연관성 속에서 입체적으로 이해되어야 한다. 성경 본문의 언어, 역사, 의도를 객관적으로 정확하게 얻기 위한 노력과 더불어 설교에 대한 포괄적인 통찰력이 요청되는 이유이다. 설교는 성경 주해에 그리스도께서(신학적) 교회(건설)를 위해(교회적) 성도들의 삶의 총체인 경건(실천적)을 아우르는 사건이다. 우리가 관심을 가지는 구속사적 설교는 이런 신학적, 교회적, 실천적인 측면에서 역동적으로 설교 본연의 자리를 되찾고자 하는 개혁교회의 역사적인 유산이다. 설교가 삼위의 말씀이자 그리스도께서 자신의 교회와 성도를 위해 주시는 방편이 되어 교회를 세우는 삶의 실재가 되도록 말씀의 봉사가 교회 안에서 이루어져야 한다(디아코니아, 행 6:4).

II. 성경 신학 vs. 계시 역사

1787년 독일 알트도르프 대학 교수 가블러(J. P. Gabler)는 그의 취임 연설에서 '성경신학'과 '교의(신)학'을 처음으로 구분했다. 그의 이런 구분은 부정적인 의미에서 역사적 사건인데 왜냐하면 이것이 '역사적-비평적' 방법론의 서막을 알리는 것이었기 때문이다. 그가 의도한 성경신학은 순전히 계시의 기록에 관한 과목으로, 성경저자들이 실제로 무엇을 생각하고 가르쳤는지에 관심을 가지는 것이었다.[11] 이런 배경으로 인해 원래 개혁신학은 '성경신학'(theologia biblica)이라는 용어 자체에 부정적이었다. 아브라함 카이퍼는 제도적 교회의 삶에서 나온 산물인 교의(Dogma)가 있어야 비로소 신학을 말할 수 있다고 보았고 따라서 성경 자체에는 신학이 없다고 결론짓는다.[12] 대신에 그는 '계시역사'(Historia revelationis)를 더 선호한다. 카이퍼는 '성경신학'이라는 용어를 거부하지만, 계시의 역사적-유기체적 성격(het historisch-organisch karakter)은 긍정했다.[13]

헤르만 바빙크도 '성경신학'이라는 용어를 전적으로 거부하면서도 성경계시가 구속사적이라는 사실이 성경 계시에서 기본적이고 중요한 성격이라고 생각했다. 바빙크는 카이퍼에 동의하면서 이를 좀 더 구체화했다. 바빙크에 따르면 특별계시의 특성은 다음 세 가지이다. 첫째, 특별계시는 역사적-점진적이다. 바빙크는 창조에서는 이미 자신을 인간과 같이 만들었고, 재창조에서는 하나님이 인간이 되어서 우리의 본성과 형편에 완전히 들어오셨다. 하나님은 점차 더 가까이 인류에게 다가오고 더 분명하게 자신을 알렸지만 이런 특별계시는 그리스도의 인격 가운데 그 절정과 마침이 된다. 둘째, 말씀과 가르침만이 아니라 행위들도 특별

---

11   Otto Merk, *Biblische Theologie de Neuen Testaments in ihrer Anfangszeit* (Marburg: N. G. Elwert, 1972), 173-284.

12   Abraham Kuyper, *Encyclopedie der Heilige Godgeleerdheid III* (Kampen: kok, 1909). 166-180.

13   아브라함 카이퍼의 신학과 계시역사에 대한 이해는 다음을 참조하시오. 김재윤, "아브라함 카이퍼를 통해서 본 신학의 학문성과 실천성,"「개혁논총」 43권 (2017년): 61-95.

계시에 포함된다. 성경에는 진리와 생명, 말씀과 사실이 가장 긴밀하게 연관되어 있다. 셋째, 특별계시는 구원론적 성격을 가지는 구원계시(heilsopenbarung)이다.[14]

구속사적 설교는 성경비평을 반대하면서 네덜란드 개혁신학에서 차용한 '계시역사'의 문제의식과 내용을 계승, 발전시켰다. 신학의 차원만이 아니라 좀 더 철저히 주해와 설교(학)에까지 적용하고자 한 시도이다. 구속사적 설교에서 말하는 구속사가 이런 네덜란드 개혁신학에 뿌리를 두고 있다는 점을 분명히 해 두는 것은 의미가 있다. 왜냐하면 구속사(heilsgeschiedenis)라는 용어는 다른 신학적 흐름에서도 다양하게 사용되기 때문이다. 예를 들어, 낭만주의적 유기체 개념을 선호하는 신학에서도 구속역사라는 개념을 사용하거나 중심에 둘 수 있다. 변증법적 방법을 사용하는 신학이나 심지어 해방신학에서도 동일한 개념을 다른 의미로 사용한다.[15] 구속사적 설교의 주창자들이 말하는 구속사는 이런 신학적인 흐름들과는 전혀 다른 것으로서 구별되어야 하며 카이퍼와

---

14 Herman Bavinck, *Gereformeerde Dogmatiek I* (Kampen, kok, 1998), 315-318.

15 "역사는 잘 짜여진 유기체 전체로서 목적을 향해 조금씩 상향하면서 이동한다. 다만 이런 역사관을 성경의 하나님의 역사에 적용하면 결국 성경과 낯선 것이 된다. 그 이유는 유기체적 역사관에서는 어떤 역사의 높고 낮음이나 깊고 옅음을 허락하지 않기 때문이다. 변증법적 사고를 차용한 신학에서도 역시 역사를 강조할 수 있다. 예를 들어 존재론적 삼위일체론보다 경륜적 삼위일체를 강조하면서 결국 하나님의 구원역사는 인간 역사의 원동력으로 흡수되고 만다. 삼위일체는 결국 십자가에서 구성되고 우리는 십자가에 달리신 그분 안에서만 하나님의 본질을 만나게 된다. 여기서도 구원역사라는 개념이 등장하지만 구속사적 설교에서의 구속사와는 구별될 수밖에 없다. 심지어 해방신학에서도 '구속역사'는 선호될 수 있으나 이들이 말하는 구속역사는 인간의 해방 경험 특히 노예나 흑인들의 해방 경험에서 예수의 해방시키는 실천을 모든 해방의 역사를 구속역사로 볼 수 있다는 점에서 그러하다." C. Trimp, *Heilsgeschiedenis en prediking* (Kampen: van de Berg, 1988), 41-46.

바빙크가 말한 계시역사에 뿌리를 두고 있다는 점을 전제한다.

III. 구속사적 설교가 제기된 신학적 배경

구속사적 설교를 둘러싼 신학적 측면들을 고려하기 위해서 우리는 왜 구속사적 설교가 특정한 시기에 집중적으로 제기되었는지를 살펴보아야 한다. 1차 세계대전 종결 이후 1920년대 후반부터 네덜란드 개혁교회 안에는 소위 '젊은이들의 움직임'(de beweging der jongeren)이라는 교회 쇄신 운동이 일어났다. 이 운동은 특정한 그룹에 의해서 주도되거나 일정한 방향성이 있었다기보다는 기존 개혁교회 내의 모든 기초와 틀에 대한 포괄적인 재검토를 요구했다. 그러면서 세상 문화에 대해서 더 개방적이고 현대사회의 요청에 더 깊이 관여해야 한다는 막연한 공통점을 형성했다. 구속사적 설교의 선도자들은 어떤 면에서는 이 새로운 정신(nieuwe geest)에 속해 있었다. 새로운 정신에 속한 자유대학의 도예베르트(Dooyeweerd)와 폴렌호펀(Vollenhoven)에 의해서 설립된 '법이념의 철학'(Wijsbegeerte der Wetsidee)은 대표적인 그룹이었는데 여기에는 공교롭게도 구속사적 설교의 대표자들이 모두 관여됐다.[16] '법이념의 철학'의 설립자 중 하나인 폴렌호펀은 우리의 삶에서 첫째가 되는 것은 철학이 아니라 하나님의 말씀에 대한 애착이며 마음

---

16   D. Deddens, *Vijmaking-Wederkeer* (Barneveld, de Vuurbaak, 1994), 12.

의 문제인 종교가 우리 전 존재의 중심[17]이라고 밝다. 구속사적 설교의 중심인물들이 새로운 정신의 한 축이 되었던 칼빈주의 철학협회에 가입한 것은 하나님 말씀을 매개로 한 이 두 그룹의 연결성을 짐작하게 해 준다.[18] 따라서 구속사적 설교는 기존에 존재하는 전통적인 것들을 모두 고수하려는 보수주의에 대한 비판의 맥락 속에 있었다. 이런 측면이 구속사적 설교를 형성하는 중요한 한 축이 됐다.

소위 '새로운 정신'은 기존 개혁교회를 그대로 고수하려는 보수주의를 반대하고 현대사회에 대한 개방성을 추구하기도 했지만 네덜란드 신학에서 면면히 흘러나오는 경건주의로 회귀하려는 경향을 보이기도 했다. 이에 따라 심리적, 내면적, 도덕적 주관주의에 열광하는 흐름도 이 운동 속에서 나타났다. 구속사적 설교는 성경을 교리 설명의 근거 구절로 보는 이성적 객관주의는 취하지 않았지만 구속역사라는 객관적 역사성에 기초한 사실주의, 객관주의 입장을 취했다고 볼 수 있다. 이런 점에서 구속사적 설교의 또 다른 신학적 기둥은 주관주의에 대한 반대이다. 마지막으로 직접적으로 구속사적 설교 논쟁에 관여되지 않았지만 구속사적 설교의 주창자들은 바르트신학에 비판적 입장을 견지한다.

1. 보수적 전통주의에 대한 비판

---

17 Sidney Greidanus, *Sola Scripura: Problems and Principles in Preaching Historical Texts* (Wedge Pub Foundation, 1970), 23.

18 스킬더는 칼빈주의 철학협회에 대해서 비판적인 입장을 견지한다. 예를 들어, 그는 믿음이 신자와 불신자 구분 없이 모든 사람 안에서 긍정적으로나 부정적으로 활동하는 기능이라는 법이념의 철학의 견해는 지속적으로 비판하였다. Sidney Greidanus, *Sola Scripura*, 24.

1차 대전 후 네덜란드 개혁교회 안에서 일어난 새로운 정신은 때로 상당히 위험한 방향으로 전개되기도 했다. 이런 우려가 표면화된 것이 바로 1926년의 앗쎈(Assen)총회에서 다루어진 암스텔담 목사 헤일께르끈(Geelkerken) 건이다. 그는 이미 1920년부터 1) 전통적인 신앙고백을 성경을 통해서 새롭게 점검해야 한다는 것, 2) 하나님 나라는 개혁교회보다 더 크다고 주장했다. 그는 3) 주해의 자유, 과학적이고 학문적인 방법론의 도입 등도 주장했다. 이런 주장은 창세기 3장에 기록된 타락을 문자 그대로의 역사적 사건으로 설명하기 어렵다는 그의 설교로 구체화 됐다. 선악을 알게 하는 나무, 말하는 뱀의 존재, 생명나무를 역사적 사실로 보기 어렵기 때문에 이에 대한 논리적 귀결로 타락도 역사적 사실로 확정하기에 난점이 있다는 것이다. 이에 대항하여 스킬더는 앗쎈 총회를 경과하면서 성경의 역사성을 더욱 확고하게 붙잡았고 이것이 구속사적 설교의 중요한 기둥이 된다.

그러나 이런 새로운 정신의 신학적 일탈은 당시의 보수주의 혹은 전통주의에 대한 반발에서 나온 것이었다. 당시 보수주의자들은 카이퍼와 바빙크가 만든 신학적, 교리적, 세계관적 틀을 하나도 변경시키지 않고 고수하려는 입장을 취했다. 예를 들어 아브라함 카이퍼는 하이델베르크 요리문답에 나오는 세례를 설명하면서 말씀이라는 은혜의 방편이 없이 (출생 전에) 택자의 심령 안에서 이미 중생이 이루어졌다고 보았다. 세례는 출생 전 성령에 의해서 주어진 생명의 씨를 확정하는 것일 뿐이다.[19]

---

19 Abraham Kuyper, *E Voto Dordraceno III*. (Kampen: kok, 1892),44

이런 의미로 중생한 사람은 이미 영원한 관념이라는 참된 것들을 관조했다. 이런 영원한 관념의 중요성이 강조되면서 역사적, 구체적 실체로 존재하는 언약이 아니라 영원 가운데 있는 언약의 관념이 더 강조됐다.[20] 이런 카이퍼의 교리적 입장은 당시의 설교에도 영향을 미쳤다. 영원과 영원의 이념으로부터 모든 실체들, 역사들이 규정됐다. 구체적인 역사보다는 영원에 대한 가르침과 설교가 강조되고 반복됐다. 이외에도 보수주의는 카이퍼의 유산인 일반은총론을 고수하였는데 그리스도의 속죄의 죽음이나 복음 설교가 아닌 일반은총을 통해서 주어지는 개인들의 일반적인 축복이 주로 설교되는 결과를 빚었다. 그러면서 세속화가 촉진되고 세상과 교회의 경계나 믿음과 순종이 가지는 뚜렷한 구별성이 약화됐다.[21] 앞서 언급된 '법이념의 철학'의 참여자들도 이런 보수주의에 대해서는 매우 비판적이었다.

그레이다너스는 이를 객관주의에 대한 구속사적 설교의 반발이라고 분석한다. 당시의 보수적 전통주의자들이 카이퍼의 특정한 교리를 고수할 때 그들의 설교에서 더욱더 뚜렷하게 나타났다. 구속사적 설교는 이런 보수주의, 객관주의를 극복하는 하나의 길이었다. 객관주의에는 이성이 신학체계를 발견할 수 있고 성경으로부터 교리들을 추출해내며 조직적인 전체로 끼워 맞출 수 있다는 믿음이 깔려 있다. 결과적으로 설교는 교의학적 내용에 관한 강의가 됐다.[22] 구속사적 설교는 당시 성경과

---

20   J. Kamphuis, *Een eeuwig Verbond* (Haarlem: Viilbrief, 1984) 28.
21   D. Deddens, *Vijmaking-Wederkeer*, 29.
22   Sidney Greidanus, *Sola Scriptura*, 33.

교리이해에서 나타나는 이런 합리주의적 객관주의, 전통주의에 대한 응답이었다.

2. 주관주의에 대한 비판

새로운 정신의 경향 중 하나는 인간의 내면, 경험, 감정, 심리에서 기독교의 본질을 찾는 일종의 주관주의였다. 이런 흐름은 어떤 면에서는 매우 전통적이고 다른 면에서는 당대의 현대적 신학사조를 반영한 것이었다. 네덜란드 개혁교회 안에는 경건주의 색채가 강한 '계속된 개혁'(Nadere Reformatie)의 전통과 그 그림자가 짙게 드리워져 있었다. 경건주의에 대한 씨름은 누구보다도 헤르만 바빙크의 신학에 많은 영향을 미쳤다. 바빙크는 자신이 속했던 '분리'측을 한편으로는 신앙고백의 유산을 간직하기 위한 고백적 교회의 분투로 높게 평가한다. 다른 한편으로 바빙크는 이들이 경건주의적 내면성을 추구하는 것에 몰두하면서 스스로를 고립시키는 분파주의가 되는 것을 경고했다.[23] '새로운 정신'은 심지어 그들이 분리해 나온 이전의 국가개혁교회 안에 온존하고 있었던 경건주의적 신앙으로 다시 몰두하는 경향을 띠기도 한다.

다른 한편 새로운 정신은 문학이나 예술 등에 심취하는 미학적 색채를 띠기도 했다. 낭만주의 사상에 영향을 받은 이들은 미학적 감성과 미학적 그리스도관을 강조했다. 그들은 그리스도가 주는 사랑(Eros)만으

---

23 Herman Bavink, *De Katholiciteit van Christendom en Kerk* (Kampen: Kok, 1968), 20-21.

로 충분하다고 주장하며, 죄 값을 지불하시고 속상의 은혜를 주신 실제 역사 속의 그리스도를 감정적 에로스로 대체시켰다.[24] 다른 곳에서 스킬더는 미학적, 종교적 감성의 순간이 계시와 구속사의 자리를 대신했다고 보았다. 결과적으로 이런 미학적 인간은 객관적 역사적 계시에 아무 권위를 주지 않고 다만 그리스도 관념(Christusidee)만 간직하게 된다. 여기서 그리스도는 단지 상징이 되거나 의지를 부인하는 추상적인 인격일 뿐이다.[25] 이런 심미적 주관주의는 성경 본문으로부터 그리스도의 순수, 사랑 등만을 찾기 때문에 죄와 십자가의 구원에 대해서 회피하거나 인간적, 주관적, 심리적 성경해석으로 변질된다. 심미적-낭만적 주관주의는 쉴라이어마허 신학의 영향으로 서로 상승효과를 일으키면서 종교적, 내면적, 심미적 감성, 경험, 심리 등을 다루는 것으로 설교를 전락시켰다. 이런 설교의 경향성은 성도들을 주관성에 매몰되게 만들어서 역설적으로 불안과 불확실성으로 내몰았다. 그리고 그리스도의 역사의 실재로부터 멀어졌기 때문에 그들의 삶 또한 구체적인 역사를 회피하는 수동성을 띠게 된다. 구속사적 설교는 다양하게 나타난 당대의 주관주의적 설교를 비판하면서 설교에서 객관성과 역사적 실재성을 확보하기 위한 노력으로 이어졌다.

 주관주의적 설교와는 약간의 다른 방향성을 취하지만 또 다른 인간 중심의 설교로 나타난 것이 소위 윤리적 설교이다. 바빙크는 위그노의

---

24 K. Schilder, *Om Woord en Kerk*, IV (Kampen: kok, 1924), 110-149

25 K. Schilder, *bij Dichters en Schriftgeleerden*, 17-64.

후예이며 레이던의 교수였던 드 라 소세(Chantepie de la Saussaye)를 비판하면서 당대의 윤리학파와 논쟁했다. 바빙크는 윤리학파의 영향으로 성경과 신앙고백의 권위 위에 교회의 통치가 서 있는 것이 아니라 오직 윤리적인 행위들과 영향들이 교회를 지배하게 되었다고 본다. 결국 기독교는 윤리로 이전되어 버렸다.[26] 이런 윤리학파의 입장은 성경 비평학이 발전하면서 소위 성경 이야기의 역사적 측면을 강조하는 데서 비롯됐다. 이들이 추구한 역사는 구속사적 설교가 말하는 역사와는 대비된다. 성경 전체가 아니라 성경에서 특정한 이야기 속에 드러난 종교적, 윤리적 진리, 모범, 혹은 그를 통한 심리적 효과들을 얻는 것에 설교의 목적을 두게 됐다.[27] 구속사적 설교는 이런 윤리학파가 설교에 미친 영향력을 주목했다. 무엇보다도 윤리학파는 성경의 역사성을 강조하면서도 역설적으로 성경 전체가 하나의 일치된 계시로 받아들이는 데 실패했다. 그들은 성경을 하나님의 위대한 구원의 일을 하나로 보지 않았고 또한 구속사와 역사를 분리했다. 성경의 각 역사적 부분을 낱개의 이야기들로 파편화했다. 이들에게 성경은 인간적인 윤리적 경험들로 가득 찬 몇몇의 분리된 조각들의 조합이 됐다.

3. 칼 바르트 신학에 대한 간접적 비판

---

26 R. H. Bremmer, *Bavink als Dogmaticus* (Kampen: kok, 1961), 70.
27 C. Trimp, *Heilsgeschiedenis en prediking*, 59.

초기의 바르트는 구속사 혹은 계시역사라는 개념을 접하지 못했던 것으로 보인다. 바르트에게 계시는 역사의 종결 혹은 비역사를 의미했기 때문이다. 후에 바르트는 이 개념을 차용했는데 그 의미는 "구원이 거듭 새롭게 발생한다"였다. 구속역사는 연속성을 가지지 않기 때문에 바르트는 구속사를 말하면서도 그 실재성만을 말했다.

그레이다너스의 언급처럼 바르트 혹은 바르트 신학이 직접적으로 네덜란드 개혁교회의 설교에 어떤 영향을 미쳤는지는 확인하기 어렵다.[28] 그러나 구속사적 설교의 중심인물, 특히 스킬더는 바르트의 변증법적 신학이 가지는 다양한 위험성에 비판적이었다. 스킬더가 바르트 신학에 대해 비판적이었던 이유는 바르트의 변증법적인 방법론이 하나님의 초월과 내재의 문제를 정당하게 다루지 못하고 있다고 판단했기 때문이다. 바르트는 '주관'의 가능성을 부인하면서 하나님과 사람 사이에는 어떤 연속성도 존재하지 않는다고 주장했다. 문제는 그에게서는 계시와 역사가 충돌한다는 점이다. 스킬더는 바르트가 가진 변증법적 신학의 무역사성을 포기할 때만이 성경계시의 역사성과 점진성을 확보할 수 있다고 믿었다. 바르트신학이 계시역사에 자리를 제공해 주지 않는 한에는 결코 건전한 주해에 이르지 못하며 건강한 해석학의 ABC도 배우지 못할 것이라고 스킬더는 경고했다.

하나님은 두 개의 세계를 창조하시지 않으셨다. 모든 세계를

---

28   Sidney Greidanus, *Sola Scriptura*, 31.

하나님 자신의 언약 아래에 두신다. (중략) 두 개의 분리된 세계, 곧 실재적인 위의 세계(bovenwereld)와 모든 것이 단지 부차적으로 반영될 뿐인 아래의 세계(benedenwereld)가 있지 않다. 하나님이 만약 아래(beneden)에 거하시고 위로부터 오신다고 한다면, 그리고 아래에서 나와 함께 동행하신다고 한다면, 하나님에 대해서 말하는 바로 그 말씀 안에서만 나의 모든 힘을 집중할 것이다. 그리고 그의 말씀은 나를 통과해서 지나가는 천둥이 아니라 나의 인간적인 존재 그 자체에 뿌려지는 씨앗이다. 말씀은 열매를 맺는 토양이며 열린 길이다.[29]

구속사적 설교의 옹호자인 판 뜨 피어는 바르트주의자들의 책이나 설교는 어디서든지 성육신하신 말씀의 '증언'을 보기 원하기 때문에 결국 모든 성경은 동어반복이 된다고 본다. 겉으로 드러나는 표지들은 구별될 수 있지만 의미하는 바는 결국 어디서나 동일하기 때문에 거기에는 계시역사와 계시역사의 점진성은 경시될 수밖에 없다.[30]

VI. 구속사적 설교(heilsgeschiedenis)

---

29 G. Harinck, *K. Schilder (1890-1952)* (Kampen: kok, 1989), 13.에서 재인용.

30 *Greidanus, Sola Scripura*, 32. 홀베르다는 칼 바르트의 교의학적 입장을 받아들인 주해방법론이 다양한 경로로 보급된 것이 구속사적 설교를 강화하게 된 중요한 계기임을 직접적으로 밝힌다. B. Holwerda, *Begonne Hebbende van Mozes* (Kampen: van den Berg, 1974), 99.

구속사적 설교는 어떤 특정한 설교 방법론에 관한 것이 아니라 당시 개혁교회 안에 영향을 미쳤던 다양한 신학적 흐름들의 차이를 반영하고 있다는 점을 고찰해 보았다. 이런 신학적 측면은 구속사적 설교가 주해와 설교학으로 가는 출입문을 여는 역할을 했다. 구속사적 설교의 신학적, 교의학적 토대는 스킬더라는 신학자의 작업에 많은 부분을 의존한다. 반면에 이를 주해와 설교학의 문제로 전환시킨 것은 그의 영향을 받은 신학자들과 목회자들이었다. 특히 목사였던 스피어(H. J. Spier), 판 엇 피어(M. B. van't Veer) 등과 함께 구약신학자였던 홀베르다(Benne Holwerda)는 구속사적 설교를 발전시키고 옹호한 대표적인 인물이다. 스킬더가 주로 폭넓은 신학적 범위에서 구속사적 동기와 관련된다면 홀베르다는 해석학적 측면과 주로 관련됐다. 스킬더는 주로 성경에 나오는 그리스도의 설교로부터 자신의 통찰력을 전달했다면 홀베르다는 구약과 신약의 연결성 속에서 특히 구약의 역사적 본문에 더 관심을 가졌다.[31]

1. 시작 : 스킬더(Klaas Schilder)

성경을 '계시역사'로 보려는 네덜란드 개혁교회의 신학자들은 무엇보다도 성경의 역사성을 부인하는 성경고등비평을 거절하는 노력에서 비롯되었고 카이퍼와 바빙크를 계승하는 이후의 신학자들도 이런 입장을

---

31 Trimp, *Heilsgeschiedenis en prediking*, 67.

고수했다. 자유대학의 신학학자인 흐로쉐이더(F. W. Grosheide)는 시껄(J. C. Sikkel)을 높이 평가하는데 시껄은 1899년부터 자유대학에서 가르치면서 교의학적이고 도덕적인 설교들에 대한 대안을 제시했기 때문이다. 이외에도 스킬더(Klaas Schilder)의 깜뻔신학교 스승이었던 훅스트라(T. Hoekstra) 역시 카이퍼의 '계시역사'의 전통을 계승했던 대표자였다.

스킬더는 자신의 성경해설이 이런 네덜란드 신학의 전통으로부터 나왔음을 스스로 밝히고 있다. 카이퍼가 성경을 '계시역사'로 규정한 것은 성경학에 한정됐다. 그러나 네덜란드 개혁교회에서 행해진 설교의 내용과 방식에서는 여전히 다양한 방식들 곧, 성경을 단순히 교의의 내용을 설명하기 위한 근거 구절로 사용하는 이성적, 교의적 설교나 경건주의적 주관성에 주목하는 설교 등이 주류를 이루었다. 따라서 스킬더에게 주어진 과제는 계시역사 혹은 구속사를 단지 성경학을 규정하는 용어에만 한정하는 것이 아니라 주해와 설교에도 좀 더 일관되고 철저하게 적용하는 것이었다. 이런 면에서 스킬더는 당시에 주해와 설교에서 구속사적 관점을 좀 더 철저하고 일관되게 적용되도록 하는 새로운 시도를 주도한 인물이었다.

1930년부터 스킬더는 이런 일련의 주장을 펼치기 시작했다. 이를 통해서 그는 카이퍼가 말한 계시역사를 좀 더 구체화시켰다. 구속사적 설교에 대한 스킬더의 출발점은 성경이 하나 됨을 형성하고 있다는 것이다. 성경은 그리스도 안에서 나타난 하나님의 자기 계시를 담은 한 권의 책이다. 성경의 하나 됨과 계시역사의 하나 됨은 서로가 분리될 수 없도록 묶여 있다. 왜냐하면 하나님의 구원사역도 하나이기 때문이다. 그는 성경이 성경 역사의 개별적인 이야기들, 각각 분리된 조각들과 책들을 모아놓았다고 보지 않았다. 선 안의 각각의 점들은 다른 점들과 직접 연결되어 하나의 선을 이루게 된다. 이와 같은 방식으로 "성경의 각각의 지점들은 길 위에서 보아야 하고 길과 하나를 이루어 이 길의 다른 점들, 순간들, 자리들과 실재적인 연결, 본질적인 하나 됨을 이루는 것으로 보아야 한다."[32] 성경에서는 구약 계시에서 신약 계시로, 그림자에서 실재로, 그리고 불분명한 것에서 더 분명한 빛으로, 예언에서 실현으로, 현재 세상에서 도래할 세상으로, 문자에서 성령과 진리 안에서의 계시로, 성전을 이루는 돌들에서 영적인 전으로, 초림에서 재림으로 육에서 영으로의 전진이 들어 있다. 하나님의 계시는 계시의 역사, 진전 그리고 목적론적 지향을 가진다.

각각의 점이 하나의 길, 하나의 선을 이루는 이런 구속사의 단 하나의 중심점은 그리스도이다. 구속역사는 직접적으로 그리스도 중심적이다. 그리스도는 구약에서 그리고 구원역사의 전진에서 자신을 계시하신다. 영원한 로고스가 성육신하셔서 십자가, 부활, 승천, 오순절 성령 강림, 재림으로 전진하신다. 그리스도는 항상 이 선위에 서 계시기 때문에 스킬더는 그리스도가 어디까지 와 계신가 하는 지점을 찾고자 했다.[33] 하나의 구속역사로서 성경을 설명하고자 하는 그의 노력은 당시의 신학과

32　Klaas Schilder, *Bij Dichters en Schriftgeleerden* (Amsterdam: Uitgeverij Holland, 1927), 401.

33　Klaas Schilder, *Christus in Zijn Lijden I* (Kampen: kok, 1930), 157.

설교에 대한 비판과 극복의 과정 속에서 제시되었다.

2. 논쟁 : 홀베르다(Holwerda)

홀베르다는 구속사적 설교를 두고 일어난 논쟁이 자신이 사용한 그리스도 중심적-모범적 설교의 구분에서 시작되었다고 진술한다. 그는 모범적 설교를 성경의 역사를 각각의 독립적인 역사들로 보는 입장으로 그리고 그 역사가 현재 우리에게 '모범'을 제공하는 것으로 정의한다. 반면에 그리스도 중심적 혹은 구속사적 설교는 성경 역사를 하나의 내적인 일치 속에서 보고 있다.[34]

홀베르다는 구속사적 설교에 대한 반론들을 크게 네 부분에서 방어한다. 구속사적 설교를 반대한 다우마(J. Douma)는 구속사적 설교가 새로운 형태의 지성주의라고 비판한다. 구속사적 설교는 본문의 해석을 위해서 본문이 말하는 것보다는 오히려 과학적 원리인 구속사 혹은 계시 역사를 본문에 적용하여 본문의 의미를 도출하려는 시도라고 본다. 결과적으로 구속사적 설교는 성경을 신학자만이 전유할 수 있는 것으로 보기 때문에 이는 새로운 형태의 사제주의를 조장한다고 보았다.[35] 여기에 대해서 홀베르다는 F. W. 흐로쉐이드(Grosheide)의 다음 말을 내세운다. "계시 역사를 먼저 출발점으로 취하고 그 기초에 따라서 성경의

---

34 Holwerda, *Begonne Hebbende van Mozes*, 82.

35 Holwerda, *Begonne Hebbende van Mozes*, 83.

일부를 해석할 수 없다. 그것은 최고 형태의 순환논리가 될 것이다." 홀베르다는 구속사적 설교가 취한 원리는 과학적 서술이 아니라 우리에게 계시된 구원역사가 일치된 하나라는 확신에서 왔다고 본다. 곧, 과학보다는 믿음에서 온 주해를 시도하는 것이다. 흐로쉐이드 역시도 거룩한 역사에 닥친 가장 큰 위험을 성경 역사를 원자화된 파편으로 나누는 것과 그리스도의 사역에 대한 의미를 간과하는데 있다고 지적했다. 따라서 구속사적 설교는 이런 위험을 피하려는 믿음의 주해를 위한 것이지, 어떤 과학적 방법론을 본문에 덧씌워서 주해 결과를 얻으려는 것은 아니다. 교리 설교가 교의학을 강단에서 강의하는 것이 아닌 것처럼 구속사적 설교는 계시역사(historia revelationis)에 관한 학문적 강의는 아니다.[36]

다음으로는 '그리스도 중심적'이라는 용어에 대한 비판에 그는 응답한다. 반대자 다우마는 "그리스도가 계시의 알맹이고 집중"이라는 것에 동의한다. 하지만 하나님은 이 알맹이 주변으로도 많은 것을 주셨다. 다우마는 성경의 풍성한 내용이 지나치게 협소화되고 십자가, 구원만으로 모든 본문이 귀결되는 것이 아닌가 하는 의문을 표한다. 구속사적 설교가 마치 구약의 모든 본문에서 성탄절의 사실을 향해서만 집중하는 것으로 간주하고 있다. 홀베르다는 예수 중심은 곧, 구원 중심적이며 여기에는 그리스도의 인격, 그분의 구원 사역, 직분자로서의 사역과 이름을 모두 포괄한다고 답변한다. 하나님께서 그리스도라는 알맹이를 중심으

---

36 Holwerda, *Begonne Hebbende van Mozes*, 82-83.

로 주시려고 했던 관련된 모든 내용을 사실상 포함하여 자신들은 구속사적 이라고 말한다는 것이다. 반면에 구속사적 설교가 우려하는 것은 알맹이를 고립시키는 것이다. 그는 여기서 구약학자 얀 리델보스(Jan Ridderbos)를 인용하면서 그가 말하는 하나님-그리스도 중심적, 삼위일체적, 그리스도 중심적인 것은 사실상 동의어이며 이는 곧 하나님 중심을 의미한다. 이는 구속사역에서는 구원론적, 삼위 전체를 포괄하는 점에서 신학적이다. 그리고 전체 하나님의 구원의 일, 구원과 심판, 율법을 주시고 권징하시는 일을 포괄하고 있으며 구원 언약의 양 당사자들을 정당하게 다루는 것을 의미한다고 보았다.[37]

다른 한편, 모범적 설교를 주장하는 입장은 구속사적 설교가 지나친 배타주의라고 비판한다. 모범적 설교의 입장도 성경의 역사적 본문들이 구속사적, 그리스도 중심적이라는 사실과 구속사적 방법 자체를 부인하지 않는다. 다만 설명-적용 구조를 취하면서 역사적 방법은 본문을 설명하는데, 모범적 방법은 적용에 이용한다고 역설했다. 이는 일종의 종합 방식이다. 홀베르다는 모범적 설교가 취하는 이런 종합이 결과적으로 적용에서 역사적인 요소를 무시하게 된다고 본다. 설명된 역사적인 요소는 사실상 의미가 사라져 버린다. 그리고 모범적 설교는 여기서 성경역사에 대한 다른 관점을 가지게 된다. 종합의 방법을 취할 때 특정역사를 전체 구속역사에서 떼어내고 떼어낸 상황과 우리의 유사한 상황을 비교함으로써 어떤 교훈을 얻고자 한다. 결국 구속사는 그 자체의 자리

---

37   Holwerda, *Begonne Hebbende van Mozes*, 84-85.

와 의미를 상실하고 교의와 윤리의 기초가 될 수밖에 없다고 지적한다.

마지막으로 홀베르다는 고린도전서 10장과 히브리서 11장이 어떤 의미에서 '모범들'이 될 수 있는지를 다룬다. 홀베르다는 고린도전서 10장 6절의 모형(tupos)은 일반적인 의미에서 모범적(exemplisch)이지 않고 구속사적이라고 본다. 홀베르다에 의하면 이 본문에서 바울은 원자적인 해석이 아니라 종합적인 해석을 하는데 여기서 초점은 단지 일반적인 의미에서 불평의 잘못을 도덕적으로 다루는 것이 아니다. 먼저 여기서의 불평은 도덕적으로 비난받을 행동이 아니라 하나님의 구원 사역 안에 있고 하나님의 구속에 대한 불평이다(8-10절). 반석은 그리스도이다. 모세에게 속한 구속사적 입체성은 거기서 전진하여 그리스도 안에서 실현된 구속역사와 하나의 실체를 이룬다. 그래서 단지 도덕적으로 불평을 멈추는 것이 아니라 우리가 '그리스도'를 시험하지 말자는 것이 적용이 된다. 홀베르다는 여기서 바울이 의도한 모형은 역사적 사실이자 동시에 메시아 시대의 사건들에 대한 예시로 사용되고 있다고 본다. 이는 파편적인 도덕적 담론이 아니라는 점에서 이 본문은 단지 실례를 제시하지는(illustratief) 않는다. 모세의 출애굽 사건과 그리스도 안에서 사건을 연결한다는 점에서 구약 본문은 단편적으로 해석되지 않고 구약역사와 유기적(organisch)으로 연결되어 해석된다. 왜냐하면 그때 이스라엘과 지금의 우리 사이는 단지 도덕적으로 연결되는 역사적 등식 부호가 성립하지 않고 말세를 만난 우리와 구속사 속에서 연결되기 때문이다.[38]

---

38 Holwerda, *Begonne Hebbende van Mozes*, 94.

특별히 모형에 대한 생각을 통해서 구속사적 설교는 모범을 배제하지 않는다는 점이 확인된다. 다만 어떤 방식의 모범을 택하는가에서 모범적 설교와 구별된다. 홀베르다는 이 점에서 고펠트(Leonhard Goppelt)의 생각을 이용한다. 모형은 모범적과는 역사적 성격을 강조한다는 점에서 구별된다. 바울은 미리 주어진 역사에서 도래하는 현존을 표현하기 위해서 모형이라는 단어를 사용했다. 모형론적이라는 의미의 대상은 더 완전하고 큰 역사적 사실이 하나님에 의해서 세워질 때 나타난다. 여기서 모형은 본질적으로 원형의 축소된 이미지가 아니라 오히려 구원 역사의 또 다른 수준에 속하며 이미 주어진 것에서 표현되는, 다가오는 본질의 기본 특징인 얼개를 나타낸다. 그리고 역사적 실체가 도래할 때 모든 독립적인 의미를 상실하게 된다. 구약의 역사와 지금 현재의 교회 사이에는 일종의 유비 관계가 있다. 외적인 환경에는 일치성이 없지만 하나님의 구원역사와 하나님의 눈에는 본질적인 일치성이 존재한다. 따라서 '모형'은 모범적 설교가 말하는 예증적, 묘사적, 교육적 의미에서 모범이기보다는 메시아 시대의 사건들에 대한 예표이다. 따라서 모범적 내용보다는 구속사적인 내용을 담고 있다.[39]

3. 논쟁의 소멸?

구속사적 설교는 1930년대부터 1940년대의 10년 정도의 특정 시기

---

39 Holwerda, *Begonne Hebbende van Mozes*, 94-95.

에 네덜란드 개혁교회라는 특정한 교회 안에서 일어났다. 2차 세계대전이 발발하고 구속사적 설교의 선구자 역할을 했던 스킬더와 그의 지지자들이 교회적으로 추출됨으로써 논쟁의 열기는 약화됐다. 그레이다너스가 말했듯이 이런 외적인 환경에 의해서 논쟁이 종결되었다기보다는 소멸됐다.[40] 구속사적 설교가 강하게 부각되면서 모형 혹은 모범이라는 단어 자체가 부정적으로 인식됐다. 다만 구속사와 모형, 모범의 극단적인 대비는 1940년대 논쟁이 민감했던 시기를 지나면서 상당히 완화됐다. 스킬더는 말라기 1장 10절 본문[41]을 묵상한 글에서 이 본문이 향하는 날카로운 칼날은 결과적으로 당시 총회교권주의를 향한다고 설명한다. 당시 총회측 입장에 섰던 베르까워는 스킬더의 이런 본문 설명을 그대로 가져와서 구속사적 방법론의 챔피언이 기꺼이 모범적 성경 이해 방식을 사용하고 있다고 꼬집는다. 모범이라는 단어에 대한 부정적인 접근이 이후 줄어들었다는 또 다른 예로 뜨림프는 1949년에서 1950년 사이에 홀베르다가 행한 기드온에 관한 설교를 거론한다. 이 시기 설교들과 강의안에서 홀베르다는 기드온에 관한 성경 이야기의 (모범적인) 실재성을 이 이야기를 관통하는 방식으로 가르쳤다.[42]

홀베르다의 후임으로 깜뻔신학교에서 가르쳤던 H. J. 스킬더는 1950년에 구속사적 설교 논쟁을 회고하면서 "구속사적-모범적 방법을 대립

---

40 Greidanus, *Sola Scripura,*, 50.

41 만군의 여호와가 이르노라 너희가 내 제단 위에 헛되이 불사르지 못하게 하기 위하여 너희 중에 성전 문을 닫을 자가 있었으면 좋겠도다 내가 너희를 기뻐하지 아니하며 너희가 손으로 드리는 것을 받지도 아니하리라.

42 Trimp, *Heilsgeschiedenis en prediking*, 89.

시킬 때 사람들은 '구속사적 설교'라고 말하기도 했다. 결과적으로 이 단어는 논쟁에서 사용된 일시적이고 명확하고 실용적인 개념어에 다름 아니다. 왜냐하면 모든 이들은 모범과 구속사가 전혀 대립 관계가 아니라는 것을 알고 있었기 때문이다. 성경은 역사 속에서 모범, 모형들을 가리키고 있다. 사람들은 이미 이 둘을 결합해서 구속-역사적 모범을 말했는데 성경을 따라서 모범, 모형은 구속사적으로 이해되고 인식된다는 것을 의미했다."[43]

다만 구속사적 설교가 제기한 문제 제기를 시대적으로 좀 더 확대할 필요는 있다. 1940년대 후반부터는 관심에서 사라졌던 구속사적 설교는 다른 옷을 입고 여전히 유효한 목소리를 내고 있기 때문이다. 현재까지 이어지는 구속사적 설교에 대한 직접, 간접적인 관심은 크게 게할더스 보스(Geerhardus Vos)와 그의 계승자들 그리고 1930-40년대 네덜란드 개혁교회의 구속사적 설교를 자신의 박사학위 논문에서 본격적으로 다룬 시드니 그레이다너스(Sidney Greidanus)로 나누어진다. 게할더스 보스는 성경계시의 하나 됨을 고수하면서 구약 본문의 설교에서 세대주의자들을 비판했다. 세대주의 신학에서 구약의 날실과 씨실에서 복음을 찾고자 하는 씨름은 많은 경우 실패했는데 그 이유는 그들이 그리스도 없는 도덕적인 설교로 기울었기 때문이다.[44] 이는 그리스도와 그의 복음을 구약의 기본 기반으로 보지 않는 데서 기원했다. 카이퍼와 바

---

43 Trimp, *Heilsgeschiedenis en prediking*, 89-90.
44 David Holwerda, *Jesus and Israel: One Covenant or Two?* (Grand Rapids: Eerdmans, 1995), 4-5.

빙크의 '계시역사'의 사상을 북미의 맥락에서 계승한 게할더스 보스의 신학은 구속사적 설교가 네덜란드 외부에서 정착되는 계기를 마련했다. 보스는 39년간 프린스턴에서 가르쳤는데 그의 제자 중 구속사적 설교학과 성경신학은 클라우니(Egmund Clowney)와 죤슨(Dennis Johnson)에 의해서 계승되었다고 볼 수 있다. 켈러(Timothy Keller)에 대한 클라우니의 영향력은 잘 알려져 있다. 보스의 계승자들인 이들은 모두 그리스도 중심적 구속사적 설교를 여전히 고수하는 그룹의 대표자들이다. 이들과는 조금 다른 흐름에서 구속사적 설교를 여전히 북미에서 주장하는 그레이다너스(Sidney Greidanus)의 역할도 간과할 수 없겠다. 그는 네덜란드 자유대학에서 1930-40년대 구속사적 설교를 직접 다룬 박사학위 논문을 썼고 여전히 구속사적 설교를 고수하는 북미의 중요한 신학자 중의 대표자이다.[45]

V. 구속사적 설교의 전망

1. 모범적 설교에서 '모범'의 의미 재규명

깜뻔에서 설교학을 가르친 뜨림프는 구속사적 설교 논쟁의 과정에서 문제가 된 '모범적'의 정의가 사실은 충분히 날카롭지 못했다고 본다. 그는 (구속) 역사가 모범적일 수 있는데 역사는 우리에게 권면, 경고, 순종

---

45   Eric Brian Watkins, *The Drama of Preaching, Participating in the Work of God in the History of Redemption* (Eugene Oregon: Wipf and Stock, 2017), 11-14.

등의 실례를 보여주기 때문이다. 성경적 용어로서의 본보기(tupos)는 역사적 성격을 가지면서도 충분히 실례들, 모범들에 해당될 수 있다. 디모데전서 4장 12절, 디도서 2장 7절, 베드로전서 5장 3절에서 사용된 본(tupos)은 나중에 일어난 것으로 보이는 일들과의 구조적인 유비를 담고 있는 특유의 모범-미리보기를 의미한다. *hupodeigma*(요 13:15, 히 4:11; 8:5 등)와 *hupogrammos*(벧전 3:21)도 특정한 본, 곧 그들의 삶의 궤적을 통한 모범을 의미한다.

뜨림프는 종교개혁자들도 이런 의미에서의 모범을 중요하게 다루었다는 점을 증거한다. 루터는 성경 역사를 통해서 사실을 아는 것과 함께 그 사실이 주는 열매(fructus) 혹은 유익(usus)을 아는 것을 말할 때 모범이라는 용어를 사용했다. '본'에서 격려나 경고가 제시되고 증거된다. 하나님의 약속과 계명의 위협과 경고가 실현된다. 그래서 그는 "이런 본이 없이 하나님을 믿는 것은 매우 어렵다"라고 까지 말한다. 뜨림프는 루터가 시편을 사랑한 이유를 여기에서 찾는다. 시편에 나타난 시편 저자의 경험은 그리스도의 경험[46]을 거쳐 우리를 향해 모범으로 다가온다.

루터는 수도사로서 중세 천주교 전통처럼 예수를 단지 모방하여 금식, 고난, 눈물에 동참하는 것은 오히려 하나님의 진노를 부른다고 단언

---

46   루터는 시편에서 시편 기자의 경험을 직접적으로 그리스도의 경험과 일치시킨다. 가령, 시편 6편 강해에서는 7절 "내가 내 모든 대적들 중에서 늙었다."라는 구절을 직접적으로 그리스도가 그의 인격 가운데 오랫동안 박해와 고난 가운데서 말하는 것으로 해석한다. 동시에 루터는 이 구절은 그리스도가 그의 지체들의 인격 가운데 말하는 것으로 설명한다. "그리스도는 마치 그가 이들 중의 한 사람인 것처럼, 그리고 자신이 이들에게 일어난 일들을 경험한 것처럼 그들을 위해서 이와 같은 방법으로 부르짖고 있다. 그러므로 시편 전체는 그리스도의 심장에서부터 나오는 격렬한 불과 같고 도저히 주체할 수 없는 열심에서부터 나온 것과 같다고 봐야 한다." Luther, *LW*. 10, 78.

한다. 인간의 행위적 거룩은 결코 그리스도를 설교하는 일의 목적이 될 수 없다. 그리스도는 그분의 죽음이 신자에게 효력 있게 하신다. 우리의 고난은 그분의 죽음을 재현하는 것이 아니라 그의 죽으심에 같은 모양으로 연합하고 부활에 같은 모양으로 연합함으로 그리스도와 함께 죽고 그와 함께 산다(롬 6: 1~11). 루터는 이런 연합이 전제된다면 그분의 삶은 우리가 좇아야 할 모범의 성격을 잘 드러낸다고 본다.

뜨림프 교수는 구속사적 논쟁에서 자주 거론된 칼뱅의 경우도 다룬다. 구속사적 설교를 반대하던 측에서는 칼뱅의 설교를 예로 들면서 모범적 설교가 칼뱅에게서 일반적인 설교 방법이었다는 점을 부각했다. 로마서 4장 23절, 야고보서 5장, 히브리서 11장, 고린도전서 10장에 대한 칼뱅의 설교는 이런 반론을 위한 예들로 사용되었다. 뜨림프는 칼뱅과 루터 공히 1940년대 맥락에서 사용된 (구원)역사에 대해 덜 민감했고 따라서 20세기 중반에 이루어진 논쟁의 관점에서 종교개혁자들을 평가하기는 어렵다고 본다.

칼뱅은 루터보다 구약에서 신약의 역사의 전진, 성경에서 다루는 역사와 현재 역사의 시간적 거리에 대해서 훨씬 더 주의를 기울였다. 뜨림프는 그 예로 창세기 3장 15절에 대한 칼뱅의 주석을 예로 들면서 씨를 직접적으로 기독론적으로 설명하는데 칼뱅이 상당히 조심스러웠다는 점을 언급한다. 무엇보다도 칼뱅은 구원계시에서 하나님의 목회에 관심을 두고 있다. 교사들이 양육을 위해서 모범을 사용하듯이 하나님은 모델들을 사용하신다. 대신에 칼뱅은 모범이 단지 실제적인 예와 경고의 의미로만 축소되지 않는다는 점에서 증거(documentum), 거울

(speculum), 모형(typos)이라는 용어를 즐겨 사용한다. 신약 계시의 측면에서 구약과의 비교를 통한 관계성을 이런 단어들을 통해서 주목했다.[47]

'모범'이 가져다주는 오해를 불식하기 위해서 우리는 칼뱅을 참조할 필요가 있다. 구속사에 기초하면서도 구약 본문을 가지는 증거, 거울의 역할을 무형적 보편교회 안에서 이루어지는 성도의 교제와 권면으로 이해해 볼 수 있다. 웨스트민스터 신앙고백 25장은 무형적 보편교회를 과거와 현재와 미래에 머리인 그리스도 아래 하나로 모이는 택함 받은 사람들의 전체이며 그리스도의 신부이고 몸이며 만물 안에서 만물을 충만하게 하시는 분의 충만으로 고백한다. 구약의 역사적 본문에 등장하는 언약 백성들은 그리스도의 계시 아래 이 불가시적 보편교회에 속한 자들이라고 볼 수 있다. 그들이 먹고 마신 음식과 음료는 사실상 그리스도였고 우리는 현재 성찬을 통해서 그리스도를 먹고 마신다. 그들은 현재의 교회와 동일하게 그리스도라는 반석 위에 세워진 보편교회의 일원이다. 그들과 우리는 구속사의 중심인 그리스도 안에서 한 몸으로 연결되어 있다. 따라서 우리는 그들을 하나의 보편교회에 속해서 단지 과거와 현재라는 시간을 달리하는 그리스도의 몸의 지체들로 여겨야 한다. 그리스도는 그들을 우리를 위한 권면의 수단으로 사용하신다. 주안에서 성도는 서로서로 권면해야 한다(골 3:16). 이것이 성도의 교제의 핵심이다. 따라서 히브리서 11장에 등장하는 믿음의 선진들은 믿음의 주이신

---

47   Trimp, *Heilsgeschiedenis en prediking*, 74-87.

그리스도(히 12:2) 안에서 현재를 살아가는 믿는 우리를 위한 경고와 믿음의 위로가 될 수 있다. 사실 설교는 그 자체가 권면하며 교회를 세우는 것이고(고전 14:3), 교회 건설을 위해서 설교인 권면은 더 풍성해야한다(고전 14:12). 설교인 권면을 받으면서 그 권면 안에서 우리는 무형적 보편교회 성도들과 피차 권면하는 터에 서게 된다. 삼위 하나님은 그들 안에서 말씀하셨고 그들을 통해서 우리에게 권면하신다.

2. 칼뱅의 성경 주해와 우리의 설교

> 만일 내가 이 주석을 쓰느라 쏟은 수고에서 어떤 열매와 유익을 얻으신 독자들이 있다면 주님께서 나를 훈련시키는 도구로 삼으신 몇몇 갈등을 조금이라도 경험한 것이 시편을 적용하거나 이해하는 데에 매우 큰 도움이 되었음을 독자 여러분도 아시기를 바란다. 그러한 경험을 통하여, 성경에서 얻을 수 있는 어떤 가르침(doctrina)이든지 지금 현재의 유익(praesentem usum)에 사용하는 것뿐 아니라 각 시편 저자의 의도(consilium)를 더 쉽게 이해하게 만들었다.[48]

인용된 구절은 칼뱅의 시편 주해 서문의 일부이다. 이 구절은 성경 주해와 설교 사이에서 여러 가지 생각해 볼 부분들을 제공한다. 칼뱅은 시

---

48 *CO*. XXXI, 19.

편 주해 서문에서 자신이 겪은 고통의 경험이 시편을 적용하거나 이해하는 데 매우 큰 도움이 되었다고 기억한다(아래의 1)번 항목 참고. 그리고 정형화된 방법론을 제시할 의도는 아니지만 성경에서 얻을 수 있는 것을 가르침(아래의 4)번 항목 참고, 현재의 유익(아래의 2)번 항목 참고 그리고 (인간) 저자의 의도(아래의 3)번 항목 참고)로 제시하고 있다.

1) 성경 이해에 큰 도움이 되는 경험

먼저 성도의 삶에서 경험, 곧 갈등의 상황이 시편을 이해하는 데 큰 도움이 되었다는 칼뱅의 언급에 주목하고자 한다. 계몽주의와 더불어 출현하였고 스스로 교의신학과의 분리를 정체성 삼아 발전한 성경 신학은 성경 전체를 담고 있는 공교회적 신앙고백이나 개인적, 교회적 경험을 성경 본문을 객관적, 역사적으로 타당하게 이해하는 데 방해 요소로 보았다. 성경 이해에서 선입견, 선이해를 배제하고자 하는 이런 태도는 자유주의 신학만이 아니라 복음주의 신학에서도 일반적인 성경 신학 방법론으로 정착됐다. 카터(Craig A. Carter)는 복음주의에 속한 성경 신학의 일반적인 태도를 다음과 같이 설명한다. "성경 주해의 유일한 목적은 원 저자가 원 청중들에게 소통하고자 의도했던 의미를 원래의 상황에서 이해하기 위해서 노력하는 것이다. 이에 따라서 한 본문은 하나의 의미 말하자면 원래 인간 저자가 말하려고 했던 바로 그 의미만을 가지고 있다. (중략) 성경 권위에 대한 헌신을 유지하는 것은 역사적 연구에 의해서 발견된 본문의 단 하나의 의미에서 떠나지 않는 것이다."[49] 본문의 단 하나의 의미를 역사적, 객관적으로 파악하는 것이 성경 주해의 유일한 목적이 되면서 칼뱅이 말하는 성도의 신앙 고백적 체험과 경험은 최대한 배제되어야 하는 요소로 여겨졌다.

그러나 성경을 읽는 성도, 말씀의 봉사인 설교를 맡은 직분자는 결코 중립적이고 냉담한 이성적 판단자가 아니다. 그리스도와 연합한 신자의 체험은 단지 인간적이고 주관적이며 심리적인 내면 체험이 아니다. 그리스도의 남은 고난을 자신의 몸에 채우는 씨름과 주의 몸 된 교회를 세우고자 하는 눈물의 경험이다. 그리스도의 십자가와 부활에 연합하는 삶으로 인해 주어지는 기독론적 체험이다. 때로 신자는 죄와 연약함에 휩싸이기도 하지만 경건에 따른 삶과 고난, 체험이 성경 이해를 더 깊고 생생하게 만든다는 것이 칼뱅의 고백이다. 설교는 단지 (객관적인) 성경의 구원 역사적 흐름을 설명하거나 이미 짜여진 구도인 그리스도 중심이라는 밑그림만을 반복하는 데서 머물 수 없다. 성경 주해는 칼뱅이 말하는 그리스도 안에서의 경험 속에서 성경 본문과 만나는 그리스도 중심적 실존적 사건의 성격을 가진다.

고재수 교수님은 제자들에게 교회와 세상에서 접할 수 있는 표현, 현상, 삶의 모습에 민감할 것을 요청했다고 듣는다. 단지 설교에 써먹을 (?) 예화를 찾는 정도의 의미가 아니라 성도로 살면서 우리가 씨름하고 있는 경험의 지점들을 발견하는 노력을 의미했다. 이는 칼뱅이 말하고

---

49 Craig A. Carter, *Interpreting Scripture with the Great Tradition* (Baker: Grand Rapids, 2018), ix.

있는 (시편 기자 나아가 성경의 성도가 가진) 분투와 씨름의 경험과 일맥상통한다. 비록 고재수 교수님은 개체교회의 목사가 아니었음에도 목회적·교회적 현실과 고신교회 전체가 당면한 구체적인 씨름의 지점들 속에 자신을 던졌다. 그의 설교와 강의에는 단지 성도의 잘못을 꼬집고 문제를 지적질하는 차원이 아니라 믿음의 씨름, 분투가 닿아있는 지점들이 구체적이고 실재적이다. 그리스도 안에서 성도들과 함께 성도의 실존적 경험을 품고 함께 성도들과 그 경험에 동참하려는 따뜻함이 녹아있다.

시편 성도와 유비되는 우리 자신의 경험은 성경을 이해하는 방해물이 아니라 성경에서 삼위께서 우리에게 말씀하시고자 하는 것에 좀 더 가까워질 수 있는 매개이다. 성도와 설교자는 이런 교회적 씨름, 갈등, 고민, 질문을 자신의 몸에 흔적으로 지니면서 성도들과 함께 씨름하는 교회적·실존적 지평 속에서 성경 본문이라는 또 다른 지평을 만나는 사건 속으로 진입하게 된다.

2) 현재적 유익

칼뱅이 성경 주해에서 얻을 수 있는 것으로서 제시한 현재적 유익은 그가 먼저 언급한 성도의 체험과 연결된다. 칼뱅에게 성도의 체험은 본문을 이해하기 위한 출발점인 반면 성경 주해를 통해서 얻게 되는 현재적 유익은 성경 주해의 목적이다. 현재적 유익은 단지 몇몇 실용적인 윤리적 지침이나 파편적인 명령들이 아니라 총체적인 그리스도적 삶, 그리스도적 인격 곧, 창조주의 형상을 따라 지식 전체의 새로움(골 3:10)을 의미한다. 성경 주해의 결과는 이런 의미에서 성령론적이다. 성령께서는 그리스도의 장성한 분량으로 성도들을 세우시며 설교를 통해서 함께 세우신다. 설교는 결과적으로 교회의 유익 곧, 교회 건설의 구체적이고 실재적인 실현으로 귀결된다.

현재적 유익의 예를 우리는 칼뱅이 말한 그리스도의 삼중직과 경건에서 찾아볼 수 있다. 칼뱅의 기독론은 단연 그리스도의 중보자로서의 삼중직에 집중되어 있다. 잘 알려져 있는 것처럼 칼뱅은 이 삼중직을 주로 승천 후 지금 현재 교회를 위해서 행하시는 사역을 중심으로 설명한다. 따라서 칼뱅이 말하는 그리스도 안에서 유익은 과거의 구속사적 사역에 기초하면서도 현재적 유익을 의미한다. 칼뱅의 삼중직 중심의 기독론은 거의 전적으로 그리스도가 주시는 현재적 유익에 집중되어 있다. 먼저, 제사장직은 1) 그리스도는 단지 죄로 인해 발생한 죄책, 곧 빚을 갚으시는 분에 한정되지 않는다. 그분은 우리를 대신해서 우리가 져야 할 하나님의 진노를 대신 감당하셨다. 더 구체적으로 우리가 감당해야 할 모든 공포, 두려움, 고통을 우리를 대신해서 직접 당하셔서 우리를 거기로부터 건져내신다. 2) 이런 의미에서 그리스도는 그의 희생을 통해서 우리의 죄를 덮으실 뿐 아니라 그것을 파괴하신다. 3) 그리스도는 단지 죄의 빚을 없애는 도구적인 의미의 제사장이 아니라 죄를 파괴해서 우리를 다시 언약관계의 당사자로 돌려놓은 구원의 주체이시다. 그는 죄를 사해서 언약의 가능성만을 열어두는 것이 아니라 이 언약관계를 실재적으로 만든다. 칼뱅은 "하나님께서 어떻게 창세전부터 사랑하시는 자들을 은혜로 받아들이기 시작하시는가?"라는 표현을 쓴다.[50] 칼뱅에게서 그리스도의 제사장직은 단지 죄를 사해 빚을 청산하는 도구적인 것에 한정되지 않고 대속적 형벌을 통해 우리를 다시 하나님과의 실재적인 언약관계 안에서 살게 하시는 생명의 주인으로서의 사역까지 포괄하고 있다.

칼뱅은 선지자직 또한 승천하셔서 이루어지는 현재적 사역을 중심으로 본다. 그리스도는 선지자로서 자신이 가르치는 직책을 다하신다. 이는 그의 몸 전체(교회)를 위해서 복음이 계속해서 전파되는 일에 성령이 권능 가운데 행하시는 사역과도 연결된다. 사도들을 통한 복음사역은 사실상 그리스도의 선지자직의 연장이며 현재적인 구체화이다.[51] 다른 한편 칼뱅은 그리스도의 왕직을 성부 하나님과 공동으로 가지신 주권으로 설명한다. 주권은 궁핍하고 고난 가운데 있는 교회를 자신의 권능으로 무장시키고 자신의 웅대한 미로 장식하시며 자기의 부요하심으로 풍요하게 하시는 일에 사용하신다.[52] 칼뱅은 두 본성의 관계성을 논리적으로 해명하기보다는 그리스도가 한 분 중보자이심을 앞세운다. 그는 삼중직 중심의 기독론을 본격적으로 정립한다. 그리스도가 직분자로서 지금 현재 행하시는 직분수행 그리고 지금 현재 교회가 누리는 실재적인 유익이 무엇인가를 강조하고자 한다.

---

50   CO 2, 387.

51   CO 2, 362. Atque hic rursus notamdum est, non sibi modo uctionem accepisse, ut fungeretur docendi partibus; sed toti suo corpori, ut in continua evangelii praedicatione virtus spiritus respondeat.

52   CO 2, 364-365. Iam quia nos potentis sua armat et instruit, decore et magnificentia ornat, opibus locupletat.

다른 한편 성경 주해의 목적인 현재적 유익은 그리스도의 삼중직의 시행으로 우리에게 일어나는 그리스도적 삶의 총체 곧, 경건을 말한다. 하나님을 아는 지식과 우리를 아는 지식이 통합된 하나의 지식은 다름 아닌 경건이다. 하나님 지식과 우리를 아는 지식은 그리스도 안에서 실현된다. "경건은 하나님에 대한 경외와 사랑이 결합된 것을 말하는데, 이 둘은 그의 은혜를 아는 지식이 가져다주는 것이다." 칼뱅은 시편 97편 7절에 대한 해설에서 "경건은 이것이다. 참되신 하나님이 전적으로 경배되어져서 오직 그분만이 높아지며 그 어떤 피조물도 그의 권능에 그림자를 드리울 수 없다는 것을 고백하는 것이다."[53] 여기서 경건은 하나님을 아는 지식을 말하는데 이 지식은 하나님에 대한 참된 예배를 말한다.

경건은 예배로서의 하나님을 아는 지식이자 동시에 하나님을 아는 지식이 우리에게 가져다주는 어떤 상태이다. 지식은 우리를 '어떤 상태로 이끌고 간다'(conciliare). 이 동사는 '깨운다', '초대한다'와도 가깝다. 하나님은 우리를 초대하시지만 다양한 방법의 초대 수단들을 가지고 계신다. 성경은 다양한 내적인 외적인 경험들의 가능성을 제공하는데 하나님은 이를 통해서 신자와 교통하시고 그를 훈련하신다.[54] 따라서 경건인 하나님을 아는 지식은 매우 생생하고 현실적이고 실용적이다. 하나님

---

53 M. de Kroon, *Marin Bucer en Johannes Calvijn. Reformatorische perspectieven. Teksten end inleiding*, (Zoetermeer 1991), 99

54 van der Kooi, *Als in een Spiegel: God kennen volgens Calvijn en Barth* (kok: Kampen, 2002), 31.

의 깨우심과 초대는 다이내믹하다. 늘 오고 계시며 이끄시며 훈련하시고 권면하시고 격려하신다. 한마디로 하나님의 다양한 형태의 목회적 돌보심이다. 설교를 통해서 성도를 더욱더 그리스도와 깊이 연합하도록 성령께서는 우리 안에 일하신다. 함께 말씀을 받는 교회는 그리스도와 연합하게 하시는 성령 안에서 함께 하나로 그리스도의 장성한 분량까지 성장한다.

설교자와 성도는 구체적, 실재적 경험, 곧 씨름, 고민, 삶의 지점에서 성경 이해를 시작한다. 설교의 유익, 곧 구체적이고 당면한 교회 건설의 한 걸음을 실재적인 형태로 권면해야 한다. 구속사적 흐름, 그리스도 중심은 성경 이해와 설교의 밑그림이다. 밑그림만 제시하는 예술 작품이 미완이듯이 이런 설교는 완성된 설교가 아니다. 완성된 설교는 다양한 색채, 곧 성도의 경건과 교회 건설의 구체적, 실재적인 걸음까지 깊이와 넓이를 더한 다양한 색채로 입혀진 것이어야 한다. 심방을 통해 확보된 교회와 성도의 경험, 상황은 성경 이해의 출발점과 결과인 현재의 유익과 항상 생생하게 연결되어야 한다. 설교는 목회를 추동하고 길을 제시하면서 목회에서 실현되어야 한다. 모든 직분은 말씀을 나누어 주는 것을 통해서 현재적 유익을 교회에 실현하는 방도이다.

칼뱅이 말한 성경을 더 잘 이해하게 된 경험과 성경 주해에서 얻을 수 있는 현재적 유익 사이에는 상당한 연관성이 존재한다. 우리는 이 연관성을 '해석학적 순환'이라는 개념 안에서 살펴볼 필요가 있다. '해석학적 순환'은 현대 해석학과 이를 수용한 티슬튼이나 리쳐드 멀러 같은 신학자들에 의해서 사용되었다. 멀러는 고대교회 신학은 성경, 전통, 그리고 당시의 교회 생활에 완전히 몰입한 데서 나오는 신학적 사고와 기독교적인 생활의 통합이었다고 분석한다. 이때 신학 저자들은 현재적인 유익을 실증하는 과정에서 본문을 읽고 이해하는 전통에 몰입되어 있었다. 현대적 의미에서의 중립적이고 학문적인 관찰자가 등장하기 전에는 이런 전통이 생명을 유지했다. 최근 일반 과학 방법론에서 이런 고전적인 고민은 부활하고 있다. 현대 과학에서 연구자 혹은 해석자의 개입, 선입견, 판단과 선택은 중요시되고 있다. 역설적이게도 탐구자의 소위 사심 없는 객관성이라는 허상은 엄밀한 과학 탐구에서도 포기됐다. 이처럼 멀러는 기독교 전통에서 신학연구는 개인의 실존적, 신앙적 상황이나 교회의 필요와 정황과 연관된 영적 학문이었고 학문 작업의 결과 또한 개인적, 교회적 삶과 통합된 것이라고 주장한다.

그는 통합성을 말하기 위해서 '해석학적 순환'이라는 현대 해석학 용어를 차용하며 신학의 문제 핵심을 해석학의 문제라고 규정한다. 해석학적 순환의 핵심은 해석자가 해석 작업에 친밀하게 개입한다는 것이다. 그는 먼저 신학자를 신앙 공동체이며 동시에 공동체의 일부인 해석자라고 본다. 완전히 개별적인 인식 주체는 존재하지 않는다. 신학적 과제를 시작하는 능력은 신학 작업자가 정경 안에서 발견되는 전통과 해석, 신학, 신앙 전통과의 친밀한 관계에 의존한다. 칼뱅이 말한 신앙 고백적 경험이 바로 여기에 해당된다. 성경 주해는 전통 안에서 살고 있는 고백자의 실존적 경험에서 출발하는데, 멀러는 이것이 신학자가 그 작업을 출발하는 능력이라고 말하고 있다. 멀러는 성경, 교리 전통, 실천신학 등 신학 전반 곧, 성경만이 아니라 텍스트를 다루는 모든 신학적 작업에서 해석의 실존적인 차원이 절대적으로 필요하며 이를 의식해야 한다고 역설한다.[55] 이런 실존적인 개입이 없다면 해석자는 현재 그 텍스트가 가진 의미를 궁극적으로 깨닫지 못한다. (성경과 신학) 해석자와 그가 대상으로 하는 청중들의 현대적 삶의 정황에 대해서 주어진 텍스트의 현대적 의미를 진술하는 것이 신학 작업자의 최종적인 일이다.

우리는 멀러가 가진 '적용'에 대한 문제의식도 살펴볼 필요가 있다. 흔히 적용은 해석의 기초적인 작업에서 동떨어져서 이루어지는 다소 인위적이고 필연적으로 부가되는 과정이라고 여겨진다. 그러나 이렇게 된다면 본문과 문맥 사이의 실재 관계인 의미와 적용은 단절된다. 적용은 성경 주해와 동떨어져 이루어지는 파편적이고 자의적인 것들이 된다. 적용은 반드시 성경 주해와 해석 안에 포함되어야 하고 그 과정의 일부여야 한다. 반드시 성경 본문과 그 이해에서 얻어지는 그러나 현재적 유익이어야 한다.

멀러는 이처럼 해석 과정에서 해석자의 개입을 중요시한다. 이 개입은 더 큰 순환 곧, 텍스트의 의미가 드러나면서 그것이 현재에 의미를 지니게 될 때 텍스트의 지평을 통해서 해석자와 그를 둘러싼 공동체의 지평을 넓히는 방향으로 나가야 한다. 멀러는 이런 해석학적 순환에서 교회가 가지는 중요한 위치를 강조한다. 역사적 공동체 안에서 텍스트의 지평은 해석자의 지평과 실존적 관계를 유지한다. 교회는 해석 작업의 일

---

55 멀러는 위험도 함께 의식한다. 텍스트가 가진 '잠재적인' 의미에 대해서 개인적인 개입이 장벽이 될 수 있다. 자신의 생각과 공동체에서 배운 것을 텍스트 해석에 주입하려는 것도 이런 위험에 속한다.

차적인 안착점이다.[56]

3) 저자의 의도

칼뱅이 성경 주해에서 얻을 수 있는 것으로 언급한 저자의 의도는 설교가 성경 본문에 대한 연구에 철저히 기초해야 함을 의미한다. 역사적, 문법적 연구는 기초이자 전제된 것이다. 번역이 아니라 원어 성경의 단어, 문장, 구문론 연구 등을 통해서 텍스트를 그 자체로 대할 수 있어야 한다. 기존의 주석을 의존하지 않고 그 주석들과 소통하면서 때로는 비판적으로, 때로는 수용적으로 다룰 수 있어야 한다. 우리가 텍스트를 향해 나가면서 이루어지는 이런 탐구는 일차적으로 원 저자가 원래 청중들에게 소통하고자 의도했던 의미를 원래의 상황에서 이해하기 위한 노력이다. 이를 역사적-문법적 연구라고 거칠게 표현해도 될 듯하다.

그러나 칼뱅이 말한 저자의 의도는 단지 인간 저자의 의도에만 제한되지 않는다. 본문 연구는 내가 본문을 향해서 전진하는 방향에서 본문이 나를 향해서 말하는 것으로 전환한다. 1)에서 언급한 경험 속에 있는 성도와 본문은 상호 대화 상황으로 들어가게 된다. 설교와 묵상에서 본문을 연구하는 성도는 이제 다시 그 연구된 본문을 통해서 말씀하시기 시작하시는 신적 저자인 삼위 하나님으로부터 듣게 된다. 성경 본문 연구가 일차적으로 과거의 역사적 상황 속에서 언약 백성의 응답 가운데 역사하시고 말씀하시던 삼위 하나님의 입체성을 다루었다면 이를 통해

---

56 Richard Muller, *the Study of Theology: from Biblical Interpretation to Contemporary Formation* (Zondervan: Grand Rapids, 1991), 186-201.

서 우리의 현실과 경험, 교회적 상황 안에서 말씀하시고 행하시는 삼위의 실제로 옮겨가게 된다.

고재수 교수님의 가르침과 설교는 항상 성경 본문에 대한 소위 문법적, 역사적 연구에 매우 충실하다. 그는 꼼꼼하고 철저하게 이 일에 매달렸다. 존재하는 어떤 주석의 결론을 그대로 추종하지 않고 성경 원어에 대한 성실한 주해에 거듭 뛰어든다. 가르침을 위한 그의 성실한 주해는 이미 있는 교리나 우리의 예상을 그대로 고착시키지 않고 성경의 깊이와 풍성함으로 이를 역전시킨다. 지식적 호기심을 충족하거나 단지 새로운 것을 추구하는 사변이 아니라 교회를 사랑하는 열심이 그의 성실한 성경 주해의 결과물로서 교회의 유익으로 이어진다.

성경의 풍성함은 무한대이다. 성경은 마르지 않는 샘이다. 같은 본문을 다루는 어제의 설교와 오늘의 가르침은 같은 의미의 반복이 될 수 없다. 성실한 주해 작업의 결과가 주는 의미 곧, 신적 저자의 의도는 측량할 수 없는 넓이와 길이, 높이와 깊이로 새롭게 주어지기에 우리는 감탄하지 않을 수 없다. 같은 본문은 끊임없이 다시 그 본문에 진입하는 문법적, 역사적 주해를 통해서 그때마다 무한대의, 마르지 않는 샘물 같은 말할 수 없는 풍요로움으로 우리를 인도한다. 삼위 하나님 안에 있는 지혜를 측량할 수 없다(롬 11:33).

4) 가르침(Doctrina)

칼뱅은 본문 주해에서 얻을 수 있는 세 번째 부분을 가르침으로 말하고 있다. 칼뱅은 그의 동시대 신학자들인 부쎄, 불링거 등 다른 신학자들과는 달리 성경 주해에서 신학적 논제들과 논쟁들을 확장해서 전개하지 않았다. 부써는 정해진 신학적 논점들을 미리 염두에 두고 성경 본문을 주해하는 작업을 통해서 이 논점들에 대한 해답을 논증하고자 했다. 그는 성경 주해에서 성경 본문이 중요한 신학적 주제를 언급할 때마다 긴 교의학적 주제나 신학 논제들을 다룬다. 성경의 어떤 단락들을 교의학적 명제를 위한 기초로 이해한다. 때로는 이런 신학적 명제들이 성경 본문 주해에 삽입되기도 했다. 결과적으로 성경 주해 작업은 신학적 주제나 논쟁에 대한 증거 본문 역할을 담당하는 방식이 됐다. 그러나 칼뱅의 로마서 주석은 성경 본문을 상당히 듬성듬성하게 주해했다. 대신에 기독교강요에서는 성경 주해에서 언급된 가르침의 부분을 가져와서 성경적, 교회 전통적 관점에서 주제들을 폭넓게 다루고 있다. 이런 문맥에서 칼뱅의 성경 주해 자체는 명확한 간결함(perspicua brevitas)과 평이함(facilitas)이라는 성격을 강조하게 된다.[57]

따라서 칼뱅은 설교나 본문 주해에서는 거의 교리적, 신학적 주제들을 다루지 않았다. 대신에 이를 주제별로 기독교강요라는 별도의 부분으로 옮겨 놓았다. 그의 기독교강요가 일반적인 교의학 교과서와 구조가 다른 결정적인 이유는 기독교강요의 논제들이 성경 주해에서 나온 가르침(doctrina)을 다루기 때문이다.[58] 제네바 초기부터 칼뱅이 바울

---

57 Muller, *The Unaccommodated Calvin*, 112

58 칼뱅의 기독교강요에서 그 최종판까지 신론에서 하나님의 본질과 속성에 대한 논의가 등장하지 않는 점, 예정론의 위치에 대한 문제들 그리고 그리스도인의 삶에 대한 풍부한 내용들(기도, 자기 부인, 그리스도인의 자유 등 기독교강요 3권에서 등장하는 부분들)은 현대적인 의미에서의 조직신학적 '논제들'로서의 설명되지 않는 구조를 보여주고 있다. 그 근본적인 이유는 칼뱅이 성경 본문

서신 특히 로마서 주해 작업을 진행했다는 것은 요리문답 형식의 기독교 강요 초판(1536년)이 1539년의 논제 방식의 기독교강요로의 변화에 영향을 주었음을 짐작게 한다. 1539년 기독교강요에서 칼뱅이 로마서 주석 작업을 직접 언급하고 있기 때문에 더 명확해 보인다.

> 무엇보다도 이것이 이 작업에서 내가 하고자 하는 것이다. 거룩한 신학의 후보자들이 하나님의 말씀을 가르치기 위해서 준비하고 지도받는 것이다. 결과적으로 그들이 하나님의 말씀에 쉽게 다가가고 좀 더 높은 단계로 어려움 없이 진보하도록 하기 위해서이다. 사실 나는 기독교의 (신앙) 전체(summa)를

을 '논제들'(loci)로 규정하고 본문의 가르침(doctrina)으로부터 '논제들'을 구성하는 방법론을 취하기 때문이다.

시츠마(David Sytsma)는 칼뱅의 1540년의 로마서 강해와 1539년의 기독교강요에서 특히 '그리스도인의 삶'(de vita hominis christiani)에 대한 비교·분석을 통해서 다음과 같은 결론을 제시한다.

칼뱅은 중세 경건 안에 이미 내재된 1539년판 기독교강요 속의 전통적 주제들을 수용하면서도 이를 완전히 새롭게 재구성한다. 재구성은 칼뱅이 로마서 안에서 찾았던 주해적 논제들(loci)이 반영된다. 특별히 로마서 5장 3-5절, 8장 28-36절, 그리고 12장 1절 이하가 여기에 해당된다. 이어서 그는 로마서에서 찾아낸 그리스도인의 삶과 관련된 주제들을 다른 신학적 논제들과 연결한다. 죽임(로마서 6장 7절), 선택(로마서 8:28-30), 기도(로마서 12장 12절), 그리스도인의 덕, 인내, 소망(로마서 12장 12절, 15장 4절). 기독교강요에서 그리스도인의 삶이라는 논제를 온전하게 이해하기 위해서는 칼빈의 로마서 주석 전체를 이해하는 것은 필수적이다. 이는 그리스도의 삶의 범위 안에 있는 주제들과 내적인 관계에도 적용되고 기독교강요의 다른 논제들과의 외적인 관계의 측면에서도 그러하다.

이처럼 1539년의 기독교강요에서 그리스도인의 삶이라는 논제(locus)와 그 안에서 다루어지는 모든 측면들은 전시대와 동시대의 다른 신학자들과의 상호 영향들 속에 있기도 하지만 결정적으로 그 기원이나 내용은 로마서 강해를 통해서 얻어진 것들이다. 기독교강요의 그리스도인의 삶이라는 논제 아래 다루어진 내용들은 로마서의 다른 신학적 논제들과 긴밀한 연관을 가진다. 칼뱅의 로마서 강해에서 나타나는 내용들을 통해서만 논제에서 다루는 그리스도인의 삶에 대한 내적, 외적인 구조를 파악할 수 있게 된다는 것이다.

각각의 부분들 안에서 담고자 했고 그것들을 어떤 정해진 순서로 배열했다. 올바르게 그것을 알려고 하는 모든 사람들, 곧 그가 성경에서 찾아야 하는 것들과 성경의 내용들이 무엇이든지 그것을 연관시키고 있는 '관통하는 목적'(scopus)을 규정하는데 어려움이 없도록 하기 위해서이다. 그리고 나서 이것을 포장된 길로 삼아서 나는 자세한 성경의 주석들을 출판하고 이를 더 강화할 것이다. 왜냐하면 나는 긴 교의적 논쟁(non necesse habebo de dogmatibus longas disputariones instituere)을 가르치거나 보편 논제들(loci communes) 언저리에서 방황하지 않아도(in locos communes evagari) 되기 때문이다. 나는 로마서 주석을 통해서 이런 계획의 표본을 제시할 것이다.[59]

칼뱅은 본문 주해에서 얻을 수 있는 가르침의 부분을 처음부터 따로 다루는 것으로 밝히고 있다. 이런 그의 구상에 비추어 보자면 그의 설교는 교리적 내용을 설명하거나 논쟁을 다루지 않는, 간결함과 평이함을 강조했다.

이런 칼뱅의 구조를 설교에 적용해 보자면 우리는 요리문답 설교가 어떻게 성경 본문을 설교하는 것과 조화될 수 있는지를 알 수 있다. 칼뱅은 가르침을 주로 기독교강요에서 다루었다면 요리문답 설교는 성경

---

59 Jean Calvin, *Joannis Calvini opera quae supersunt omnia*(이하 CO), ed. Cunitz, Baum, Reuss. (Brunsvigae: C.A. Schwetschke, 1863), I, 255

에서 나온 가르침을 설교로 드러낸다. 성경 주해에서 얻을 수 있는 가르침의 부분을 주로 설교하는 요리문답 설교는 성경 본문의 저자 의도와 유익을 설교하는 것과 결합하여 하나의 성경을 설교하는 일이 된다. 요리문답 설교와 함께 사도신경과 같은 신조의 내용을 교회력에 따라서 설교한다면 이 또한 하나의 중요한 구속사적 설교에 해당될 수 있다.

IV. 나가면서

구속사적 설교는 계몽주의와 함께 부상한 소위 성경신학에 대항하여 개혁주의 성경관을 주해와 설교에까지 일관되게 적용하는 노력의 일환이었다. 성경을 하나의 계시역사, 구속역사로 일관되게 보고자 하는 성경관을 고수하고자 했다. 구속사적 설교는 당대의 신학 중에서 설교에 영향을 미치고 있는 많은 신학적 흐름과 논쟁하였고 이 속에서 개혁신학의 입장을 고수하고자 했다. 계시의 객관적인 역사보다는 주관적인 측면을 강조한 경건주의 전통의 성경해석을 경계했다. 나아가 낭만주의, 종교성을 강조하는 심리주의 등 당대 철학과 자유주의 신학의 주관주의에 대해서 완강히 반대하였으며 이것이 설교에 반영되는 것에 대해서 주의를 환기했다. 철학, 일반적인 시민적 덕, 정치, 도덕을 묘사하고 설명하기 위해서 성경을 사용하고 설교하는 것에 대해서도 심각하게 경고했다. 그리스도와 유기적인 연결이 배제된 채 조금은 느슨하게 성경 인물들의 모범을 제시했던 설교나 카이퍼의 일반은총론을 옹호하기 위해서 일반 시민적 덕을 주로 설교했던 당시 개혁교회의 설교들에 대해서도 의미 있는 질문을 던졌다. 이 모든 노력은 성경관과 더불어 하나님 중심, 그리스도 중심적이라는 신학을 주해와 설교에 일관되게 관철하고자 하는 시도였다.

우리는 이런 구속사적 설교의 유익을 설교 개혁을 위한 기초로 받아들여야 한다. 그리고 끊임없이 설교가 가진 원래의 자리 곧, 설교가 보편적 유형교회를 그리스도께서 모으고 보호하시는 효력 있는 방편이라는 맥락에서 설교를 항상 새롭게 할 통찰력을 필요로 한다. 설교는 그리스도 중심적이며 동시에 교회의 그리스도 중심성을 옹호한다. 이런 그리스도 중심주의는 그리스도 안에서 이루어지는 성도의 삶의 다양하고 풍요로운 측면들을 구체적이고 실재적으로 포괄한다. 성령께서는 마르지 않는 샘인 성경을 설교하는 것을 통해서 더욱더 깊이 그리스도와 우리를 연합하게 하신다. 성령은 성경에 담긴 무한대의 지혜를 설교를 통해서 그리스도 안에서의 경건을 더욱더 풍성히 교회에 선물로 주신다. 설교에서 그리스도는 개혁된 자기 교회를 항상 새롭게 세워 가신다.

3부 ____ 고재수 교수의 미발간 설교

1. 야곱의 씨름(창 32:22~32)
2. 요셉과 함께하신 하나님(창 39:7~23)
3. 구원의 은혜에 감사하자(왕하 7:1~20)
4. 느부갓네살 왕의 순종(단 4:28~37)
5. 목자 없는 양(고별설교)(마 9:36~38)
6. 항상 기도하라(눅 18:1~8)
7. 예수 그리스도 자신은 생수를 주시는 분이다(요 7:37~39)
8. 성령님이 무엇을 하러 오셨는가(행 2:22~32)
9. 강복선언(축도)의 바른 이해(고후 13:13)
10. 교회 성장(엡 4:11~14)

야곱의 씨름

창세기 32장 22~32절

창세기 32장 22절에서 32절은 어려운 본문입니다. 그 사건이 깊은 밤에 일어났을 뿐 아니라 그 사건의 여러 요소도 밤처럼 어둡습니다. 그것은 이 사건의 핵심에도 적용되고, 그다지 중요하지 않은 요소에도 적용됩니다.

여기서 핵심적인 요소는 하나님께서 야곱과 씨름한 것입니다. 문제는 '하나님께서 왜 그분 자신을 씨름하는 분으로 나타내셨는가?'입니다. 하나님께서 정말 야곱의 적이 되셨을까요?

또한 그렇게 중요하지 않은 문제는 '야곱이 왜 하필이면 밤중에 얍복 나루를 건너갔는가?'입니다. 일반적으로 야곱이 겁이 났기 때문이라고 합니다. 그러나 이 대답은 만족스럽지 못합니다. 여기서 야곱은 에서에게서 도망하지 않고 얍복 나루를 건너 그에게 나아가고 있기 때문입니다. 그 외에도 주석하기 어려운 문제가 이 본문에 있습니다.

　이 경우, 설교자는 핵심 사건은 간단히 언급하고, 핵심이 아닌 요소를 중심으로 설교하기 쉽습니다. 예를 들어 이 본문과 관련된 어떤 글에 따르면, 야곱이 얍복강에 남은 것은 홀로 기도하려 했기 때문이라고 합니다. 그때 적용은 오늘날의 신자도 문제에 직면할 때 하나님께 기도해야 한다는 것이 될 수 있습니다. 그렇지만 본문은 야곱이 왜 혼자 남았는지 말씀하지 않습니다. 사실 기도에 관한 아무런 언급도 없습니다. 그렇다면 이 본문으로 기도의 중요성에 관하여 설교할 수 있겠습니까?

　제가 읽은 다른 주석은 하나님께서 야곱의 적으로 나타난 사실을 무시하고, 인간과 그의 죄책감을 중심으로 삼고 있습니다. 그 글은 '하나님께서 죄책감의 문제를 어떻게 해결하셨는가?' 하는 문제를 설명합니다. 하지만 본문은 야곱의 양심 문제를 전혀 지적하지 않습니다. 야곱의 내적 체험은 전혀 언급되지 않습니다. 그러므로 우리가 이 본문에 관해 설교할 때, 양심 문제에 관해 설교할 수 없습니다.

　하나님께서 야곱과 씨름하는 내용이 핵심이라면 그 사건의 의미를 더 파악하기 위해 그것이 언제 발생했는지 살펴보면 좋겠습니다. 그 사건은 야곱이 에서가 오고 있다는 소식을 들은 것과 에서와 실제로 만난 것 사이에 발생했습니다. 야곱은 에서가 사백 명을 거느리고 자기에게 오고 있다는 소식을 듣자 겁이 나서 여러 가지 일을 했습니다. 그것이 32장 앞부분에 나옵니다.

　야곱은 첫째로 자기 가축을 두 떼로 나누었습니다. 그 이유는 에서가 한 떼를 치면 남은 한 떼는 그를 피할 수 있으리라고 생각했기 때문입니다. 두 번째로 야곱은 하나님께 도움을 구했습니다. 그리고 세 번째로 에서에게 가축을 여러 번 선물로 보냈습니다. 13절부터 야곱은 이렇게 필요한 모든 조치를 했습니다. 그리고 우리는 이런 조치를 좋은 것이라고 말할 수 있습니다.

그러나 야곱은 에서를 만나서는 안 됐습니다. 적어도 하나님께서는 그때 야곱이 곧바로 에서를 만나도록 인도하지 않으셨습니다. 에서를 만나기 전, 야곱은 한 가지 중요한 것을 깨달아야 했습니다. 그는 하나님을 더 잘 알아야 했습니다. 바로 이런 이유로, 하나님께서 야곱에게 나타나시고 그와 씨름하셨습니다. 일단 야곱은 자기 가족과 대부분의 소유물과 함께 얍복강에 남고, 여러 차례에 걸쳐 에서에게 선물을 보냈습니다(창 32:13~21). 그다음 그날 밤이 깊었을 때, 그는 가족과 모든 소유물을 강 건너편으로 보냈습니다(22~23).

이 행동은 믿음의 표현이라고 말할 수 있습니다. 야곱의 무리가 에서와 싸운다면 이길 수 없습니다. 하지만 야곱은 하나님의 보호를 신뢰했으며 바로 그 믿음이 가족과 소유물을 얍복강을 건너게 한 사건의 배경입니다. 즉 하나님께서 야곱의 적으로 나타나 야곱과 씨름하신 사실은 야곱이 그 전에 죄를 지었기 때문이 아닙니다. 야곱의 마지막 행동은 믿음의 행동이었습니다. 가족과 소유물을 모두 건너게 한 후에 야곱은 혼자 강 이편에 남아 있었습니다. 무슨 특별한 이유가 있어 그런 것 같지는 않습니다. 야곱이 책임자로 맨 마지막에 가는 것이 마땅했기 때문입니다.

하지만 야곱 자신이 얍복을 건너기 전에 하나님께서 그에게 나타나셨습니다. 그때 야곱은 그분이 하나님이신 줄 몰랐습니다. 보통 사람이라고 생각했습니다. 그리고 그 사람은 분명히 야곱에게 적대적인 의도를 나타냈습니다. 그는 야곱과 씨름을 시작했습니다. 그 씨름은 단순한 스포츠가 아니라 죽고 사는 문제와 관련된 전투입니다.

그다음 25절에 다시 주석적인 문제가 발생합니다. 주어가 누군지 분명치 않습니다. 직역하면 '그리고 그는 그를 이기지 못함을 보았다'가 되는데, 주어가 누군지 정확히 표현되지 않습니다. 일반적인 주석은 한국어 번역처럼 씨름을 시작한 사람을 주어로 봅니다. 그래서 그 사람은 야곱과 씨름하면서 야곱을 이기지 못함을 발견했습니다. 하나님이 인간으로 자신을 계시하실 때, 야곱은 그 씨름에서 지지 않을 수 있습니다. 그러나 그때 상황이 갑자기 바뀝니다. 그 사람이 야곱의 환도뼈를 치자 환도뼈가 위골됐습니다. 25절의 "치매"라는 표현은 '만지다', '대다'라는 뜻입니다.[1] 그 사람이 야곱을 살짝 건드렸을 뿐인데 이렇게 약해졌다면 그 사람은 보통 인간이 아닙니다. 이 행동은 신적인 행동이 분명합니다. 야곱은 자기 상대가 보통 사람이 아니라 하나님이신 줄 깨닫게 됩니다. 그래서 정말 하나님은 여기서 야곱의 적으로 나타나십니다.

왜 그랬을까요? 정말 하나님은 야곱의 적이 되셨을까요? 대답은 상황에서 나타납니다. 당시 야곱은 에서에 대한 무서움으로 가득했습니다. 그래서 그의 모든 정신은 에서를 향해 있었습니다. 그때 하나님께서 알

---

[1] 편집자 주: 25절에서 "치매"로 번역된 히브리 동사 "נגע(나가)"는 '만지다/대다/접촉하다(touch)'라는 뜻입니다. 즉, 강하게 타격하거나 때린 것이 아니라 갖다 댔는데, 환도뼈가 위골된 것입니다. 이 단어는 신적인 재앙을 나타낼 때 사용되기도 합니다[참고. 창 12:17(2회 사용); 사 53:4].

리신 것은 야곱이 에서를 두려워할 것이 아니라 먼저 하나님을 두려워해야 한다는 것입니다.

그리고 하나님에게는 야곱의 죄 때문에 그를 죽이실만한 충분한 이유가 있었습니다. 야곱은 거짓말을 했으므로 에서뿐 아니라 하나님께도 심한 죄를 지었습니다. 야곱은 에서만 두려워해서는 안 되고 하나님을 크게 두려워해야 했습니다. 바로 이것이 하나님께서 야곱에게 적으로 나타나신 첫 번째 이유입니다. 그리고 야곱뿐 아니라 야곱의 후손인 온 이스라엘 백성들은 이를 정확히 알아야 했습니다. 사실 이스라엘 백성들은 특별한 관습을 통해 그것을 기억하려 했습니다. 야곱의 손상된 환도뼈 힘줄을 먹지 않으려고 한 관습입니다. 백성들은 이 관습을 통해 야곱이 체험한 사건을 잊지 않고 기억하려 했습니다.

이스라엘 백성들은 가나안 땅에서 이방인 가운데 살았습니다. 이방 족속들은 이스라엘 백성들보다 자주 더 강했습니다. 그런 상황 가운데 이스라엘 백성들은 고기를 먹는 모든 경우에 이 교훈을 기억하려고 했습니다. 그 교훈은 '하나님께서 두려운 분'이라는 사실입니다. 그들은 강하고 두려운 원수 가운데 살고 있었지만 두려워해야 할 분은 하나님이십니다. 이런 이유로 이스라엘은 다른 족속들을 두려워하면서 하나님을 무시해서는 안 됐습니다. 그들은 최우선으로 하나님께서 가장 두려운 분이심을 알아야 했습니다.

오늘날 우리에게는 환도뼈 힘줄을 먹지 않는 관습이 없습니다. 그러나 우리도 이 성경 말씀을 통해 그 관습이 기억나게 하는 것이 무엇인지 기억해야 합니다. 우리가 신자라는 사실이 우리가 더는 하나님을 두려워할 필요가 없음을 의미하지 않습니다. 우리는 그런 생각을 쉽게 가질 수 있습니다. 우리가 믿은 후로는 하나님은 이제 우리에게 두려운 분이 아니라 사랑하시는 분으로만 계신다고 생각할 수도 있습니다. 또한 복음주의는 자주 하나님의 사랑만을 강조합니다. 그래서 많은 신자가 단지 하나님의 사랑을 확신하면서 사람을 두려워하는 것입니다.

그러나 우리 하나님은 계속해서 두려운 적이 되십니다. 그분은 우리의 죄를 미워하십니다. 우리는 계속해서 하나님과 그분의 미움을 깨달아야 합니다. 신자는 일상생활에서 이 사실을 잊지 말아야 합니다. 그리고 우리는 우리 자신에 관해 생각할 때, 자주 하나님보다 사람을 더 두려워하지 않습니까? 오늘 본문 말씀은 이런 우리에게 교훈을 줍니다. 신자는 다른 사람을 두려워하기 전에 누구보다도 하나님을 두려워해야 합니다. 그래서 야곱은 에서를 만나기 전에 하나님을 두려워해야 함을 다시 배워야 했습니다.

그다음 두 번째로 어떻게 됐습니까? 야곱은 그 사람과 씨름하면서 그를 양팔로 안았습니다. 그러나 사람으로 나타나신 하나님은 야곱의 환도뼈를 치신 후에 더는 그를 다치게 하지 않으셨습니다. 그분은 야곱에게 "날이 새려 하니 나로 가게 하라"(26)고 말했습니다. 그러나 야곱은 그 말을 듣고도 그를 가게 하지 않았습니다.

이상하지 않습니까? 우리 생각에는 야곱이 자기를 다치게 한 사람을 빨리 가게 하거나 놓아주는 편이 더 좋지 않겠습니까? 그 두려운 하나님으로부터 더는 상처를 입지 않는 편이 더 좋지 않겠습니까? 하지만 야곱은 그 두려운 하나님을 꼭 붙들었습니다. "당신이 내게 축복하지 아니하면 가게 하지 아니하겠나이다"(26)라고 말했습니다. 그분이 하나님이시라면 야곱은 그분이 자기에게 축복해 주기를 소원합니다.

그 복은 야곱의 생애에서 매우 중요한 것이었습니다. 야곱은 바로 그 복 때문에 에서와 여러 번 대결했습니다. 그리고 마침내 이삭이 에서가 아니라 야곱 자신을 축복하게 했습니다. 하지만 야곱은 하나님께서 자기에게 축복하지 않으시면 이삭의 축복이 헛된 말이 된다는 사실을 깨달았습니다. 야곱에게 필요한 것은 하나님의 축복이었습니다. 그 때문에 야곱은 그 축복을 받고자 하나님을 붙들었습니다.

사실 야곱의 행동은 그 자체로는 아무런 소용이 없습니다. 환도뼈를 위골시킨 하나님은 그분의 능력으로 야곱을 뿌리칠 수도 있으며 심지어 그를 죽일 수도 있었습니다. 야곱은 이런 위험을 무릅쓰면서도 하나님을 끌어안고 축복해 주실 때까지 가게 하지 않겠다고 말했습니다. 그리고 바로 이 때문에 야곱은 다른 이름을 받았습니다. 하나님께서 야곱의 이름을 "이스라엘"이라고 부르셨습니다. 이는 야곱이 하나님과 사람으로 더불어 겨루어 이겼기 때문이라고 하셨습니다(28).

그런데 야곱은 하나님과 사람으로 더불어 어떻게 겨루어 이겼습니까? 실제로는 야곱이 오히려 크게 다치지 않았습니까? 여기서 우리는 야곱이 하나님께 축복해 달라고 매달린 그 방법에 주목해야 합니다. 하나님께서 그에게 지어주신 "이스라엘"은 그가 씨름하며 어떻게 이길 수 있는지를 드러내는 이름입니다. 즉, 하나님을 붙잡고 그분께 부탁하는 그 방법입니다. 그리고 그 이름은 단지 야곱뿐 아니라 그의 후손들에게도 주어졌습니다. 야곱의 후손들도 모두 '야곱'이 아니라 '이스라엘'이라는 이름으로 불렸습니다. 그 이름은 이스라엘이 어떻게 그 이름은 앞으로 이스라엘이 어떻게 이길 수 있는지를 기억나게 하는 방법입니다. 이기는 방법은 하나님께 축복해 달라고 그분을 붙잡는 것입니다.

이처럼 우리도 그것을 깨달아야 합니다. 하나님은 실로 두려운 분이십니다. 그분은 우리에게 상처를 입히실 수도 있고 우리를 그대로 죽이실 수도 있습니다. 또 하나님께서는 우리의 죄 때문에 우리를 치실 충분한 이유가 있습니다.

그렇다면 이런 경우에 우리가 어떻게 하면 좋겠습니까? 그 두려운 하나님으로부터 빨리 도망해야 합니까? 하지만 하나님께서 여기서 우리에게 보여주신 방법은 전혀 다른 것입니다. 두려운 하나님으로부터 도망하는 것이 아니라 오히려 그분께 나아가서 축복해 달라고 부탁하는 것입니다. 그것이 안전한 길입니다. 이기는 길입니다. 하나님은 두려운 분이시기에 우리는 더욱더 그분을 붙잡고 우리의 모든 복을 그분께 부탁해야 합니다.

마지막으로 야곱은 이런 방법으로 실제로 복을 받았습니다. 정말 놀라운 일입니다. 야곱 자신에게 복을 받을 만한 이유가 있었습니까? 그의 선행은 복을 받을 만한 좋은 이유가 됐습니까? 아닙니다. 그는 하나님 앞에 죄인이었고 하나님께 복이 아니라 오히려 벌을 받아야 했습니다.

그렇다면 야곱이 하나님과 씨름하여 이겼기 때문에 복을 받은 것입니까? 그것도 아닙니다. 야곱 자신도 하나님께서 자기보다 능력 있는 분이심을 인정합니다. 야곱이 하나님께 축복을 받은 이유는 우리 하나님은 진실로 그분께 부탁하는 사람에게 그분이 약속하신 복을 주시기 때문입니다. 야곱이 복을 받은 이유는 야곱 자신이 아니라 하나님 안에 있습니다.

신약시대에 사는 우리 신자들은 그 이유를 예수 그리스도의 공로 때문이라고 말할 수 있습니다. 그리스도는 하나님께서 죄인에게 약속하신 것을 우리가 받게 하셨습니다. 이것이 하나님의 복을 받는 것에 관한 본문의 교훈입니다.

우리는 어떻게 복을 받을 수 있습니까? 우리의 선행 때문입니까? 아닙니다. 우리가 하나님께 받아야 할 것은 우리의 선행으로 인한 복이 아니라 우리의 죄로 인한 형벌입니다. 우리는 자기의 공로로 하나님의 복을 받지 못합니다. 우리가 잘 계획하고 구성하여 복을 받는 것도 아닙니다. 하나님의 복을 받는 방법은 단 하나밖에 없습니다. 그것은 아무런 선행 없이 하나님께 부탁하는 방법입니다. 하나님께서 우리에게 그것을 약속하셨기 때문에 우리가 그분께 부탁하면 그분은 우리에게 복 주십니다.

물론 이 본문에서 야곱이 받은 약속은 그가 하나님 백성들의 조상이 되고 그의 후손이 가나안 땅을 유업으로 받을 것이라는 내용입니다. 우리가 받은 약속은 고린도후서 13장 13절에 그 복이 요약되어 있습니다. 예수 그리스도의 은혜, 하나님의 사랑, 성령님의 교통, 이것이 약속의 내용입니다.

그러면 우리는 그 복을 어떻게 받습니까? 하나님께서는 그분이 약속하신 복을 우리가 어떻게 받는지 오늘 본문을 통해 가르쳐 주셨습니다. 우리의 죄로 인해 하나님을 두려워하지만 약속을 신뢰하며 그분께 부탁하는 사람에게는 그 복을 주십니다. 그 복은 하나님께서 약속하신 모든 것입니다. 공로 없는 신자에게조차 복을 주시는 하나님은 두려우신 분이지만 우리는 그 두려운 하나님을 항상 붙들어야 합니다. 아멘!

요셉과 함께하신 하나님

창세기 39장 7~23절

설교 준비에서 중요한 과제는 '당시의 상황과 오늘날 우리의 삶을 어떻게 연결할 것인가?'입니다. 그래서 오늘과 같은 역사적 본문에 관해 설교를 준비할 때, 우리는 두 가지를 기억해야 합니다. 첫째는 우리는 여기 묘사된 사람과 같은 사람이 아니라는 것이며 둘째는 우리 하나님은 그때 사역하신 하나님과 같은 분이시라는 것입니다.

우리는 성경에 묘사된 사람과 같지 않습니다. 우리는 요셉과 같은 사람이 아닙니다. 물론 요셉이 사람이므로 우리는 요셉을 이해할 수 있습니다. 요셉의 고생도 우리는 느낄 수 있습니다. 요셉은 자유인의 아들이었으며 부자의 아들로 자랐습니다. 하지만 그는 형들의 미움 때문에 외국에 팔려 가게 되었고 지금은 노예가 되어 보디발의 집에서 일을 하고 있습니다. 또한 요셉은 주인의 아내에게 유혹을 받았으며 그 결과 그의 상황은 더 나빠졌습니다. 이 모든 사건의 결과로 그는 몇 년 동안 감옥에서 살게 됐습니다. 우리는 요셉이 당한 이 여러 가지 문제를 바로 이해할 수 있습니다.

그러나 성경은 우리도 요셉과 같은 문제를 만나야 한다고 함축하지는 않습니다. 우리가 노예로 일할 가능성은 적습니다. 우리도 성적 유혹을 당할 가능성이 늘 있지만 그때도 요셉의 상황과는 다를 것입니다. 요셉은 자기가 당한 일의 결과로 감옥에 갇혔지만 우리도 같은 이유로 그런 벌을 받으리라고 생각하기는 어렵습니다.

사실 요셉은 하나님의 계획에서 유일한 사람이었습니다. 이스라엘 백성의 조상 아브라함, 이삭, 야곱 이후 요셉은 이스라엘 백성의 지도자가 되어야 했습니다. 하나님의 계획에 따라 요셉은 애굽으로 가서 기근 때에 이스라엘 백성을 구해야 했습니다.

이처럼 요셉은 하나님의 구원 사역에서 매우 특별한 자리를 차지하며 그에 반해 우리는 하나님의 구속사에서 그만큼 중요하지는 않습니다. 하나님의 백성들의 생명이 우리 손에 달려 있지도 않습니다. 정말 우리는 요셉과 다른 사람들입니다.

하지만 요셉의 하나님은 우리 하나님과 같은 분이십니다. 하나님은 항상 같은 분이시며 우리는 오늘 본문에 나오는 그런 이야기를 통해 하나님을 알게 됩니다. 본문에서 자신을 계시하신 하나님은 요셉과 함께하신 하나님입니다. 이 표현은 창세기 39장에 두 구절이 나오는데 한 번은 2절의 "여호와께서 요셉과 함께하시므로"이고, 다른 한 번은 21절의 "여호와께서 요셉과 함께하시고"입니다. 요셉과 함께하신 바로 그 하나님이 그리스도 안에서 우리와 함께하신다고 약속하신 하나님이십니다.

우리는 오늘의 본문에서 요셉과 함께하신 하나님을 만나려고 합니다. 그리고 우리가 볼 것은 하나님이 요셉과 함께하신다는 것이 무엇을 의미하느냐입니다. 요셉이 지금 애굽에서 노예로 보디발의 집에서 일하고 있지만 거기서도 하나님은 요셉과 함께하십니다. 그 결과 요셉은 형통한 자가 됐습니다. 주인은 하나님이 요셉과 함께하신 것을 보고 요셉을 가정 총무로 삼았습니다. 요셉이 집안의 모든 것을 관리하면서부터 집의 상황이 매우 좋아졌습니다.

하나님은 요셉과 함께하셨고 요셉이 행한 일에도 복을 주셨습니다. 보디발은 온 집안이 잘되어가는 줄 알고서 가정 사무를 모두 요셉에게 맡겼습니다. 그래서 이제 요셉은 더 이상 노예 중 하나가 아니라 노예들의 관리자가 됐습니다. 그리고 요셉은 주인뿐 아니라 주인의 아내에게도 관심의 대상이 됐습니다. 여러 노예 중 하나인 요셉은 그 여자의 눈에 잘 띄지 않았습니다. 그렇지만 이제 노예 관리인이 된 요셉은 그 여자의 눈에 잘 드러나게 됐습니다.

또 요셉은 미남이었으므로 그 여자는 요셉을 원했습니다. 어느 날 그 여자는 부끄러움도 없이 요셉에게 동침하자고 요구했습니다. 그것은 요셉에게 어려운 유혹이었을 것입니다. 요셉이 그 여자에게서 어떤 매력을 느꼈는지는 알 수 없지만 그런 매력이 없어도 주인의 처에게 굴복할 수도 있었을 것입니다. 적어도 그런 높은 지위에 있는 사람을 거부하는 것은 매우 어렵습니다. 또한 청년으로서 요셉 자신도 성욕을 느꼈을 것입니다.

이처럼 하나님이 함께하신 요셉조차 유혹을 받았습니다. 하나님은 그리스도 안에서 우리와도 함께하시겠다고 약속하셨습니다. 하지만 이런 생활이 유혹 없는 생활은 아닙니다. 우리도 성적 유혹을 받을 수 있습니다. 그때의 유혹은 요셉과 다른 상황에서 일어날 것입니다.

요셉은 노예였고 따라서 여주인의 요구를 거부하기가 쉽지 않았습니다. 우리는 어떤 주인의 노예가 아니지만 쉽게 전통을 따르거나 사회의 관습을 따르는 약점을 지니고 있습니다. 전통이 말하기를 남자는 결혼하기 전에 성 경험을 가져야 한다고 한다면 그 유혹을 거부하기란 쉽지 않습니다. 또 학교 친구들이나 군인들이 그들의 경험을 자랑할 때 혼자서 그렇게 하지 않는 것도 역시 어렵습니다. 이와 같이 우리도 하나님이 우리와 함께하시는 가운데 어려운 유혹을 느낄 수 있습니다.

요셉은 유혹을 받고 주인의 처에게 두 가지를 대답합니다. 첫째로 요셉은 그 여자가 잘 알고 있는 사실을 이야기합니다. 주인이 그의 모든 소유를 요셉 자신에게 맡겼는데 자기가 어떻게 이런 죄를 범할 수 있겠느냐 하는 것이었습니다. 그 여자도 그런 일이 큰 죄라는 것을 인정해야만 했습니다. 또한 요셉은 하나님을 언급하면서 그 여자에게 "내가 어찌 이 큰 악을 행하여 하나님께 죄를 지으리이까"라고 말했습니다. 모든 사람이 그런 일을 괜찮다고 하더라도 하나님께서는 그런 일을 범죄로 여기십니다. 요셉은 이처럼 여자의 교양과 하나님의 계명에 호소하면서 그 유혹을 이겨냈습니다.

하지만 요셉의 괴로움은 여기서 끝나지 않았습니다. 주인의 처는 날마다 그를 따라가서 동침하자고 졸랐습니다. 요셉은 노예였으므로 그 집을 떠나 그 여자를 피할 수 없었습니다. 마침내 유혹은 최고조에 이릅니다. 어느 날 요셉이 일을 보기 위해 집에 들어왔습니다. 마침 집에는 아무도 없었습니다. 그때 여자는 요셉에게 동침하자고 다시 요구했을 뿐 아니라 요셉의 옷까지 잡았습니다. 이제 여자는 요셉의 거부를 눌러 이기려 합니다.

하지만 요셉은 그때도 죄를 범하지 않았습니다. 그는 다시 거부했고 여자와 싸울 수 없으므로 그 옷을 여자의 손에 버리고 도망갔습니다. 이처럼 요셉은 매우 어려운 시험을 당하고도 그것을 이겼습니다.

요셉은 하나님의 임재를 경험한 사람이었습니다. 특별한 복을 받은 사람이었습니다. 또한 하나님께서는 구속사에서 요셉을 사용하고자 하셨습니다. 하지만 이 모든 것은 요셉이 더 이상 심한 시험을 당하지 않는다는 것을 의미하지는 않습니다. 요셉은 모든 시험 가운데 있었고 인간으로서 계속 그가 거의 거부할 수 없는 유혹을 받았습니다.

하나님이 함께하신다고 해서 시험이 사라지는 것은 아닙니다. 신자는 항상 죄의 유혹을 느낄 것입니다. 그러나 이것을 실제로 부인하는 사람들도 종종 있습니다. 그들은 보통 신자는 죄의 유혹을 계속 느낄지도 모르지만 완전한 사람은 유혹의 차원을 초월한다고 생각합니다.

또한 자기가 죄의 유혹에서 완전히 벗어난 신자임을 자처하는 사람도 항상 있었습니다. 그들은 자기에게 범죄의 위험성이 없는 듯이 행동합니다. 믿음의 생활이 쉬운 것처럼 아무런 문제 없이 살고 있는 것입니다. 하지만 하나님이 함께하셔도 우리는 항상 유혹을 느끼게 됩니다. 약속대로 하나님은 우리와 함께하시지만 그것은 우리의 생활이 쉬울 것을 내포하지는 않습니다. 우리의 지상 생활이 더 어려워질 수도 있습니다. 하나님께서 우리에게 어려우신 분이라서가 아니라 우리 주위의 세상이 하나님을 거역하기 때문입니다.

우리는 하나님이 함께하셔도 시험을 받을 것이며 시험에 빠지지 않도록 항상 주의해야 합니다. 하나님께서 우리와 함께하시겠다고 약속하셨지만 유혹 없는 생활을 우리에게 약속하지는 않으셨습니다. 이렇게 두 번씩이나 거부당한 보디발의 처는 이제 어려운 상황에 직면했습니다.

집의 노예들은 그 여자가 요셉을 원했다는 것을 알았을 것입니다. 또 지금 요셉의 옷이 그 여자의 손에 있는데 이를 어떻게 설명할 수 있겠습니까? 그것을 보는 노예들과 남편은 무슨 생각을 하겠습니까?

이런 무서움과 함께 그 여자에게는 요셉을 향한 증오심이 생겼습니다. 요셉은 그 여자의 소원을 거절했고, 그 여자는 이제 요셉을 사랑하는 대신 그를 미워하게 됐습니다. 보디발의 처는 자기의 증오심을 충족시키기 위해 상황을 교묘히 이용했습니다. 그는 먼저 겁간을 당할 뻔한 것처럼 소리칩니다. 노예들이 급히 그 방에 들어가자 그 여자는 요셉이 자기와 동침하려 했다고 말합니다. 그 여자는 요셉의 악행을 잘 꾸며댔습니다. 요셉의 옷은 이제 여자의 손에 있지 않고 여자의 곁에 있습니다. 이 사실이 함축하는 바는 요셉이 그 여자와 동침하기 위해 그 옷을 벗었다는 것입니다.

또한 여자는 요셉의 성격도 비방합니다. 요셉을 히브리 사람이라고 부르면서 말입니다. 여자는 요셉이 히브리 사람이므로 그에게 외국인으로서 그런 나쁜 것이 예상될 수 있다고 말하는 것 같습니다. 그 여자의 악행은 모두 다 요셉의 것이 되고 말았습니다.

또한 여자는 간접적으로 자기 남편에게도 책임을 묻습니다. 주인이 히브리 사람을 우리에게 데려왔다고 했습니다. 그래서 이 나쁜 요셉이 보디발의 집에 들어온 것은 보디발 자신의 잘못된 행동이 됐습니다. 이처럼 여자는 요셉을 고발하며 남편의 근시안을 언급함으로써 자기는 아무 잘못도 없다고 주장했습니다. 요셉은 하나님이 함께하신 사람인데 그것은 요셉이 거짓 고발을 당하지 않음을 의미하지 않습니다.

또한 요셉은 바르게 행했습니다, 하나님의 율법도 지켰습니다. 하지만 그는 세상의 눈에 행복한 사람이 아닌 나쁜 사람이었습니다. 이런 까닭에 하나님이 함께하신다고 해서 다른 사람에게도 인정받는 사람이 되는 것은 아닙니다.

보디발은 아내의 이야기를 듣고 심히 노했습니다. 자기가 좋아하고 특별히 우대한 요셉이 부인을 겁간하려 하고 주인을 속이려 든다면 요셉은 정말 심한 벌을 받아야 합니다. 요셉은 없어져야 합니다. 보디발은 바로의 시위대장이었으므로 국사범을 수용하는 감옥을 관장하고 있습니다. 그래서 보디발은 요셉을 그 감옥에 넣었습니다. 살아 있긴 했지만 요셉의 생활은 어려웠습니다. 원래 요셉은 거부(巨富)인 목자의 아들이었습니다. 먼저 그는 노예가 되었는데 그것만 해도 이미 엄청난 고생이었습니다. 하지만 지금 그의 생활은 그보다도 훨씬 더 어렵게 됐습니다.

이는 요셉이 나쁜 짓을 했기 때문이 아니라 하나님께 순종했기 때문입니다. 하나님이 함께하시는 생활은 그런 것이 될 수 있습니다. 하나님은 우리와 함께하신다고 약속하셨습니다, 이는 큰 복입니다. 하지만 이것이 고생을 막아주거나 행복한 생활을 제공해 주는 것은 아닙니다.

하나님께 순종할 때도, 어려운 상황에서 시험에 빠지지 않고 남에게 손해를 입히지 않더라도 그 덕분에 꼭 칭찬을 받지는 않습니다. 하나님이 우리와 함께하셔도 우리가 대적으로부터 꼭 보호받지도 않습니다. 하나님이 함께하시는 그 사람은 오히려 거짓 고발과 불의한 형벌을 받을 수도 있습니다. 하나님께 순종하는 사람은 종종 많은 고생을 합니다. 또 하나님이 함께하신다는 사실이 이 상황을 꼭 바꾸어 주지는 않습니다.

그렇다면 하나님이 우리와 함께하신다는 그 약속이 무엇을 의미합니까? 이것은 분명 복이지만 꼭 행복한 삶을 의미하지는 않습니다. 무엇입니까? 21절에 다시 그 표현이 나오는데 하나님은 어려움 속에서도 그분께 순종하는 요셉과 함께하신다고 말씀합니다. 그때 요셉은 감옥을 떠나지 못합니다. 그렇지만 그 결과로 요셉은 간수장에게 은혜를 받게 됐습니다. 간수장은 요셉을 신뢰하게 됩니다. 또 그는 요셉이 가진 조직력을 보고 죄수를 다 요셉의 손에 맡겼습니다. 요셉은 이제 한 집이 아니라 감옥 전체를 관리하게 됐습니다.

하나님께서는 이렇게 계속하여 요셉에게 미래의 임무를 준비시키십니다. 여기에 핵심이 있습니다. 하나님은 요셉을 미래의 임무를 위해 준비하셨습니다. 요셉의 이후 임무는 이스라엘 백성을 보호하기 위해 애굽의 총리가 되는 것입니다. 또 그때 요셉은 애굽의 모든 곡식에 대한 수집과 나눔을 관리하게 될 것입니다. 하나님은 이 일을 위해 오랫동안 요셉을 준비시키고 계십니다. 먼저 요셉을 애굽으로 가게 하심으로, 다음에는 요셉에게 보디발 집의 관리를 맡기심으로, 그리고 이제는 감옥 관리를 요셉에게 맡기심으로, 요셉이 미래의 임무를 감당할 수 있도록 준비시키십니다.

하나님이 함께하시는 결과는 요셉이 먼저 보디발의 집에서, 다음으로는 감옥에서도 하나님의 뜻을 이루는 방향으로 나아가고 있다는 것입니다. 이 말은 하나님의 계획이 성취되기 위해 요셉이 꼭 감옥으로 가야 했다는 뜻은 아닙니다. 만일 하나님께서 원하셨다면 요셉은 보디발의 집에서도 곧바로 왕에게 꿈을 설명하는 자로 알려질 수 있었을 것입니다. 아니면 여러 가지 다른 방식으로 하나님의 계획을 성취하실 수도 있습니다.

그러나 본문이 가르치는 것은 하나님은 그분의 계획이 막히지 않도록 하시기 위해 요셉과 함께하신다는 점입니다. 다시 말해 하나님은 요셉이 바로 왕의 총리가 되기 위해 또 자기 백성을 기근 동안에 구원하시기 위해 요셉과 함께하신다는 것입니다. 요셉의 통치 아래 이스라엘 백성은 애굽에서 살기 시작했고 이후 수백 년 동안 거기서 살게 될 것입니다.

이처럼 하나님은 요셉의 사역을 통해 예수 그리스도의 오심과 그분이 이루실 완전한 구원을 향해 일하십니다. 그것을 바라보면서 하나님은 요셉과 함께하십니다. 그렇다면 우리는 하나님이 우리와 함께하신다는 약속을 구속사 및 하나님의 영원하신 계획과 분리해서는 안 됩니다. 하나님은 영원 전부터 결정하신 구원 사역과 관련하여 우리와 함께하시기 때문입니다.

따라서 하나님이 우리와 함께하신다는 그 약속은 우리가 이 세상에서 문제없이 행복한 생활을 누리는 것을 의미하지 않습니다. 그 약속은 하나님이 우리를 그분의 구원 사역에 사용하시고 보호하신다는 것을 의미합니다.

우리는 하나님의 구속 사역에서 요셉과 다른 위치에 있습니다. 우리는 요셉의 시대에 살고 있지 않으며 요셉처럼 뛰어난 조직력을 가진 사람도 아니고 요셉처럼 노예가 되거나 감옥에 들어갈 가능성도 크지 않습니다. 또 우리는 요셉처럼 한 나라의 총리가 되지도 않을 것입니다. 하나님의 구속사에서 요셉은 그런 자리에서 일해야 했지만 우리는 그렇지 않을 것입니다.

하나님은 요셉을 그 위치에 두셨지만 같은 구원 사역을 위해 우리를 다른 위치에 놓아 우리와 함께하십니다. 그렇다면 우리 신앙생활을 위한 중요한 결론은 이것입니다. 하나님이 우리와 함께하신다는 말은 하나님이 그분의 구원 사역에서 우리를 사용하시고 그때 우리는 구속사의 결과를 그분과 함께 누릴 것이라는 바로 그것입니다.

구원의 은혜에 감사하자

열왕기하 7장 1~20절

솔직히 말하자면 저는 먼저 한 가지를 인정해야 합니다. 제가 오늘 채플을 위해 이 본문을 선택한 이유는 이 본문이 무슨 이유로 성경에 기록되었는지 알고 싶은 저의 호기심 때문입니다. 특별히 제가 관심을 두는 곳은 앞부분입니다. 문둥병 환자에 관한 이야기는 무엇을 의미합니까? 문둥병 환자 이야기는 단지 이야기의 한 요소가 아니라 분명한 의미를 가지고 있어야 합니다.

이 부분이 특별한 의미가 없는 이야기의 한 요소에 불과한 것이라면 저자는 문둥병 환자 네 사람이 아람 군대에 가서 아람 사람들이 다 나간 것을 발견했다고 단지 한 문장으로 간단히 기록했을 것입니다. 그런데 사실 문둥병 환자에 대한 부분이 7장 전체에서 가장 길게 설명되어 있습니다. 그래서 우리는 이 부분이 전체 이야기 속에서 어떤 의미인지 알아야 합니다. 그렇다면 그 의미는 무엇입니까? 누가 이렇게 생각하여 적용할지도 모릅니다.

'문둥병 환자는 구원에 관한 좋은 소식을 받았으며, 이처럼 우리도 구원의 복음을 들었습니다. 또 문둥병 환자는 그 소식을 전달하지 않다가 나중에 그것이 잘못임을 깨달았으며, 이처럼 우리도 우리가 받은 구원에 관하여 침묵하면 안 됩니다. 또 마침내 그들이 구원에 관한 소식을 전한 것처럼 우리도 열심히 복음을 전하는 자가 되어야 합니다'라고 말입니다.

이렇게 생각하면 문둥병 환자에 관한 이 이야기를 다양하게 적용할 수 있을 것 같지만 그런 적용에는 문제가 있습니다. 그 같은 적용은 본문에서 나오지 않기 때문입니다. 오히려 그런 적용은 하나님과 이 말씀의 중심 메시지를 모두 무시하는 셈입니다.

본문에서는 왕과 엘리사 사이의 투쟁이 핵심이지만 그런 적용에는 왕과 선지자가 전혀 언급되지 않습니다. 또 이 이야기에서는 발견자가 문둥병 환자라는 사실이 중요하게 취급되고 있지만 그런 적용에서는 이 사실도 무시되고 있습니다. 따라서 우리는 본문의 흐름과 목적에 맞게 문둥병 환자에 관한 이야기의 의미와 적용을 찾아야 합니다. 이 본문이 나타내는 주된 의미는 다음과 같습니다.

"하나님께서는 희망이 없는 상태에서도 하나님을 신뢰해야 함을 왕과 우리 모두에게 가르치신다."

본문의 상황은 매우 어렵습니다. 이스라엘 열 지파의 수도 사마리아는 아람 군대에 의해서 포위당했습니다. 그러나 사마리아는 튼튼한 돌담과 성채를 가졌기 때문에 아람 군대도 직접 공격하지는 못했습니다. 이때 아람 왕이 사용한 방법은 사마리아 성을 오랫동안 포위해서 그 사람들을 굶겨 죽이는 것입니다. 그리고 그 방법은 성공하고 있었습니다. 사마리아 성에는 식량이 다 떨어지고 기근은 점점 심해지고 있었습니다.

사람들은 평소에 먹지도 않던 것들을 이제 먹어야 했고 그것도 아주 비싸게 팔렸습니다. 또 어떤 여자는 이웃 여자에게 말하기를 '네 아들을 내놓아라. 우리가 오늘 먹고 내일은 내 아들을 먹자'라고 제안했습니다. 그것이 6장의 내용입니다. 이 사실을 들은 왕은 이 모든 것이 선지자 엘리사 때문이라고 말했습니다. 그래서 왕은 사자를 보내 엘리사에게 "이 재앙이 여호와께로부터 나왔으니 어찌 더 여호와를 기다리리요"(왕하 6:33)라고 했습니다. 그러자 엘리사가 하나님으로부터 예언을 받고 왕에게 말했습니다.

> "여호와의 말씀을 들을지어다 여호와께서 이르시되 내일 이 맘때에 사마리아 성문에서 고운 밀가루 한 스아를 한 세겔로 매매하고 보리 두 스아로 한 세겔로 매매하리라"(왕하 7:1).

이 예언이 성취될 것은 거의 불가능합니다. 고운 가루 한 스아를 한 세겔로 사는 것은 보통 때에는 좀 비싼 편이지만 이런 기근 때는 매우 저렴한 가격입니다. 또 고운 가루와 보리가 사마리아 성문에서 팔린다는 것은 매매가 재개된다는 뜻입니다. 그러니 이것이 내일까지는 성취될 수 없는 것입니다. 설사 아람 군대가 밤에 성을 떠난다고 해도 사마리아 사람들은 먼저 파괴된 밭에서 곡식을 거두어야 합니다. 그래서 고운 가루와 보리가 내일 사마리아 성문에서 매매될 것이라는 예언은 결코 성취될 수 없습니다. 아마도 모든 사람이 그렇게 생각했을 것입니다. 그 예언을 들은 사람 중 하나도 이렇게 말했습니다.

"여호와께서 하늘에 창을 내신들 어찌 이런 일이 있으리요"(왕하 7:2).

바로 그다음 구절에서 성경은 문둥병 환자들에 관해 이야기합니다. 이제 그 사실을 다시 언급할 필요는 없고, 다만 몇 가지 중요한 요소를 지적하겠습니다.

첫째, 문둥병 환자들은 불쌍한 사람들이었습니다. 문둥병에 걸린 그들은 더는 백성들 가운데 살 수 없고 따로 살아야 했습니다. 그래서 이 문둥병 환자들은 사마리아 성 밖에 살다가, 아마도 아람 군대 때문에 이제 성벽 근처로 와서 살고 있었을 것입니다. 그들은 먹을 것을 얻기 위해 성안에 있는 사람들의 도움에 의존했지만 그들도 식량이 없어 문둥병 환자들을 도울 수 없었습니다. 그런데 사마리아 사람들보다 훨씬 더 희망이 없는 문둥병 환자들이 결과적으로 사마리아 사람들보다 먼저 먹게 되었습니다.

둘째, 문둥병 환자들이 아람 군대의 진으로 가보니 거기에 아무도 없었습니다. 그래서 그들은 이 장막, 저 장막에서 실컷 먹고 마실 수 있었습니다. 돈 한 푼 내지 않고 무료로 먹었습니다.

셋째, 문둥병 환자들은 먹는 것뿐 아니라 금과 은과 옷까지도 가졌습니다. 이 세 가지는 모두 엘리사의 예언을 넘어서는 더욱 놀라운 것입니다. 엘리사는 백성들이 내일 음식을 먹게 된다고 예언했으나 그전에는 아무런 소망이 없던 문둥이들이 그들보다 먼저 충분히 먹었습니다. 엘리사는 백성들이 곡식을 저렴한 가격에 살 것이라고 예언했으나 문둥병 환자들은 값을 치르지 않고 거저먹었습니다. 엘리사는 백성들이 먹을 것을 얻을 것이라고 예언했으나 문둥병 환자들은 곡식뿐 아니라 금과 은 그리고 옷까지도 얻었습니다.

사람들은 엘리사가 백성들에게 "내일 당신들이 먹을 것을 살 수 있다"라고 할 때 믿지 않았습니다. 하지만 여기서는 문둥병 환자들도 먹을 수 있었다는 믿기 어려운 사실까지도 판명됐습니다. 이 사실에서 하나님은 그분의 예언보다 훨씬 더 어려운 일까지도 행하실 능력이 있다는 것을 보여주셨습니다.

그러면 이 모든 일이 어떻게 발생했습니까? 문둥병 환자들은 처음에는 이 사실을 말하지 않았지만, 백성들이 나중에 알게 되었고, 성경은 이를 우리에게 설명합니다.

> "이는 주께서 아람 군대로 병거 소리와 말 소리와 큰 군대의 소리를 듣게 하셨으므로 아람 사람이 서로 말하기를 이스라엘 왕이 우리를 치려하여 헷 사람의 왕들과 애굽 왕들에게 값

을 주고 그들을 우리에게 오게 하였다 하고"(왕하 7:6).

아람 군대가 어떻게 해서 도망갔습니까? 전쟁 때문입니까? 아닙니다. 사실 하나님께서 그들로 도망하게 만든 수단은 소리에 불과했습니다. 단지 그 소리 때문에 아람 군대가 도망한 것입니다. 사마리아의 해방에 관한 하나님의 예언은 소리와 그로 말미암아 야기된 혼돈으로 성취됐습니다. 하나님께서는 군대가 쳐들어오는 듯한 큰 소리 하나만으로 아람 군대가 그들의 모든 소유물을 사마리아 성 앞에 팽개쳐두고 도망하게 하셨습니다. 하나님은 그런 분이십니다.

당시 이스라엘의 왕과 많은 사람은 절망에 빠져 있었습니다. 그들은 어떤 도움도 기대하지 않았습니다. 따라서 엘리사가 그들에게 내일이면 먹을 것을 살 수 있다고 예언했을 때 그들은 그것을 믿지 않았습니다. 이런 상황에서 하나님께서는 문둥병 환자 이야기를 통해 그분이 예언하신 것보다도 더 큰 일을 이룰 수 있음을 보여주셨습니다. 그때 하나님께서 사용하신 수단은 단지 큰 소리가 들리게 하신 것입니다. 아주 쉬운 것입니다. 이스라엘 백성과 왕은 하나님의 약속을 믿을 수 있게 됐습니다.

이스라엘 백성들의 잘못은 하나님께서 단지 그들이 알고 있는 방식으로만 행하실 수 있다고 생각한 것입니다. 그러나 하나님은 우리의 생각을 초월하여 행할 수 있는 분이십니다. 오늘날 우리도 그것을 잘 깨달아야 합니다. 이 본문을 읽을 때 우리는 '나는 이스라엘 왕처럼 생각하지 않는다'라고 생각할 수도 있습니다. 사실 그렇습니다. 우리는 정말 이 왕처럼 생각하지 않습니까?

생각해 보십시오. 한 예를 들겠습니다. 인구 폭발에 관한 것입니다. 예에 불과하지만 생각해 보십시오. 현대 사회는 인구 폭발을 많이 경계합니다. 이 때문에 항상 가족계획을 강조해 왔습니다. 인구 폭발에 대해 사회가 경계하게 된 배경에는 이 세상에 있는 것이 그 많은 인구가 먹고 생활하기에 충분치 않다는 생각이 도사리고 있습니다.

창세기 1장 28절을 기억하십시오. 그런 생각은 창세기 1장 28절에 기록된 말씀을 무시하고 하나님께서 우리가 알고 있는 방식으로만 행하실 수 있다고 생각하는 잘못입니다. 이 점에서는 우리는 이스라엘 왕과 같은 방식으로 생각합니다. 마치 이스라엘 왕의 생각처럼 우리가 아는 방식만이 가능하다고 생각하는 것입니다. 하지만 하나님은 우리의 지식을 초월해서 행하십니다. 그것이 어떻게 가능한지 잘 알 수 없어도 우리는 하나님을 신뢰할 수 있습니다. 문둥병 환자들에 관한 본문이 우리에게 가르치는 것도 하나님께서는 그분이 예언하신 것보다 더 놀라운 일을 행하실 수 있다는 것입니다.

다음으로 왕은 이미 아람 군대가 도망갔고 거기서 문둥병 환자들이 음식을 먹었다는 소식을 그들에게서 들었습니다. 그런데 왕은 이 소식을 듣고 어떻게 반응했습니까? 그 소식을 들었을 때 신하들은 기뻐했을지 모르지만 왕은 기뻐하지 않았습니다. 오히려 그는 그것이 사실이 아니라 적의 작전이라고 말했습니다. 즉, 아람 사람들이 사마리아 성안에 기근이 심한 것을 알고는 자기들이 도망한 것처럼 하다가 이스라엘 사람들이 음식을 구하려고 성 밖으로 나오면 갑자기 공격할 것이라고 했습니다. 그래서 이는 아람 군대가 이스라엘 군대를 유인하는 작전이라고 말한 것입니다. 어쩌면 그럴듯한 생각입니다. 실제로 이런 작전은 그 당시 전쟁에서 흔하게 사용됐습니다. 예를 들면, 이스라엘이 아이 성을 정복할 때 사용한 것이 바로 이 작전입니다. 그래서 아람 군대도 두터운 성벽으로 둘러싸인 사마리아 성을 대상으로 이 작전을 사용할 수 있었습니다.

왕의 이런 설명은 그럴듯하지만 사실은 죄입니다. 왕의 설명은 하나님의 예언을 거부하는 것이기 때문입니다. 엘리사는 적의 포위가 풀리고 곧 먹을 것을 살 수 있다고 분명히 말했으나 왕은 그 예언을 믿지 않았습니다. 왕은 전쟁에는 익숙한 사람이었지만 믿음이 없으므로 그것이 다 소용없게 됐습니다.

만일 이스라엘 백성이 왕의 말대로 했다면 다음 날에도 그들은 두터운 성벽 안에 머물면서 여전히 아무것도 먹지 못한 채 그냥 있어야 했을 것입니다.

그때 왕의 신하 중 하나는 다르게 생각했습니다. 온 백성들이 다 나갈 필요가 없고 일단 몇 사람만 보내보자고 제안했습니다. 그들을 보내 적진 내 상황이 어떠한지 살펴보게 하여 그에 따라 행동할 수 있다고 제안한 것입니다. 그래서 정탐꾼을 내보내었습니다. 그들이 정탐하고 돌아와 아람 군대가 이미 도망가고 없다고 보고했습니다. 그들은 요단강까지 아람 군대를 따라가 봤지만 거기서 그들은 버려진 옷과 무기만을 발견했다고 말했습니다.

이로써 왕의 생각이 얼마나 어리석었는지 드러나게 됐습니다. 왕이 생각한 적의 작전은 물론 그럴듯한 것이었지만 왕은 하나님의 말씀을 믿지 못했기 때문에 그의 생각과 지혜는 오히려 어리석은 것이 되고 말았습니다. 항상 그렇습니다. 우리가 하나님의 말씀을 그대로 신뢰하지 않고 그분의 전능하심을 믿지도 않으면 하나님께서 일상적인 것을 초월해서 행하실 수 있다고는 전혀 생각하지 않게 됩니다. 우리는 자주 어떤 위험 때문에 치밀한 계획을 세워보기도 하지만 정작 하나님의 약속을 신뢰하지 않습니다. 예를 들어 세상은 점점 더 증가하는 인구로 인해 가득해지고 있다는 위험입니다. 그러면서도 세상은 하나님의 말씀대로 발전되고 있음을 우리는 더 이상 믿지 않습니다. 그때 우리는 하나님의 말씀을 따라 살지 않도록 하는 학문적으로 그럴듯한 여러 가지 이유를 생각해 낼 수 있습니다.

예를 들면 가족계획을 위해 여러 가지 학문적인 이유를 충분히 언급할 수 있습니다. 그리고 그 이유는 다 지혜로운 것입니다. 그러나 그런 이유는 하나님과 그분의 전능하심, 하나님의 말씀을 고려하지 않기 때문에 궁극적으로 어리석은 것임이 밝혀집니다. 말씀을 주시는 하나님은 그분의 말씀이 성취되도록 이 세상의 모든 수단을 사용하실 수 있기 때문입니다.

결국 하나님의 말씀이 아니라 우리의 학문을 신뢰하는 사람은 마침내 어리석게 될 것이고, 하나님의 말씀을 신뢰하고 그대로 사는 사람은 지혜롭게 될 것입니다. 이것이 사실이라는 것은 본문에 나오는 세 번째의 사건에서 확인됩니다.

그것은 무리에 의해 밝혀진 장관의 사건입니다. 왕과 함께 엘리사의 집에 갔을 때 그 장관은 내일이면 백성들이 음식을 먹을 수 있다는 엘리사의 예언을 들었습니다. 대부분의 사람이 엘리사의 예언을 믿지 않았는데 그 장관은 한 걸음 더 나아가 엘리사의 예언을 욕했습니다.

"여호와께서 하늘에 창을 내신들 어찌 이런 일이 있으리요"(왕하 7:2).

이스라엘 백성은 "하늘에 창"이라는 표현을 특별히 비가 올 때 사용했습니다. 비가 올 때 그들은 하늘의 창이 열린다고 말하곤 했습니다. 장관의 말은 하늘에서 곡식이 마치 비가 오듯이 내려와도 그 예언이 이루어질 수 없다는 뜻입니다. 사실 하나님께서 그런 일을 못 하실 이유는 없습니다. 광야에서 만나를 내려주신 하나님이시라면 그 상황에서 곡식이 비 오듯이 하늘에서 내려오게 하실 수도 있습니다. 하나님에게는 아무런 문제가 없습니다. 하지만 하나님께서는 여기서 다른 방법을 사용하십니다. 그 장관이 전혀 생각하지 못한 방법이지만 하나님께서는 능히 하실 수 있습니다. 다시 말하지만 하나님께서는 우리의 사고에 제한되는 분이 아닙니다.

이렇게 하나님의 말씀을 욕하는 사람은 또 하나의 예언은 들어야 했습니다. 즉, 그가 고운 가루와 보리가 매매되는 것을 볼 수는 있지만 정작 그 자신이 그것을 먹지는 못할 것이라는 예언입니다(2).

아람 군대가 식량과 모든 소유물을 남겨두고 도망갔다는 소식이 이스라엘 백성에게 전해지자 그들은 앞을 다투어 성문으로 내려갔습니다.

그중에 장사의 소질이 있는 사람들은 적진에서 빨리 식량을 취해 성문으로 돌아와 큰 소리로 팔고 있었습니다. 그래서 그때 성 밖에 적진까지 가기를 원치 않은 사람이나 몸이 약해서 갈 수 없는 사람들은 성문에서 곡식을 살 수 있었던 것입니다. 그리고 그들이 말하는 값은 바로 엘리사가 말한 그대로였습니다. 보통의 값도 아니고 조금 더 비싼 편이지만 그 값입니다. 왕은 장관을 성문에 세워 그 같은 매매의 질서를 바로잡게 했습니다.

그런데 바로 이 때문에 장관에 대한 엘리사의 예언이 성취됐습니다. 즉, 장관은 매매하는 자들이 값을 외치는 것을 들은 다음 바로 사람들에 의해 밟혀 죽게 된 것입니다. 그는 하나님의 예언을 욕했기 때문에 사마리아 성의 해방을 듣고도 그것을 누리지 못했습니다. 왕과 백성뿐만 아니라 이 말씀을 읽는 우리도 장관에 대한 엘리사의 예언도 성취되었음을 들었습니다. 하나님의 예언을 비웃는 것이 참으로 위험한 것임을 다 깨닫게 됩니다.

오늘날 이 세상에는 인간에 대한 가능성이 한층 많아졌습니다. 인간의 지식은 이전보다 더욱 발전되었고 기술적으로도 인간은 이전보다 훨씬 많은 것을 이룰 수 있게 됐습니다. 이 같은 인간의 지식과 기술의 발전은 인간에게는 불가능한 것은 거의 없다는 생각을 가지게 했습니다. '지금 해결할 수 없는 문제는 아마도 10년쯤 후에는 다 해결할 수 있으며 우리는 다 할 수 있을 것이다!'라고 말입니다.

하지만 그들은 역시 하나님은 사람이 할 수 있는 것까지만 행하실 수 있다고 생각합니다. 그리고 하나님의 말씀을 신뢰하는 것은 계몽이 안

된 우스운 일이라고 생각합니다. 하지만 하나님의 말씀을 믿지 않고 비웃는 것은 실로 위험한 것입니다. 결과적으로, 그런 사람은 하나님의 약속이 성취되는 것을 눈으로는 보면서도 정작 그 자신은 그것을 누리지 못할 것입니다.

느부갓네살 왕의 순종
다니엘 4장 28~37절

다니엘 4장은 대단히 특이한 장입니다. 이 장은 왕이 쓴 글인데 이스라엘의 왕이 아닌 바벨론 왕이 썼습니다. 그 내용은 바벨론 왕이 꾼 꿈에 관한 것인데 큰 나무가 베어진다는 꿈이었습니다. 왕은 매우 놀랐습니다. 그래서 다니엘을 불러 이 꿈에 관해 설명하라고 다그쳤습니다. 다니엘은 명령대로 왕의 꿈을 해석해 주었습니다. '이 나무가 베어져 쓰러진 것처럼 왕인 당신도 여호와께서 쓰러뜨리실 것입니다.'

다니엘의 말을 들은 왕은 처음에는 매우 두려워하며 겸손하게 지냈지만 몇 해가 지나자 교만해져서 그 꿈을 잊어버렸습니다. 마침내 그는 하나님의 벌을 받게 됩니다. 자신의 왕권에서 멀어졌고 마치 소처럼 풀을 뜯어 먹는 지경까지 떨어지고 말았습니다. 그러다가 다시 하나님의 권세를 인정하고 하늘을 우러러보았을 때 그의 왕권은 다시금 회복됐습니다. 이것이 다니엘 4장의 내용입니다.

왜 이런 이상한 이야기가 성경에 기록됐을까요? 어떤 사람들은 이 본문을 느부갓네살 왕이 어떻게 회개하게 되었는지 설명하는 내용으로 이해합니다. 많은 사람이 이 본문을 읽을 때 사람들이 어떤 회개의 과정을 거쳐 참 신자가 되는지 찾아보려고 노력합니다.

"보라, 지금 하나님께서 느부갓네살 왕을 회개시키고 있지 않은가! 하나님께서 왕을 정신적으로 크게 압박하여 그분에게로 돌아오게 하고 있지 않은가!"

이렇게 설명하려는 사람들이 많은 것 같습니다. 하지만 이 본문을 그런 방식으로 모든 사람에게 적용할 수 있을까요? 모든 사람이 느부갓네살 왕처럼 정신적으로 압박을 당한 후에야 비로소 회개하는 것일까요?

이 기사를 단순히 회개의 차원에서만 보려 한다면 문제가 발생합니다. 곧 '느부갓네살 왕이 이 사건을 통해 과연 참 신앙을 갖게 되었는가?' 하는 의문입니다. 이 의문에 찬성하는 사람도 있고 반대하는 사람도 있습니다.

찬성하는 사람은 느부갓네살 왕이야말로 참 신자가 되었다고 말합니다. 그들은 2장의 느부갓네살과 4장의 느부갓네살을 비교하면서 그가 신앙적으로 많이 발전했기 때문에 참 신자가 되었다고 주장합니다.

여기에 반대하는 사람도 있습니다. 이들은 느부갓네살 왕이 과연 자기 죄를 원통히 여기고 회개하는 부분이 4장에 나오느냐고 반문합니다.

4장 어딜 봐도 느부갓네살 왕이 자신의 죄를 깨닫고 회개하고 뉘우치는 부분을 찾아볼 수 없다는 것입니다.

이에 대한 반론도 있습니다. 4장 37절을 근거로 '느부갓네살이 지금 하늘의 왕을 찬양하고 칭송하며 공경하고 있지 않느냐!'라고 반문합니다.

그러나 또 반대로 '그가 하늘의 왕을 찬양했다고 하지만 그것이 과연 유일하신 우리 하나님만을 찬양했다고 할 수 있겠는가? 다신론적인 의미에서 신을 칭송했다고도 볼 수 있지 않느냐?'라고 반론을 펴는 사람도 있습니다. 느부갓네살이 여호와 하나님을 인정했을 수도 있지만 여호와 하나님 외에 다른 여러 신의 능력도 인정했을 수 있다고 생각합니다. 그렇게 하는 것이 당시 이교도들이 행했던 일반적인 추세라는 것입니다.

이렇게 느부갓네살 왕이 회개했느냐 하지 않았느냐는 문제로 옥신각신하면 오히려 더 많은 문제가 발생합니다. 느부갓네살 왕이 진정한 의미에서 정말로 회개하고 참 신자가 되었다는 결론을 내리기란 사실상 어렵습니다.

우리는 여기서 잠시 멈춰 서서 한번 생각해 봐야 합니다. '이것이 과연 옳은 질문인가?' '그가 회개한 여부를 묻는 것이 과연 합당한 질문인가?' 하는 점을 생각해 봐야 합니다. 잘못된 질문에서 합당한 대답이 나올 수 없기 때문입니다.

성경은 분명하고 밝은 진리의 말씀을 우리에게 나타내 보여줍니다. 이 분명한 성경 말씀에 우리가 의문을 품을 때 성경 말씀이 흐려질 때가 많습니다. 그런 이유로, 우리는 우리의 관점에서 질문할 것이 아니라, '성경

이 우리에게 어떤 중심을 가지고 말씀하는가?' 하는 문제에 항상 집중해야 합니다.

그렇다면 정말 이 본문이 회개에 관한 기사가 맞는지 4장을 통해 다시 한번 살펴봅시다. 이 장의 중심 사상이 과연 무엇인지 생각해 봅시다. 특별히 먼저 4장 3절은 "참으로 크도다 그의 이적이여, 참으로 능하도다 그의 놀라운 일이여, 그의 나라는 영원한 나라요 그의 통치는 대대에 이르리로다"라고 말씀합니다. 또한 17절 하반절에서 "자기의 뜻대로 그것을 누구에게든지 주시며 또 지극히 천한 자를 그 위에 세우시는 줄을 사람들이 알게 하려 함이라"고 천사가 말했습니다. 25절에는 이제 다니엘이 말합니다.

"왕이 사람에게서 쫓겨나서 들짐승과 함께 살며 소처럼 풀을 먹으며 하늘 이슬에 젖을 것이요 이와 같이 일곱 때를 지낼 것이라 그때에 지극히 높으신 이가 사람의 나라를 다스리시며 자기의 뜻대로 그것을 누구에게든지 주시는 줄을 아시리이다."(단 4:25).

25절의 마지막 부분이 조금 전에 제가 읽은 구절들의 중심 사상이라고 할 수 있습니다. 여기서 우리가 알아야 할 것은 조금 전에 읽은 이 4장 기사의 중심 사상은 그가 회개했느냐의 문제가 아니라 그가 복종했느냐의 문제입니다. 느부갓네살 왕은 하나님이 자기 자신보다 더 강하다는 사실을 깨달아야 했습니다. 그러나 이것은 느부갓네살에게는 대단히 어려운 일이었습니다. 왜냐하면 자기 위신이 손상당하기 때문입니다. 만 왕의 왕이신 하나님의 권세를 인정하기 전까지 그는 너무나도 큰 어려움을 당해야 했는데 소처럼 풀을 뜯어 먹는 그런 치욕도 견뎌야만 했습니다.

생각해 봅시다. 느부갓네살 왕이야말로 그 시대에 가장 강력한 왕이 아닙니까? 그야말로 당시에 알려진 그 세계 전부를 지배하던 왕이 아닙니까? 당시 느부갓네살보다 더 위대한 사람은 아무도 없었습니다. 그렇게 가장 강력하고 가장 높은 인간이 한순간에 처참한 자리에 떨어져야 했습니다. 이것이 이 본문의 중요한 의미입니다. 자신이 가진 능력이 그렇게 크지만 그는 하나님의 능력을 인정해야 했습니다. 이것이 바로 이 사건의 중심 사상입니다.

이는 그냥 하나님께서 그 사람에게만 은밀하게 '네가 내 능력을 인정하라'고 하시는 것이 아닙니다. 하나님께서는 느부갓네살 왕이 하나님의 능력을 인정하되 많은 사람 앞에서 공적으로 인정하도록 유도하셨습니다.

다니엘 4장은 바벨론 왕국의 공식 문서입니다. 당시 왕의 공적 선언문은 온 도성에 공개해야 했습니다. 그래서 온 백성이 알도록 벽에다 갖다 붙였습니다. 이것이 당시 관습이었습니다. 오늘날로 치면 이 기사는 그야말로 모든 신문에 대서특필되었을 것입니다. 느부갓네살은 여호와 하나님이 자기보다 더 위대한 분이라는 사실을 왕국 전역에 알려야 하는 상황에 놓였다는 뜻입니다.

이 공문을 접한 당대의 유대인들은 얼마나 큰 위로를 받았을까요? 정말 큰 위로를 받았을 것입니다. 유대인들은 그 당시에 포로 생활을 하고 있었습니다. 예루살렘은 멸망했고 성전은 폐허가 된 상태였습니다. 하나님의 모든 능력이 다 사라진 듯 보였습니다. '과연 이스라엘의 하나님 여호와가 참 하나님이 맞느냐?'라는 문제가 제기될 만큼 상황이 심각했습니다. '여호와는 자신의 도성도 못 지켰지 않았는가? 자신의 성전도 못 지켰지 않았는가? 자기 백성도 못 지켰지 않았는가? 그런데도 과연 이스라엘 하나님이라고 할 수 있는가?'라는 의문이 들 수밖에 없었습니다.

바로 그 순간 하나님께서 바벨론의 궁궐에서 그분의 능력을 나타냈습니다. 바벨론의 포로가 되어 바벨론 전역에 맥없이 흩어진 유대인들이 그 소식을 듣게 됐습니다. 느부갓네살의 선언이 공포된 다음 주에 유대인들이 다 같이 한군데 모였다고 생각해 봅시다. 그들이 얼마나 기뻐했을까요? '우리 하나님은 참으로 강한 분이시구나! 바벨론의 왕도 복종해야 하는 진짜 왕이 바로 우리 하나님이시구나!' 하며 큰 용기를 얻었을 것입니다. 이 세상에서 가장 강한 왕까지도 이길 수 있는 분이 자신들의 하나님이라는 사실이 입증되었기 때문입니다. 유대인들은 '우리가 어디에 있든지, 어느 왕국에 있든지, 우리 하나님은 참으로 우리를 지킬 능력이 있구나!'라고 하면서 정말 엄청난 위로를 받았을 것입니다. 이 놀랍고도 아름다운 위로의 말씀이 공적 선언문의 형식으로 온 왕국에 널리 전파되게 하시려고 하나님께서는 느부갓네살 왕을 사용하셨습니다.

우리 하나님은 이 말씀을 통해서 오늘 우리에게도 위로의 하나님으로 나타나십니다. 우리가 이 성경 말씀을 통해 바벨론 왕 느부갓네살의 말을 접하는 이 순간, 느부갓네살 왕은 하나님의 능력에 대한 증거자의 역할을 하고 있습니다.

오늘날 우리는 굉장한 힘을 가진 세상 권력들의 시대에 살아가고 있습니다. 미국 대통령, 러시아 대통령, 중국 주석은 우리를 강하게 뒤흔드는 세상의 위대한 권력자들입니다. 어느 한순간 미국 대통령이 명령을 내리면 원자폭탄이 아시아 전체를 그야말로 불바다로 만들 수도 있습니다. 러시아 대통령도 똑같은 일을 할 수 있습니다. 만일 중국의 수백만 군대가 이 아시아를 밀고 내려온다면 아시아는 중국군의 물결로 다 뒤덮여 버릴 것입니다. 이런 상황에서 우리 하나님은 어디에 계실까요?

사랑하는 여러분!

이 순간에도 우리 하나님은 그 당시와 동일한 능력의 하나님으로 우리 가운데 임재하고 계신다는 사실을 생각하십시오. 오늘날 세상에서 가장 능력 있는 대통령도 느부갓네살 왕보다 능력이 크지 않습니다. 그런 느부갓네살 왕도 하나님께서 한 손으로 치실 때 마치 소처럼 됐습니다. 능력의 하나님은 지금도 동일하게 역사하실 수 있습니다. 오늘날 큰 권세를 가진 대통령도 하나님 앞에서는 아무것도 아닙니다. 오늘 우리가 누구를 의지하겠습니까? 대통령입니까? 아니면 하나님입니까? 당연히 하나님입니다. 유대인들이 그 당시 하나님을 의지했던 것처럼 우리도 하나님을 의지해야 합니다.

하나님께서 왕을 통해서 공포하신 선언문을 당시 유대인들도 읽었습니다. 그렇다고 해서 왕의 선언문을 읽는 그 순간 그들이 곧바로 포로 생활에서 해방되지는 않았습니다. 그 일이 발생한 후에도 수년 동안 그들은 포로 생활 중에 숱한 고생을 해야만 했습니다. 하나님은 왕의 포고

문을 통해 유대 민족을 위로하고 지키셨지만 당시 그들을 그 자리에서 곧바로 구원해 내지는 않으셨습니다.

　우리 하나님은 그분만의 은밀한 계획을 세우고 계십니다. 그 계획이 무엇인지 우리는 알 수 없습니다. 하나님은 하실 일이 참 많습니다. '우리에게는 왜 이런 일들이 일어나지 않는가?', '우리는 정말 구원받을 수 있는가?' 하는 불안감이 우리에게 있지만 하나님께서는 차곡차곡 그분의 일을 진행해 나가십니다. 하나님은 우리를 세상의 악한 권세에서 곧바로 건져내는 일도 하지 않을 것입니다. 그러나 그 하나님이 가장 강한 분이시라는 그 사실을 이 순간 곧바로 우리에게 가르쳐 주십니다. 하나님께서 가장 강력한 분으로 계시는 한 우리는 이 세상에서 결코 실망하거나 낙심할 필요가 없습니다. 바로 이것을 우리에게 알려주기 위해 하나님은 다니엘 4장에 느부갓네살 왕의 포고령을 기록하셨고 이를 도구로 사용하여 오늘날 우리에게도 위로의 말씀을 주십니다.

목자 없는 양
마태복음 9장 36~38절

교회는 기도하는 공동체가 되어야 한다는 사실을 우리는 잘 알고 있습니다. 한국교회도 기도하는 교회가 되어야 합니다. 그 이유는 하나님과 우리 인간 사이에 있는 차이점 때문입니다. 우리 인간들은 다 무력한 존재이지만 하나님께서는 전능한 분이십니다. 또 하나님께서는 우리의 주님이시고 우리는 그분의 백성입니다. 이처럼 우리는 하나님을 우리의 주님으로 인정하면서 계속 그 하나님께 기도해야 합니다.

하지만 기도해야 한다는 그 자체만으로는 무언가 충분치 않습니다. 우리는 무엇을 위해 기도해야 하는지도 알아야 합니다. 기도가 하나님의 전능하신 능력을 요청하는 것이라면 우리는 무엇을 위해 하나님의 이 능력을 요청해야 하는지도 다 배우고 알아야 합니다.

그래서 우리 주님이신 예수님께서는 기도하라고 명령하셨고 또 무엇을 위해 기도해야 할지도 가르쳐주셨습니다. 오늘 본문은 기도에 대한 예수님의 가르침 중 하나입니다. 본문 38절을 읽겠습니다.

"그러므로 추수하는 주인에게 청하여 추수할 일꾼들을 보내어 주소서 하라"(마 9:38).

예수님께서는 이렇게 기도하라고 제자들에게 말씀하셨습니다. 다시 말하자면 우리는 예수 그리스도의 가르침에 따라 "추수할 일꾼들을 보내" 달라고 하나님 아버지께 기도해야 합니다. 이 기도가 구체적으로 무엇을 의미할까요?

이 질문을 이해하기 위해 우리는 먼저 예수님께서 이 말씀을 하신 상황을 알아야 합니다. 예수님께서는 왜 그리고 무엇 때문에 이런 기도 명령을 하셨습니까? 그 이유는 '목자 없는 양'이 많았기 때문입니다.

"무리를 보시고 불쌍히 여기시니 이는 그들이 목자 없는 양과 같이 고생하며 기진함이라"(마 9:36).

"예수께서 이 열둘을 내어 보내시며 명하여 가라사대 이방인의 길로도 가지 말고 사마리아인의 고을에도 들어가지 말고 (5) 차라리 이스라엘 집의 잃어버린 양에게로 가라(6)"(마 10:5~6).

그러면 '목자 없는 양'이 당면한 문제가 무엇이겠습니까? 이 본문은 자주 선교를 위해 사용됐습니다. 특히 37절에 "추수할 것은 많되 일꾼이 적"다는 말씀을 선교 활동에 적용해야 한다고 보는 것이 우리들의 일반적인 생각입니다. 그러나 본문을 잘 보십시오. 본문은 선교에 대해 직접적으로 전혀 말씀하지 않습니다.

예수님께서 언제 이 말씀을 하셨는지 생각해 보십시오. 36절에 따르면 그분이 무리를 보았을 때입니다. 이 무리는 이방인들이 아니었습니다. 그들은 유대인들이었습니다. 예수님께서 그 당시에 주로 갈릴리 지역의 모든 성과 촌에서 가르치셨고 그곳에서 천국 복음을 전하셨으며 병을 고치셨습니다. 본문 35절을 보십시오. 예수님께서는 유대인들이 출입하는 회당에서 그렇게 하셨습니다. 예수님께서는 이 회당에 출입하는 유대인들의 무리를 보시고 '목자 없는 양'에 관한 이 말씀을 하셨습니다. 예수님께서는 그들의 상태가 정말 어렵다는 사실을 잘 알고 계셨습니다. 그들이 고생하며 기진했다고 하십니다(36). 그들은 힘을 잃어 더 이상 뛰거나 걷지 못하고 결국 땅 위에 쓰러지게 될 것입니다. 그리고 결국에 가서는 들짐승들에게 잡아먹힐 것이 불을 보듯 뻔합니다.

그들은 목자 없는 양의 형편과 같았습니다. 예수님 당대의 양들을 생각해 보십시오. 예수님 당대의 양들은 울타리 안에서 산 것이 아니라 넓은 자연에서 살면서 먹이를 찾아야 했습니다. 목자는 양을 풀이 있는 곳으로 인도했습니다. 그러나 목자 없는 양은 어떻습니까? 그들은 풀을 찾지만 목자의 인도가 없기에 풀을 찾지 못해 점점 피곤해지고 마침내 그것도 포기하여 지쳐 쓰러져 들판에 눕게 됩니다. 마지막 결과는 죽음입니다. 그들은 인도자가 없으므로 먹이를 찾지 못하여 그 결과로 피곤해져서 빈들에 누워 죽음을 기다립니다. 이것이 무엇을 의미합니까?

본문 바로 앞 문맥에 이에 관한 한 예가 나옵니다. 9장 32절에 따르면 사람들이 귀신 들려 벙어리 된 사람을 예수님께 데리고 왔다고 합니다. 그때 예수님께서는 귀신을 쫓아내셨고 그 사람이 말할 수 있도록 기적을 행하셨습니다. 예수님께서는 이 일을 통해 그분 자신을 구원자로 계시하셨습니다. 그리고 무리조차 이런 일을 본 적이 없었다고 합니다. 무리는 예수님께서 유일한 구원자라는 사실을 깨닫기 시작합니다. 바로 그때 바리새인들은 예수님을 가리켜 "그가 귀신의 왕을 의지하여 귀신을 쫓아낸다"(9:34)라고 비난했습니다. 즉 사람들이 예수님을 구원자로 믿지 못하도록 바리새인들은 거짓말했습니다. 그 당시 무리는 예수님의 위대한 구원 사역을 눈으로 보았으나 바리새인들이 한 이 말로 인해 예수님을 구원자로 인정하지 못했습니다.

그때 예수님께서는 이 무리를 가리켜 목자 없는 피곤한 양들이라고 말씀하셨습니다. 그렇다고 해서 이들은 복음을 듣지도 못한 이방인들이 아닙니다. 이 무리는 교회에 속하든 그렇지 않든 간에 예수 그리스도에 관해 들은 사람들입니다. 그러나 이들에게 좋은 인도자가 없었기 때문입니다. 즉 예수님이 구원자라는 사실을 설명해 주는 사람이 없었으므로 고생하며 유리하는 양 떼와 같은 사람들이 됐습니다. 그들의 처지는 죽음에 가깝습니다. 그러면 오늘 한국에는 그런 사람이 없습니까? 우리 주위에 그런 사람이 없습니까? 예수님에 관한 말씀을 듣고 있는데도 예수님이 구원자라는 사실을 바르게 설명해 주는 인도자가 없어서 죽음에 처하는 사람들이 없습니까? 그런 사람들이 우리 주위에 얼마든지 있습니다.

저는 어떤 대학 근처에 살고 있는데 그 대학의 학생 한 명과 만나 예수 그리스도에 관해 이야기한 적이 있습니다. 그 학생은 예수님을 안다고 했습니다. 예수님을 단순히 가난한 사람을 돕는 사람 정도로 생각하고 있었습니다. 저는 그 학생에게 예수님은 참된 구원자시므로 그분이 우리를 하나님과 원수 관계에서 화목한 관계로 만들어주셨다고 말해주었습니다. 그렇지만 그 학생은 화목에 대해 전혀 몰랐습니다. 예수님의 구원 사역을 몰랐습니다. 그 학생은 아마도 민중신학의 영향을 받은 것 같았습니다.

또 다른 학생을 만난 적이 있습니다. 그는 주일 저녁에 학원에 간다고 했습니다. 그는 어릴 때는 교회에 다녔지만 지금은 시간이 없어서 못 간다고 했습니다. 물론 그는 예수 그리스도를 섬기고 자기 마음속에 하나님을 인정하고 있다고 했습니다. 그렇지만 하나님과 교제할 시간은 없었습니다. 자기 미래를 위해 열심히 일을 해야 한다고 했습니다. 그렇게 살아가는 자기 삶에 만족한다고 했습니다.

그런 사람들은 다 목자 없는 양들입니다. 그들이 계속 교회에 출석하든지 그렇지 않든지 간에 그들은 예수 그리스도에 대해 들었고 그분에 대해 알고 있다고 스스로 생각하고 있지만 그분을 구원자로는 알지 못하는 사람들입니다. 그들은 자주 자신들의 지도자에게서 잘못된 교훈을 들었기 때문에 그 결과로 성경의 교훈을 알지 못하는 자가 됐습니다. 성경이 계시하는 예수님과 그분이 주시는 참된 구원을 알지 못하는 자가 됐습니다. 그런 사람은 화란에도 있고 한국에도 있습니다.

그런 모습의 유대인 무리를 볼 때 예수님께서는 그들을 불쌍히 여기셨습니다. 만일 그들이 예수 그리스도를 구원자로 인정하지 않는다면 정말 불쌍한 자들이 아닙니까? 예수 그리스도에 관해 들었는데도 그분을 인정하지 않는 자는 마치 목자 없는 양과 같은데 그들이 어떻게 구원을 얻을 수 있습니까? 그들의 처지는 마치 목자 없는 양과 똑같이 죽음에 가깝습니다.

그렇다면 우리는 우리 주위에 이런 사람들을 생각할 때 어떻게 느낍니까? 무엇보다도 그들이 불쌍하다는 느낌이 들지 않습니까? 그들은 돈이 많은 사람일 수도 있습니다. 그들은 자주 그들 나름의 행복을 느끼기도 합니다. 제가 만난 사람들처럼 공부를 잘할 수도 있습니다. 하지만 그들은 정말 불쌍한 사람들입니다. 그들의 상황은 정말 위험한 상태입니다. 그들이 속아서 잘못된 가르침을 받아 구원자를 잘못 알고 있다면 어떻게 구원받을 수 있습니까? 없습니다. 그렇다면 우리는 그런 사람들을 볼 때 예수님처럼 그들을 불쌍히 여길 수밖에 없습니다.

겉으로 사람들을 평가하지 말고 성경의 가르침대로 예수 그리스도를 믿느냐를 중심으로 그들을 생각해야 합니다. 예수님께서는 그들을 불쌍히 여기시면서 37~38절에서 제자들에게 이렇게 말씀하셨습니다.

> "이에 제자들에게 이르시되 추수할 것은 많되 일꾼이 적으니(37) 그러므로 추수하는 주인에게 청하여 추수할 일꾼들을 보내어 주소서 하라(38)"(마 9:37~38).

이제 예수님의 말씀은 새로운 전환점으로 들어갑니다. 조금 전, 예수님께서는 양과 목자에 대한 비유를 말씀하셨습니다. 그리고 이제 다른 비유를 말씀하시는데 추수와 일꾼에 대한 비유입니다. 예수님께서는 추수할 것이 많다고 하십니다. 이 말씀은 그 추수의 결과가 단순히 크다는 의미가 아닙니다. 예수님을 믿을 준비가 된 사람의 숫자가 단순히 많다는 의미가 아닙니다. 37절의 강조점은 '할 일'입니다. 추수 때가 되면 사람들이 다 바쁘지 않겠습니까? 할 일이 많으니 일꾼 역시 많이 필요합니다. 예수님께서는 지금 이 상황은 일꾼이 많이 필요한 때라고 하십니다.

물론 여기서 "일꾼"이란 단순히 아무 일이나 많이 하고 열심히 하는 사람을 가리키지 않습니다. 여기서 예수님께서 말씀하신 "일꾼"은 예수 그리스도를 올바르게 가르치고 권하는 사람을 의미합니다. 많은 양 떼가 그리스도가 누군지 모르는 상황 가운데 그리스도께서 어떤 분이신지! 그리고 하나님의 구원 사역이 무엇인지! 정확히 알고 가르칠 수 있는 사람이 그런 일을 해야 합니다. 구원자이신 예수님을 올바르게 알지도 못하고, 가르치지도 못하는 사람들이 일꾼이 되어 그 숫자가 많아진다면 오늘날 한국교회가 어떻게 되겠습니까? 지금 예수님께서는 복음을 듣는 사람의 숫자가 많은 것보다 더 중요한 것은 이 복음을 바르게 이해하여 잘 가르치는 사람이 적으면 안 된다는 점을 가르칩니다. 우리의 구원자이신 그리스도를 잘 알지 못하니까 한국교회에 그리스도를 정확히 가르칠 사람이 많이 있어야 합니다. 이는 세계의 다른 나라에 있는 교회에도 그리고 오늘날 한국교회에도 꼭 필요한 말씀입니다.

한국교회가 가장 필요로 하는 것은 경제 발전이 아닙니다. 성도들이 물질적으로 좀 더 풍요로워지는 것이 아닙니다. 모든 질병이 다 낫는 것이 아닙니다. 많은 돈을 벌고, 건강하게 사는 것이 좋을 것 같지만 이는 절대적으로 필요한 것은 아닙니다. 부자들도 그리스도를 바르게 알지 못하면 불쌍한 사람입니다. 이들에게는 돈보다 건강보다 오히려 좋은 설교자가 필요합니다. 또 아픈 사람은 병원에 가서 의사의 검진이 필요하며 주사가 필요합니다. 하지만 그가 그리스도를 잘 알지 못한다면 의사의 도움보다 다른 것이 더 필요합니다. 때때로 의사를 통해 일상생활을 계속 영위할 수는 있습니다. 하지만 그리스도를 바르게 설교하는 사람을 통해 이들은 영생을 누리게 됩니다. 이처럼 경제적으로 많이 발전한 한국에도, 건강에 관심이 뜨거운 한국에도, 언제나 예수 그리스도를 바르게, 잘 가르치는 목사들이 있어야 합니다. 그것이야말로 우리의 참된 필요입니다.

그러면 예수님의 이 말씀을 처음 들었던 사람들은 이 말씀을 듣고 나서 무엇을 해야 했습니까? 그들은 다 나가서 복음을 전해야 합니까? 우리는 너무나도 쉽게 그렇게 생각하는 경향이 있습니다. 그러나 정작 예수님 자신은 그것을 요구하지 않으셨습니다. 예수님의 이 말씀을 들은 사람들은 그분의 제자들이었습니다. 하지만 본문 9장 37~38절에서의 제자는 열두 제자보다는 좀 더 많은 사람으로 보입니다. 물론 열두 사도 역시 이때 제자였습니다. 그러나 이 본문에서의 "제자들"은 더 많은 사람이었습니다. 바로 다음 장인 10장 1절 이하를 보면 예수님께서 그제야 열두 제자를 선택하여 임명하시기 때문입니다. 그래서 여기 9장 37~38절에서의 "제자들"은 예수님께 배우기 위해 예수님을 따르던 모든 사람을 가리킵니다.

이렇게 볼 때 여기서 "제자들"은 그 상황 가운데서는 그 당시의 기독교인들이었다고 할 수 있습니다. 그렇다면 그 당시의 교회는 목자가 없는 상태, 일꾼이 모자랄 때 무엇을 해야 했습니까? 다 복음을 가르치러 나가야 합니까? 아닙니다. 모두가 나가야 할 필요는 없었습니다. 그 대신 예수님께서는 그들이 기도해야 한다고 말씀합니다. 그들 모두는 기도해야 합니다. 38절에 "그러므로 추수하는 주인에게 청하여 추수할 일꾼들을 보내어 주소서 하라"고 하셨습니다. 즉, 온 교회, 모든 교인은 기도해야 합니다. 그 기도의 내용은 '추수를 위해 일꾼을 보내어 주소서'입니다. 교회는 그 추수의 주인이 아닙니다. 하나님께서 친히 그 추수의 주인이십니다. 그러므로 하나님의 교회는 그 추수의 주인에게 부탁하여 일꾼을 보내 달라고 하나님 아버지께 기도해야 합니다.

그리고 하나님께서는 그 기도에 응답하셨습니다. 바로 다음 장인 10장을 보면 예수님께서는 제자들 가운데 열두 명을 선택하여 그들을 사도로 임명하시고 그들에게 복음을 전파할 임무를 주어 내보내셨습니다. 그때 예수님께서는 이 열두 사도에게 "이스라엘 집의 잃어버린 양"에게로 가라고 하셨습니다.

> "예수께서 이 열둘을 내보내시며 명하여 이르시되 명하여 가라사대 이방인의 길로도 가지 말고 사마리아인의 고을에도 들어가지 말고(5) 오히려 이스라엘 집의 잃어버린 양에게로 가라(6)"(마 10:5~6).

이런 의미에서 10장 6절 말씀은 앞의 9장 36~38절과 연결됩니다. 잃어버린 양들은 이스라엘 백성들을 가리킵니다. 그들에게 누가 가야 했습니까? 모든 제자가 아니라 열두 명의 사도였습니다. 누가복음 10장을 보면 예수님께서는 이 열두 명의 사도뿐 아니라 칠십 명의 제자들을 또 선택하여 그들에게로 보내셨습니다.

> "그 후에 주께서 따로 칠십 인을 세우사 친히 가시려는 각 동네와 각 지역으로 둘씩 앞서 보내시며(1) 이르시되 추수할 것은 많되 일꾼이 적으니 그러므로 추수하는 주인에게 청하여 추수할 일꾼들을 보내어 주소서 하라(2)"(눅 10:1~2).

여기서도 모든 제자가 아닌 특별한 사람만이 부르심을 입고 나가야 했습니다. 이 원리는 오늘날에도 동일합니다. 그러나 오늘날 많은 이단적인 사상이 주위에 있습니다. 많은 사람이 그리스도에 관해 듣기는 하지만 예수님께서 우리를 하나님과 화목하게 하시려고 온 구원자이심을 바르게 알지 못하는 사람들이 우리 주위에 많습니다. 오늘날 한국 교회에도 많은 일꾼이 필요합니다.

하나님의 말씀이 이러하다면 교회가 해야 할 일이 무엇입니까? 그리스도의 이 말씀대로 교회는 무엇보다도 기도해야 합니다. 모든 사람이 너나 할 것 없이 목사와 선교사가 되는 대신 이런 사람들을 보내주시도록 하나님 아버지께 기도해야 합니다. 교회는 이 추수의 주인이 아니기 때문에 자기 마음대로 일꾼을 보낼 수 없습니다. 주인이 일꾼을 선정하여 보내는 것이지, 일꾼이 자기 마음대로 자신을 보낼 수 없습니다. 우리에게 결정권이 있는 것이 아니라 이 추수의 주인이신 하나님 아버지께서 결정권을 가지고 계십니다. 교회는 기도해야 합니다. 일꾼을 보내 달라고 기도해야 합니다. 그렇다면 이 기도는 구체적으로 무엇을 포함해야 합니까?

이 기도 속에는 적어도 몇 가지 내용이 포함되어야 합니다.

첫째, 교회는 하나님 아버지께서 그들에게 이미 보내주신 일꾼을 위해 기도해야 합니다. 그들이 하나님의 명령대로 추수하도록 기도해야 합니다. 그들은 하나님의 말씀을 가르침으로 그리스도를 전하는 목사입니다. 교회는 목사가 말씀 사역을 바르게 하도록 항상 기도해야 합니다. 모든 성도가 목사가 될 필요는 없습니다. 그러나 모든 성도는 목사가 그 일을 바르고 신실하게 수행하도록 기도해야 합니다.

둘째, 교회는 그들 가운데서 목사가 나오도록 기도해야 합니다. 이를 위해서는 무엇보다도 그 교회 속에 하나님과 그리스도를 바르고 정확하게 믿는 사람들이 많아져야 합니다. 교회는 이를 위해 기도해야 합니다. 그리고 하나님께서 그런 사람 중에서 목사가 될 사람들에게 소명을 주시도록 기도해야 합니다. 하나님의 말씀을 바르게 알지도 못하고 그리스도를 바르게 가르치고 전하지도 못하는 사람이 단순히 열심 있다는 이유로 목사가 되려고 하지 않도록 기도해야 합니다. 하나님께서 교회 가운데서 미리 신실한 사람을 세우시고, 그들에게 목사가 되고자 하는 선한 소원을 주시도록 기도해야 합니다. 우리 교회에는 그런 기도가 항상 있습니까? 그리고 우리는 집에 있을 때나 밖에 있을 때 그것을 위해 기도합니까? 우리 주위 사람들을 볼 때, 자주 그것을 위해 기도해야 합니다.

셋째, 교회는 신학교를 위해 기도해야 합니다. 사도들은 예수님께 직접 구원 사역을 배웠습니다. 그러나 오늘날 우리는 더 이상 예수님께 물리적으로 직접 찾아가서 배울 수 없습니다. 그래서 교회는 그 대신 신학교를 세우고 그곳에서 예수님을 가르치고 배웁니다. 그러기에 신학교의 목적은 가르칠 실력이 있는 사람이 그리스도를 중심으로 하나님의 온전한 복음을 바르고 정확하게 가르칠 수 있도록 그들을 교육하는 일이 되어야 합니다. 즉, 거기서 배운 신학생이 이후에 양들에게 가서 그리스도의 온전한 복음을 바르고 정확하게 가르치도록 교육하는 데 그 목적이 있습니다.

이제 설교의 결론을 맺겠습니다. 우리는 목사가 말씀 사역을 바르게 잘 감당하도록 항상 기도해야 합니다. 또한 우리는 교회 안의 성도들이 하나님의 말씀을 바르고 정확하게 배워 신실한 사람들이 되도록 기도해야 합니다. 그래서 그들 중에서 목사가 될 사람들이 배출되도록 기도해야 합니다. 그리고 더 나아가 목사를 양성하는 기관인 신학교를 위해서 기도해야 합니다.

한국교회는 전(全) 세계적으로 기도에 가장 열정적인 교회로 널리 알려져 있습니다. 그런데 우리가 예수님의 이 말씀에 순종하면서 기도하고 있습니까? 오히려 다른 것들을 위해서 더 열심을 품고 기도하고 있지 않습니까? 자기 자신과 자신의 가정과 물질적인 풍요와 내 주위 환경을 위해서는 기도하면서 정작 예수님께서 정말 기도하라고 하신 이 명령에 순종하고 있습니까? 우리는 예수님의 복음을 전하고 가르치는 사람을 보내 달라고 하나님 아버지께 계속 기도하고 있습니까?

   우리 주 예수 그리스도의 은혜와 하나님의 사랑 그리고 성령님의 교제가 너희 모두와 함께 있을지어다. 아멘.

항상 기도하라
누가복음 18장 1~8절

　신자의 기도는 항상 응답받습니까? 성경을 읽을 때 우리는 하나님께서 들어주지 않으시는 기도를 발견합니다. 모세는 광야에서 범죄 한 후에 약속의 땅에 들어가지 못하는 벌을 받았습니다. 그때 모세는 약속의 땅에 들어가게 해 달라고 하나님께 기도했지만 하나님은 그의 기도를 받아들이지 않으셨습니다. 바울은 사탄이 자기를 괴롭히지 못하도록 하나님께 기도했지만 하나님께서는 그의 요청을 허락하지 않으셨습니다. 또 예수 그리스도는 하나님께 "이 잔을 내게서 옮기시옵소서"(눅 22:42)라고 기도하셨지만 하나님께서는 그리스도에게 고난이 가득한 잔을 주셨습니다. 이렇게 우리 신앙생활에서도 하나님께서 이루어주지 않으시는 기도가 있습니다.
　하지만 신자 중에는 하나님께서 우리의 기도 대부분을 이루어주신다고 생각하는 사람들이 있습니다. 즉 우리가 열심히 그리고 쉬지 않고 하나님께 기도로 부탁하면 그것을 받아 주시리라는 주장입니다. 이들은 어떤 신자가 기도한 것을 응답받지 못한 경우 그가 열심히 기도하지 않았기 때문이라고 말할 것입니다. 또 자신이 요구한 것을 받지 못한 경우 그는 자기가 참된 신자인가 하는 것조차 의심할 수 있습니다.

이 이론의 근거가 되는 성경 구절은 주로 두 가지인데 하나는 누가복음 11장 9~13절이고, 다른 하나는 오늘의 본문인 누가복음 18장입니다. 오늘 본문에서 과부는 처음에 받지 못한 것을 계속 재판관을 찾아감으로써 마침내 받지 않았습니까? 이들은 우리도 이 과부처럼 우리의 요구 사항을 하나님께 끈질기게 제시하면 기도한 그 내용대로 응답받으리라고 생각합니다.

그러나 이러한 주석은 처음 언급한 몇몇 성경의 보기와 반대되는 것 같습니다. 바울이나 예수님 모두 열심히 그리고 여러 번 기도했지만 기도한 것을 받지 못했습니다. 그렇다면 예수님의 이 비유가 우리 기도 생활에 어떤 의미가 있습니까? 먼저 예수께서 말씀하신 비유 그 자체를 생각해 봅시다.

어떤 도시에 한 재판관이 있었습니다. 그리고 그 도시에는 한 과부도 살고 있었는데 그는 문제를 안고 있었습니다. 어떤 사람이 그 과부에게 나쁜 일을 행한 것입니다. 무슨 일인지 본문은 말하지 않지만 아마도 재산과 관계된 일 같습니다. 예를 들자면, 그 사람이 과부 소유의 땅을 빼앗은 것과 같은 나쁜 행동입니다. 그래서 과부는 재판관에게 가서 "내 원수에 대한 나의 원한을 풀어주소서"(눅 18:3)라고 요청했습니다.

이 번역은 제 생각에는 정확하지 않습니다. 다른 번역을 제시하겠습니다. "내 원수에 대해 나의 권리를 되찾아 주소서"라는 번역이 더 맞을 것입니다. 과부는 원수에게 벌을 주라는 것이 아니라 자신이 빼앗긴 것을 다시 찾아 달라고 요청했습니다. 여기서 우리가 말할 수 있는 것은 이 요청이 지극히 정당한 것이라는 사실입니다.

하지만 재판관은 과부의 이 요구를 듣지 않았습니다. 왜냐하면 그는 하나님을 두려워 않고 사람을 무시하는 자였기 때문입니다. 하나님께서는 율법에서 재판관들에게 과부를 보호하라고 분명히 명령하셨습니다. 하지만 이 재판관은 하나님을 두려워하지 않는 자였으므로 율법을 지키지 않았습니다. 또 과부를 멸시하는 이 재판관의 태도를 사람들이 비난했을 것이지만 이 재판관은 사람을 무시하는 자였으므로 다른 사람들의 견해는 그에게 영향을 주지 못했습니다.

이 과부는 정말로 아무런 도움도 희망도 없는 처지가 됐습니다. 그때 과부는 마지막 남은 해결책을 시도했습니다. 즉, 재판관이 재판할 때마다 그에게 가서 자기 요청을 말했습니다. 하지만 이것도 소용없었습니다. 재판관은 오랫동안 듣지 않았습니다.

그런데 갑자기 재판관은 과부의 고소를 인정했고 그의 권리를 회복시켰습니다. 그렇다면 이 재판관은 왜 갑자기 변했습니까? 그 이유는 그가 갑자기 신자가 되었기 때문이 아닙니다. 또 그가 갑자기 사람의 평판을 고려했기 때문도 아닙니다. 그 이유는 다만 과부의 인내였습니다. "그렇지 않으면 늘 와서 나를 괴롭게 하리라"(5)고 생각했기 때문입니다.

이제 비유의 결론이 분명해진 것 같습니다. 과부가 자주 재판관에게 가서 자기 문제를 말했던 것처럼 우리도 기도를 통해 자주 하나님께 요청해야 한다는 결론입니다.

그러나 이 결론은 맞지 않습니다. 이 결론은 예수님의 의도와 맞지 않습니다. 예수님께서는 과부의 태도를 우리에게 적용하는 대신, 재판관의 태도를 하나님께 적용하셨습니다. 6절을 보십시오.

"주께서 또 이르시되 불의한 재판장이 말한 것을 들으라"(눅 18:6).

핵심은 재판관의 태도에 있습니다. 그렇다고 해서 하나님과 재판관을 같은 분으로 보면 안 됩니다. 하나님은 불의한 재판관과 같은 분이 아닙니다. 하나님을 어떻게 불의한 재판관과 일치시킬 수 있겠습니까? 물론 그렇게 해서는 안 됩니다. 하나님은 의로운 분이시므로 그런 일치는 불가능합니다.

그렇다면 예수님께서는 왜 하나님을 이 불의한 재판관과 비교하셨습니까? 예수 그리스도는 이 비유를 통해 우리의 기도를 들으시는 하나님이 불의한 자가 아님을 강하게 가르쳐 주셨습니다. 그것이 핵심입니다.

예수 그리스도는 여기서 우리가 계속 기도해야 한다고 가르치십니다. 그때 먼저 우리에게 가르치신 것은 하나님의 속성입니다. 하나님의 속성은 기도의 태도의 핵심이요 출발점입니다. 하나님은 불의한 자가 아니라 의로운 분이십니다. 그 사실은 우리의 기도 생활의 기초입니다.

그렇다면 하나님은 불의한 재판관이 아니시므로 신자는 이 과부처럼 기도할 필요가 없습니다. 7절을 보십시오.

"하물며 하나님께서 그 밤낮 부르짖는 택하신 자들의 원한을 풀어주지 아니하시겠느냐 그들에게 오래 참으시겠느냐"(눅 18:7)

즉, 하나님께서 신자의 기도에 빨리 응답하실 것입니다. 그래서 기도할 때 신자의 태도는 그 과부의 태도와는 완전히 달라야 합니다.

과부는 재판관이 자신의 요구를 들어줄지 알 수 없었습니다. 그러나 다른 해결책이 없으므로 과부는 특별한 희망을 품지 못하고서도 계속 재판관을 찾아갔습니다. 하지만 신자는 하나님이 의로운 분이심을 알고 있습니다. 그래서 그는 계속 기도하지만 하나님께 좋은 응답을 기대할 수 있습니다. 그분을 신뢰하면서 기도할 수 있습니다. 신자는 택하신 자가 아닙니까? 하나님께서 그들을 택하셨고 그들이 죄인이 되었을 때도 그들을 사랑하셨습니다. 그런 하나님이 신자의 기도를 듣고 응답하실 것은 확실합니다.

그렇다면 두 번째로, 이 비유는 신자가 요청하는 모든 것을 받을 수 있다는 것을 의미합니까? 본문은 그렇게 말하지 않습니다. 예수님은 "속히 그 원한을 풀어주시리라"(8)고 말씀하셨습니다. 즉, 하나님은 모든 기도가 아니라 원한을 풀어달라는 기도에 응답하실 것입니다.

여기에도 번역의 문제가 있습니다. 앞에서 제시한 번역대로 그것은 그 권리를 되찾아 주시리라는 뜻입니다. 이 말의 의미를 이해하기 위해 예수님께서 말씀하신 비유를 살펴봅시다. 과부는 불의한 일을 당했습니다. 과부는 일반적으로 보호자가 없는 사람인데 어떤 사람이 그 과부에게 불의한 짓을 했습니다. 그가 과부의 소유물인 땅을 취했을 수도 있습니다. 그때 과부가 재판관에게 요구한 것은 그 범죄자에게 벌을 내려달라는 것이 아니라 그 사람이 과부에게서 빼앗은 것을 되찾게 해달라는 것입니다.

예수님께서는 비유의 내용을 적용할 때 이 요소도 적용하십니다. 그래서 신자들도 이런 상황에 있을 수 있고 그들은 그 권리의 회복을 위해 기도합니다. 이는 모든 상황이 아니라 기독교인이 받을 수 있는 핍박을 의미합니다.

이 핍박은 초대교회 때부터 시작된 것입니다. 사도들은 여러 번 감옥에 갇혔고 자주 매를 맞았습니다. 야고보는 죽임을 당했고 베드로 역시 로마에서 죽임을 당한 것 같습니다. 바울은 몇 년 동안 죄수가 되었고 마침내 그도 로마에서 죽임을 당한 것 같습니다. 또 로마제국에서 기독교인은 때로는 이 지역 또 때로는 다른 지역에서 핍박과 고난을 받았습니다.

그들은 그런 일을 당할 때 기도했을 것입니다. 예수 그리스도는 그들에게 "하물며 하나님께서 그 밤낮 부르짖는 택하신 자들의 권리를 회복시켜 주지 아니하시겠느냐? 그들에게 오래 참으시겠느냐?"라고 약속하십니다.

이 본문은 복잡합니다. 여기서는 사본 문제 때문에 정확하게 번역하기가 어렵습니다. 다른 가능한 번역은 이것입니다. "하물며 하나님께서 저희에게 기다리게 하시는 경우에도 그 밤낮 부르짖는 택하신 자들의 권리를 회복시키지 아니하시겠느냐?"입니다.

신자는 어떨 때는 잠시 기다려야 하지만 곧 하나님께서 핍박을 끝내실 것입니다. 그리고 사실 하나님께서 그들의 권리를 빨리 회복시키실 것입니다. 그리스도께서는 이 본문에서 신자가 기도로 부탁한 모든 것을 받으리라고 약속하지는 않으셨습니다. 그리스도께서 약속하신 것은 하나님께서 핍박받는 그분의 택하신 백성을 불쌍히 여기시고 그들을 빨리 회복시키실 것이라는 내용입니다.

그 성취는 구체적으로 말하지 않았지만 우리는 다음의 세 가지를 생각할 수 있습니다.

첫째, 자주 교회는 빨리 자유를 얻었습니다. 초대교회도 팔레스타인에서 핍박받고 죽임을 당한 사람도 있었지만 핍박은 곧 없어졌습니다. 역사 가운데서도 핍박은 몇 년간 있다가 그다음에 없어졌습니다.

둘째, 순교자의 경우 그들은 죽임을 당한 후에 곧바로 그리스도와 함께 왕 노릇하게 되는 것입니다. 그것은 요한계시록 20장의 내용입니다.

셋째, 이 권리의 궁극적인 회복은 예수님이 재림하실 때 발생할 것입니다. 하나님은 불의한 재판관과 달리 의로우실 뿐 아니라 신자를 불쌍히 여기는 분이십니다. 그래서 그분은 그 권리를 회복시켜달라는 자기 백성의 기도를 빨리 들으실 것입니다. 이것이 예수님이 이 본문에서 약속하신 내용입니다.

그렇다면 예수님께서는 왜 이 비유를 말씀하셨습니까? 1절입니다. 예수님은 우리가 항상 기도하고 낙심하지 않게 하시려고 이 비유를 말씀하셨습니다. 여기서 동사 '기도하라'를 잘 이해해야 합니다.

1절 이하에 이어지는 비유는 어떤 특별한 요청 즉 권리의 회복에 대한 것인데 우리는 '기도'라는 단어를 '소원 기도'라는 의미로 생각하는 경향이 있습니다. 하지만 기도는 그것보다 의미가 넓습니다. 물론 소원을 포함할 수 있지만 기도란 하나님과의 교제 방식입니다. 예수님께서 가르친 기도를 모범으로 볼 때 기도에는 적어도 네 가지 내용이 있습니다. 하나님의 이름을 부르는 것, 하나님께 영광을 돌리는 것, 하나님의 사역을 위해 필요한 것을 요청하는 것, 그리고 우리가 필요로 하는 것을 요청하는 것입니다. 기도는 이 네 가지를 다 포함합니다. 즉, 기도에는 예수께서 비유에서 언급하신 한 가지 소원보다 훨씬 넓은 내용이 포함되어 있습니다.

예수님께서는 우리가 항상 기도해야 함을 가르치실 때, 기도의 여러 가지 모형 중 하나를 들어 기도의 필요성을 강조하셨습니다. 왜 그렇습니까? 이유는 분명합니다. 이 비유에서 핍박은 신자의 신앙생활에서 발생하는 어려움 중 기도를 지속하기 가장 어려운 것이기 때문입니다.

신자로서 핍박을 당하는 바로 그때, 기도 생활을 포기할 위험이 있지 않습니까? 그때 신자는 '나는 이렇게 어려운 상황 가운데서 왜 기도를 계속하고 있는가? 소용없는 일이 아닌가? 하나님이 정말 우리를 사랑하신다면 핍박이 없어지지 않겠는가?' 아니면 '하나님은 핍박을 없애버릴 능력이 없는 분이 아닌가?'라고 생각할 수 있습니다. 그러면 낙심하여 이제 더는 기도하지 않겠다고 생각할 수 있습니다.

그때 예수님은 이 비유를 통해 우리가 그런 상황 가운데서도 계속 기도해야 한다고 강조하셨습니다. 하나님은 불의한 재판관이 아니시므로 가능한 한 빨리 도움을 주실 것입니다. 그러므로 신자는 이런 어려운 상황 가운데서도 계속 기도해야 합니다. 그때의 결론은 분명합니다. 어려운 상황 가운데서도 계속 기도해야 한다면 우리는 모든 상황 가운데서 계속 기도해야 합니다. 하나님께서는 항상 우리의 기도를 듣고 계십니다. 하나님은 의로운 분이십니다.

문제는 하나님께 있지 않고 우리에게 있습니다. 우리에게는 기도를 포기할 가능성이 항상 있습니다. 이 때문에 예수 그리스도는 이 비유를 말씀하시고 하나님의 응답에 관해 설명하신 후에 마지막으로 "그러나 인자가 올 때 세상에서 믿음을 보겠느냐?"(8)라고 반문하셨습니다. 여기서 '믿음'이란 기도하는 믿음을 의미합니다. '그 믿음', 기도하는 믿음입니다. 예수 그리스도는 그분이 재림하실 때 기도하는 '그 믿음'을 이 세상에서 발견할 수 있겠느냐고 물으십니다. 그다음 예수님은 이 질문에 대답을 주지 않으셨습니다. 그분은 그것을 우리에게 질문하십니다.

신자는 모두 우리의 신앙생활에서 이 질문에 구체적으로 대답해야 합니다. 우리는 모든 상황 가운데서 계속 기도하겠습니까? 하나님께 기도할 이유는 충분합니다. 그분은 의로우시며 우리를 택하셨습니다. 그분은 무슨 어려움이 생겨도 우리의 권리를 속히 회복시키실 것입니다. 계속 기도하지 않는다면 그것은 우리의 나태함, 우리의 잘못, 우리 믿음의 연약함 때문입니다. 우리가 공부에 너무 바빠 기도를 거의 그만두었습니까? 또는 어려움 가운데서 기도를 포기했습니까? 아니면 아무 관심

없이 표면적으로만 기도합니까? 우리 일상생활 가운데 기도를 중단할 충분한 가능성이 항상 있습니다. 그래서 예수 그리스도는 오늘 우리에게 이렇게 물으십니다.

"내가 오늘 오후 재림한다면 너희의 기도 생활을 어떻게 발견하겠느냐?"

예수 그리스도 자신은 생수를 주시는 분이시다

요한복음 7장 37~39절

성경에서 어떤 본문을 설교 본문으로 선택하려고 할 때 설교자는 자기의 관심을 가지고 본문에 접근합니다. 그 자체가 잘못된 것은 아닙니다. 우리는 그 어떤 전제도 없이 성경 본문을 연구하고 설교할 수 없습니다. 하지만 이 같은 전제는 우리를 혼동시킬 수 있습니다.

설교자는 성경 본문을 설명하고 적용하는 대신 자기의 관심대로 설교할 위험에 항상 놓여 있습니다. 오늘 본문은 그런 사실에 대한 한 예입니다. 우리는 요한복음 7장 37절에서 39절 본문을 성령님에 대한 본문으로 알고 있습니다. 요즘은 성령님 특히 성령님의 오심에 관한 주제가 많이 토론되고 있으므로 우리는 성령론에 특히 관심을 두고 있습니다. 이런 이유로 인해 설교자들이 이 본문을 설교하려 할 때 성령님에 대해 설교하려는 경향이 많을 것입니다. 하지만 오늘의 본문은 성령님에 대한 본문이 아닙니다. 물론 본문에서도 성령님이 이미 언급되고 있으며 이 본문을 설교할 목사도 성령님과 그분의 사역에 대해 많이 말해야 합니다. 그러나 본문의 초점은 예수 그리스도에게 있지 성령님에게 있지는 않습니다. 이 사실은 본문에도 나타나고 문맥에도 나타납니다.

37절은 "누구든지 목마르거든 내(편집자 주: 예수님)게로 와서", 38절은 "나(편집자 주: 예수님)를 믿는 자는", 39절은 "이는 그(편집자 주: 예수님)를 믿는 자들의 받을 성령을 가리켜 말씀하신 것"이라고 말씀합니다. 이뿐 아니라 요한복음 7장 전체 내용도 예수 그리스도에 초점이 맞추어져 있습니다. 예를 들어, 31절은 "많은 사람이 예수를 믿고 말하되 그리스도께서 오실지라도 그 행하실 표적이 이 사람이 행한 것보다 더 많으랴"라고 합니다. 예수님을 그리스도(메시아)라고 인정하느냐 하는 내용입니다. 또 본문 바로 다음인 40절에는 "이 말씀을 들은 무리 중에서 어떤 사람은 이 사람이 참으로 그 선지자라 하며"라고 합니다. 이 역시 예수님을 그리스도(메시아)라고 인정하는 것이냐 하는 내용입니다. 그렇다면 요한복음 7장 37절에서 39절을 설교할 때 예수 그리스도가 설교의 초점이 되어야 하며, 예수 그리스도와 관련하여 성령님에 관해 말해야 합니다. 그러므로 설교의 주제는 다음과 같이 정할 수 있습니다.

'예수 그리스도는 자기를 생수를 주는 자로 선포하십니다.'

첫째로 많은 유대인과 마찬가지로 예수님께서도 예루살렘으로 오셨습니다. 그때는 초막절이었습니다. 언제나 절기가 되면 많은 유대인이 예루살렘으로 모였고 거기서 즐거운 잔치를 베풀었습니다. 이 초막절 마지막 날에 예수님께서 백성을 가르치고자 하셨습니다. 그래서 많은 사람이 들을 수 있도록 예수님은 공적인 어떤 곳에 서서 외치셨습니다. 오늘 본문은 제자들을 위한 말씀이 아니라 일반적으로 모든 사람이 알아야 할 말씀입니다. 이 때문에 특별히 '예수께서 큰소리로 말씀하셨다'(37)라는 표현이 나옵니다.

그러면 이렇게 중요한 예수님의 말씀은 무엇입니까? 그것은 바로 "누구든지 목마르거든 내게로 와서 마시라"(37)는 말씀입니다. 요한의 설명 때문에 이 말씀이 성령님을 의미하는 것을 알 수 있지만 우리는 곧바로 요한의 설명으로 갈 것이 아니라 그 표현 자체가 무엇을 의미하는지 먼저 생각해야 합니다.

물이란 생명을 위해 매우 중요한 것이며 물이 없는 들판에서는 식물이 살지 못합니다. 또 인간이 물을 마시지 않는다면 그는 빨리 죽게 될 것입니다. 인간은 음식 없이는 어느 정도 살 수 있지만 물 없이는 살 수 없습니다. 인간의 생명이 계속되느냐의 여부는 물에 달려 있다고 해도 과언이 아닙니다.

또한 이스라엘 백성은 마실 물의 중요성을 오늘날의 우리보다 더 잘 알았습니다. 우리가 살고 있는 도시에는 어디나 수도가 있고 꼭지를 틀기만 하면 언제든지 물을 얻을 수 있습니다. 그러나 이스라엘은 달랐습니다. 그들이 물을 얻기 위해서는 반드시 우물이나 샘으로 가야 했습니다. 또 어쩌다가 가뭄이라도 드는 날이면 물을 구하기란 정말 어려웠습니다. 물을 얻는 것이 이처럼 어려웠기에 물의 중요성을 그들은 실제적으로 깨닫고 있었습니다. 그래서 예수님은 이 초막절에 목이 말라 물을 마시려고 하는 자들이 다 그분에게로 와야 한다고 말씀하셨습니다. 살기 위해 물이 필요한 이 사람들은 다 예수 그리스도에게로 와야 한다는 것입니다. 이렇게 함으로써 예수님은 자신의 중요성을 강조하십니다. 참된 삶을 살기 위해 사람들은 예수 그리스도에게로 가야 하고 그리스도로부터 생명을 유지할 수 있는 물을 받아야 합니다.

예수님께서 말씀하신 때를 살펴보면 이 사실이 더욱 분명하게 나타납니다. 사람들이 예루살렘에 있는 이유는 초막절 때문이었습니다. 초막절은 그들의 조상들이 광야를 다니며 초막에서 살았던 것을 기념하는 주간입니다.

하나님께서는 광야에서 다니던 이스라엘 백성들에게 자주 먹을 것과 마실 것을 주셨습니다. 또 그들이 가나안 땅에서 살게 되었을 때도 광야에서의 이 사건을 기억함으로 자신들에게 먹을 것과 마실 것을 주시는 분이 하나님이심을 기억하게 하셨습니다. 이처럼 초막절은 광야에서도 가나안에서도 백성에게 먹고 마실 것을 주시는 분이 하나님이심을 강조하는 절기였습니다. 그렇지만 이 초막절에 예수님께서는 "목마른 자여 내게로 오라"고 하셨습니다. 이렇게 하심으로써 예수님은 그분 자신을 하나님과 동등하게 제시하십니다. 하나님께서 광야 생활 중에 또는 가나안 가운데 생명을 새롭게 하는 물을 주신 것처럼 예수 그리스도도 생명을 새롭게 하는 물을 주십니다.

여기서 예수님께서 의미하셨던 물은 바로 성령님입니다. 39절은 그것을 설명합니다. "이는 그를 믿는 자들의 받을 성령을 가리켜 말씀하신 것"입니다. 그래서 37절에서 예수님께로 오는 사람은 39절에서 예수님을 믿는 사람입니다. 또 37절의 마시는 사람은 39절의 성령님을 받는 사람입니다. 보통 생활에서 물이 매우 중요한 것처럼, 신앙생활에는 성령님이 매우 중요합니다. 성령님은 목마른 사람에게 새 힘과 생명을 보존하는 능력을 주는 분이십니다. 성령님을 통해 사람은 참으로 살고 성장할 수 있습니다. 성령님의 사역이 이처럼 중요하다면 핵심적인 문제는 '사람이 어떻게 이 성령님을 받을 수 있느냐?' 하는 것입니다. 바로 그것이 본문의 핵심입니다. 이렇게 중요한 성령님을 받기 위해 사람들은 예수님께로 가야 합니다. 예수님은 새 시대 새 언약의 놀라운 선물인 성령님을 주는 분이시기 때문입니다.

두 번째로 예수님은 38절에서 그것을 더 넓게 설명하십니다. "나를 믿는 자는 성경에 이름과 같이 그 배에서 생수의 강이 흘러나오리라"고 하셨습니다. 우리는 이 말씀에 주의해야 합니다. 이 말씀은 37절과 같은 것이 아닙니다. 37절은 예수님께 오는 자는 마실 수 있다는 사실을 강조하지만 38절은 마시는 것에 대해서는 말하지 않습니다. 38절은 마시는 자가 그 물을 그때 받을 것이라고 하지 않고 "그 배에서 생수의 강이 흘러나오리라"고 합니다. 다시 말해서, 38절은 물을 받는 것을 말하지 않고 물이 나가는 것을 말합니다. 즉, 예수님은 38절에서 이 물을 받은 결과를 강조하십니다. 그 물, 예수님에게서 받을 물은 정말 기적적인 물입니다. 마신 그 물은 뱃속에서 차고 넘쳐 강이 되어 나옵니다. 마신 물이 생명을 새롭게 하는 영향을 밖으로 미치고 있다는 의미입니다.

예수님께서 말씀하신 "성경에 이름과 같이"라는 말씀은 주석적인 문제가 됐습니다. 이 말씀은 분명 구약 어떤 구절의 직접 인용이 아닙니다. 우리는 구약 성경에서 비슷한 말씀을 찾지 못합니다. 그래서 예수님께서 의미하신 부분이 어느 구절인지에 대해 신학적인 토론이 일어났습니다. 제 생각에는 이사야 41장 17~20절이 아닌가 합니다. 어쨌든 본문이 확실하게 판명되지 않은 이상 요한복음 7장 38절의 "성경에 이름과 같이"의 핵심은 인용이 아닌 예수님이 하신 말씀에 근거해야 합니다.

그렇다면 본문에서 흘러나가는 강에 대한 예수님의 말씀은 무엇을 의미합니까? 이때 강이 성령님을 의미할 수 없습니다. 39절에 따르면 예수님은 그를 믿는 자의 받을 성령을 가리켜 말씀하셨다고 합니다. 그러나 받는 것이라는 표현은 37절에 나오고, 38절은 아까 말한 대로 그 결과가 나옵니다. 다시 말해서, 예수님께서는 그분이 주시는 물을 마신 자 곧 성령님을 받을 자가 그 결과로 새롭게 하시는 사역을 경험할 것이라고 가르치십니다. 예수님을 믿음으로 성령님을 받는 자는 성령님의 새롭게 하는 사역도 경험할 것입니다. 성령님은 단지 신자의 속에 계시기만 하고 일하지 않는 그런 분이 아닙니다. 성령님이 나에게 계실 때 그분은 영향을 미칠 것입니다. 그분은 마른 들판과 같은 우리의 삶을 바꾸어 하나님 앞에서 열매를 맺게 하실 것입니다. 그 결과 신자는 생활 방식을 바꾸며 하나님의 뜻대로 살기 시작할 것입니다.

이와 같은 내용이 신약 성경에서도 언급됩니다. 예를 들어, 갈라디아서 5장 22~23절은 성령의 열매를 "사랑과 희락과 화평과 오래 참음과 자비와 양선과 충성과 온유와 절제"라고 열거합니다. 이처럼 성령님이 신자 안에 거하시면 그의 생활은 그분의 영향 아래 새롭게 되어 열매를 맺을 것입니다.

이렇게 새롭게 하시는 성령님의 사역은 우리에게 아주 좋은 것입니다. 또 우리 주위의 사람들도 그 성령님의 사역에 영향을 받을 것입니다. 성령님께서 우리의 생활 방식을 마음에서부터 살려가시기 때문에 주위 사람도 그 사역에 좋은 영향을 받을 것입니다. 성령님의 사역은 우리 안에서 시작하여 우리 존재의 모든 면에 영향을 미치고 그 결과 우리 행동을 통해 다른 사람에게까지 이르게 될 것입니다.

역사 가운데 많은 사람이 자기가 성령님을 받았는지 고민했습니다. 그들은 우리가 어떻게 성령님을 경험할 수 있는지 자문합니다. 본문은 이 문제에 해답을 줍니다. 즉, 우리는 예를 들어 갈라디아서 5장에 열거한 성령님의 열매를 통해 성령님을 경험할 수 있습니다. 또 우리뿐 아니라 우리 주위의 사람도 우리의 생활 방식에서 주님의 활동을 느낄 수 있습니다.

그렇다면 모든 사람이 이 놀라운 성령님의 사역을 받으면 좋지 않습니까? 그들이 성령님을 받기 위해 무엇을 해야 합니까? 이 놀라운 성령님의 사역을 받는 사람은 예수님을 믿는 자들입니다.

38절에 "믿는"이라는 동사의 시제를 보면 그 동사는 믿는 상태를 의미함을 알 수 있습니다. 결국 예수님을 믿는 동안에 이 성령님의 새롭게 하시는 사역이 계속되는 것입니다. 그러므로 예수님의 이 말씀을 처음 들었던 사람뿐 아니라 오늘날의 모든 사람도 예수님께로 가면 이 선물을 받고 그 결과를 경험할 것입니다.

이제 마지막 세 번째로, 언제 성령님을 받을 수 있습니까? 예수님의 이 말씀을 듣고 그를 믿은 사람들은 언제 성령님을 받습니까?

예수님께서 그 당시에 이를 설명하셨는지 우리가 알 수 없지만 사도 요한은 그것을 설명했습니다. 즉, 예수님을 믿는 사람들은 이후에 성령님을 받을 것이라고 합니다.

그렇다면 그들은 왜 예수님을 믿은 다음 곧바로 성령님을 받지 않았습니까? 그들이 먼저 믿고 그 믿음이 확인된 다음에야 성령님의 능력을 받기 때문입니까? 이런 주장은 은사 운동이나 부흥 운동에서 많이 강조된 것입니다. 그들에 따르면, 일반적으로 믿는 것이 먼저이고 이후 시간이 얼마간 지나야 성령님을 받을 수 있다고 합니다.

본문은 그렇게 말씀하지 않습니다. 그 이유는 신자에게 있지 않고 삼위 하나님의 사역에 있다고 말씀합니다. 요한은 성령님의 임재가 언제부터일지를 설명합니다. 곧 예수님께서 아직 영광을 받지 못하셨기 때문에 성령님이 계시지 않았다고 합니다.

그래서 그 당시 신자들은 예수님께서 영광을 받으실 때까지 기다려야 했습니다. 요한복음에서 예수님께서 받으실 영광은 과정인데 예수님은 그분의 고난, 죽음, 부활과 승천의 과정을 통해 영광을 받으셨습니다. 예수님께서 영광에 들어가실 때 즉 하늘의 왕이 되셨을 때 성령님이 오실 수 있습니다. 그래서 성령님의 오심은 예수 그리스도께서 하시는 사역의 성취에 달린 것입니다.

그 후에 살고 있는 우리는 예수님께서 승천하신 지 제십일 즉 오순절에 오셨음을 알고 있습니다. 이제 우리는 그 당시 사람들처럼 성령님의 오심을 기다릴 필요가 없습니다. 그들은 예수님께서 영광을 받으실 때까지 기다려야 했습니다. 그러나 예수님께서 영광을 받으신 이후에 살고 있는 우리는 성령님을 기다릴 필요가 없습니다. 성령님을 받는 조건은 사실 단 하나뿐입니다. 그것은 믿음입니다. 더 정확하게 표현하자면, 예수님에 대한 믿음입니다.

그 당시의 유대인들은 하나님을 알았고 또 하나님을 인정했지만 하나님께서 약속하신 메시아가 예수님이라는 사실을 몰랐습니다. 하지만 그들은 예수님이 약속된 메시아임을 알아야 했습니다. 그래서 예수님의 메시아이심을 믿는 사람들이 성령을 받을 것이라고 예수님은 강조하셨습니다.

우리도 그렇습니다. 오늘날 우리 역시 예수님을 믿을 때 약속된 성령님을 받을 것입니다. 유일한 조건은 예수님을 인정하는 믿음뿐입니다. 37절 말씀 그대로, 누구든지 예수님을 믿는 자는 새롭게 하시는 성령님을 받을 것입니다.

이렇게 우리는 본문 말씀의 핵심으로 돌아왔습니다. 유대인들이 이 말을 들었을 때 성령님을 아직 알지 못했다면 예수님께서는 왜 그들이 미래에 받게 될 성령님을 미리 말씀하셨습니까? 예수님은 이 말씀을 너무 일찍 하신 것이 아닙니까?

그 이유는 이것입니다. 이 본문에서 예수님은 그분 자신에게 관심을 집중시키고 계십니다. 사람들은 유대인이든지 헬라인이든지 누구나 다 예수님을 믿어야 합니다. 이 사실을 강조하기 위해 비록 성령님이 오시기 전이지만 예수님은 성령님을 받을 유일한 길이 예수 그리스도를 믿는 것임을 여기서 강조하셨습니다. 예수님을 통해, 예수님을 믿음으로, 모든 사람은 성령님을 받아 그분의 새롭게 하시는 사역을 경험할 것입니다.

예수님은 그분을 믿는 우리에게도 약속대로 이 놀라운 선물인 성령님을 주셨습니다. 그 결과, 우리의 생활은 그분의 몸속으로 새롭게 되어가고 또 성령님께서 우리 안에서 계속 역사하십니다. 예수님을 믿는 자의 생활 방식은 근본부터 바뀝니다. 예수님께서는 지금도 누구든지 그분을 믿는 자가 성령님을 받을 것이라고 약속하셨기 때문입니다.

이 사실은 복음을 전할 의무와 사명이 있는 사람들에게 매우 중요한 것입니다. 우리는 무엇을 설교합니까? 우연 속에서 무엇을 강조합니까? 다르게 말하면, 우리는 설교 속에서 누구를 강조해야 합니까? 우리는 복음을 전할 때 예수 그리스도를 전해야 합니다. 이 말을 듣는 사람, 이 말을 믿는 사람이 누구든지 예수님을 믿으면 바로 그때 그의 생활을 근본적으로 새롭게 하시는 성령님을 받을 것이기 때문입니다.

성령님이 무엇을 하러 오셨는가

사도행전 2장 22~32절

오순절 날에 하나님께서 그분의 성령님을 부어주셨습니다. 성령님은 이 말세에 하나님의 교회에 주신 위대한 선물이었습니다. 바로 그날 이후로 성령님께서 와서 거하심으로 교회는 부요하게 됐습니다. 그러자 교회 안에는 성령님에 관하여 많은 의문이 제기되고 있습니다. '성령님께서 무엇을 하러 오셨나?', '하나님께서 무엇을 목표로 교회에 성령님을 보내 주셨을까?' 오순절파의 무척 매력 있는 모든 움직임으로 말미암아 성령님에 관한 질문이 더 많아졌습니다. 그러면 교회가 사실 성령님에 관해 너무도 소홀하게 관심을 기울여 온 것입니까? 교회는 오늘날 오순절 교파로부터 무언가 배워야 합니까? 일부 사람들은 오순절 교파의 성령관 즉 성령님에 대한 그들의 가르침에서 우리가 배워야 할 점이나 계승할 부분이 있는 것이 아닌지! 또 우리 교회가 성장하지 못하는 이유가 여기에 있는 것은 아닌지 말하기도 합니다. 더 나아가 '우리가 오순절 교파처럼 성령님에 관해 좀 더 많은 관심을 기울인다면 우리 교회도 오순절교회처럼 크게 성장하지 않을까?' 하고 생각하는 사람들이 있습니다. 이러한 모든 생각은 이러한 질문으로 정리할 수 있습니다. '그러면 오순절 교파에서 우리가 무엇을 좀 배울 수 있을까?' 여기서 우리가 절대 가져와서는 안 될 명제가 있습니다. 그것은 '크기 때문에 좀 더 커지기 때문에 우리가 그것을 해야 한다'라는 명제입니다. 우리가 오순절 교파로부터 배운다고 할 때는 '그들의 가르침이 성경적 기준에서 맞고 오히려 우리의 가르침이 성경이 말하는 내용에서 틀렸다'고 할 때라야 우리가 오순절 교파로부터 무언가를 배울 수 있습니다. 우리의 결단은 성공에 기초하지 않고 하나님의 말씀에 대한 순종에 기초해야 합니다.

우리는 오늘 사도행전 2장을 읽었습니다. 본문은 성령님이 어떻게 부어지셨는지 말씀하고 있습니다. 그러면 성령님이 무엇을 하러 오셨습니까? 우리는 2장 맨 앞에 성령님이 오셨을 때 나타난 여러 현상을 읽습니다. 힘차고 강한 바람, 불과 같이 나타난 방언, 방언으로 말하는 것, 불과 같이 나타난 혀, 그다음에 방언으로 말하는 등의 현상들을 읽습니다. 그런데 누가는 이런 사실들에 관해서는 덜렁 언급만 하고 지나가 버립니다. 예를 들면, 누가는 성도들이 방언으로 무슨 내용을 말했는지 전혀 언급하지 않고 지나가 버립니다. 누가가 볼 때, 이 오순절 날에 가장 중요한 일은 베드로가 설교한 것입니다. 그래서 베드로가 설교한 내용을 자세하게 기록했습니다. 베드로는 성령님을 받았습니다. 그러면 베드로가 성령님을 받아서 무엇을 했습니까? 그는 설교를 시작했습니다. 그러므로 이 본문은 이것이 성령님께서 하시는 가장 중요한 일임을 시사합니다.

오늘 특별히 중점을 둘 것은 베드로가 전한 설교 중간 부분입니다. 24절을 읽겠습니다.

"하나님께서 그를 사망의 고통에서 풀어 살리셨으니 이는 그가 사망에게 매여 있을 수 없었음이라"(행 2:24)

베드로는 예수님께서 죽음에 사로잡혀 있는 것이 불가능했다는 사실을 말합니다. 그러면 그것이 왜 불가능했습니까? 이와 관련하여 베드로는 시편 16편을 언급합니다. 시편 16편에 기록된 예언을 이 사건과 연결하여 설명합니다. 시편 16편은 다윗이 하나님을 신뢰하는 믿음을 읊는 내용입니다. 이 시편은 '하나님께서 그가 죽음의 나라에 그냥 방치되지 않게 하실 것'이라고 합니다. '하나님께서 그가 썩음을 당치 않게 하실 것'이라는 내용입니다.

이제 베드로는 본문 29절에서 이 시편 말씀이 가리키는 인물이 다윗이 아님을 설교합니다. 왜냐하면 모든 사람이 성경에서 다윗의 역사를 읽으면서 그가 죽어 장사 되었다는 사실을 이미 알았기 때문입니다. 다윗의 육체가 썩은 것을 모든 사람이 알고 있기 때문입니다. 또한 그들은 다윗의 무덤도 알고 있기 때문입니다.

베드로가 설교할 당시 다윗의 무덤은 아직도 예루살렘에 분명히 있었습니다. 이 무덤은 예루살렘을 여행하는 여행자들이 관심을 두는 명소 중 하나였습니다. 예루살렘에 관광객이 오면 꼭 그 자리, 그 명소를 가봅니다. 수천 년 전 위대한 왕이 아직도 저기에 누워있다는 사실을 기억합니다. 아이들까지도 이를 압니다. 설교하는 베드로 앞에 있는 모든 사람이 다윗의 육체가 썩었다는 사실을 알고 있었습니다. 그러므로 베드로는 '다윗이 시편 16편을 말한 것은 자신에 관해서가 아니라 오실 메시아에 관해 예언한 것이다'라고 설교한 것입니다. 베드로는 청중에게 '여러분의 이성을, 여러분의 이해력을 잘 구사하라'고 촉구하고 있습니다. 누가 죽음의 왕국에 머물지 않았습니까? 누구의 몸이 썩지 아니했습니까? '그것은 바로 예수가 아니냐?' 그는 무덤에 머물지 않으셨습니다. 그는 죽음에서 부활하셨습니다. 그의 육체는 썩지 않았습니다. 금요일 저녁에 무덤에 묻혔지만 주일 아침에 부활하셨습니다. 오순절에 베드로는 이런 내용을 성령님으로 말미암아 설교했습니다.

오늘 성령님께서 하시는 일에 관해 알고 싶어 하는 우리에게 이 사실은 대단히 중요합니다. 두 가지를 지적하겠습니다. 첫째, 베드로가 누구에 관해 이야기하고 있습니까? 성령님에 관해 이야기하고 있습니까? 아닙니다. 그리스도에 관해 이야기하고 있습니다. 성령님께서 베드로에게 임하셨을 때, 베드로는 그리스도에 관해 이야기하기 시작한 것입니다. 그리스도 자신도 그렇게 말씀하셨습니다. 요한복음 16장 14절을 읽겠습니다. 13절부터 읽어야 더 확실합니다.

"그러나 진리의 성령이 오시면 그가 너희를 모든 진리 가운데로 인도하시리니 그가 스스로 말하지 않고 오직 들은 것을 말하며 장래 일을 너희에게 알리시리라(13) 그가 내 영광을 나타내리니 내 것을 가지고 너희에게 알리시겠음이라(14)"(요 16:13~14).

14절의 "내 영광을 나타내리니"를 '나를 영광스럽게 하리니'라고도 번역할 수 있습니다. 성령님께서 그리스도를 중심에 두실 것입니다. 바로 이 일이 성령님께서 오셔서 하실 일이라는 뜻입니다. 그리스도를 중심에 두는 일입니다. 그래서 어떤 사람이 계속 성령님에 관해서만 이야기하고 있다면 그 사람은 성령님으로 말미암아 말하는 것이 아닙니다. 왜냐하면 성령님은 우리로 하여금 성령님 자신에게만 집중하게 하시려고 오신 것이 아니기 때문입니다.

방언에 관해 많이 말하지만 정작 예수 그리스도로 말미암아 구속받는 일에 관해서는 거의 말하지 않는 사람이 있다면 그 사람은 성령님이 가르치시는 것과는 다른 것을 하고 있는 것입니다. 그렇다면 어떤 사람이 성령님으로 말미암아 이야기하는지 여러분은 어떻게 분별할 수 있겠습니까? 어떤 사람이 방언을 말하고 있으면 그가 성령님으로 말미암았는지 분별할 수 있겠습니까? 사실 모든 문화와 종교에 있어서 방언이나 그 비슷한 현상은 늘 일어났습니다. 지금도 일어나고 있습니다. 방언으로 무슨 주제를 이야기하느냐? 만일 방언으로 예수 그리스도에 관해 이야기하고 있다면 그것은 분명 성령님으로 말미암아 된 것입니다. 그러나 예수 그리스도를 주제로 삼지 않는 방언이 있다면 그것은 성령님으로 말미암아 된 것이 아닙니다. 그러나 방언하는 사람 말고 그것을 보고 있는 사람은 이를 판단하기 어렵습니다. 우리가 그 방언을 이해할 수 없기 때문입니다. 그러므로 '방언 자체가 꼭 성령님의 표적이다'라고 단정적으로 말할 수 없습니다. 그러나 이것은 분명 성령님의 표적인데 어떤 사람이 예수 그리스도에 관해 정확하게 설교하고 있다면 그리고 말하고 있다면 그것은 분명 성령님으로 말미암은 것입니다. 이것이 제가 지적하려는 첫 번째입니다.

둘째는 베드로가 설교하는 방법입니다. 설교하는 방법에 관해 지적하려고 합니다. 베드로가 전한 설교는 매우 논리적입니다. 베드로는 증거들을 사용하여 입증하는 방법으로 설교합니다. 베드로는 청중에게 '여러분의 이해력을 구사하라', '여러분의 이해력으로 정말 그런지 아닌지 생각해 보라'고 설교합니다. '여러분이 정직하게 자신의 이성을 사용한다면 내가 말하는 이것이 사실이 아니냐?'라며 촉구합니다. '그러면 다윗이 지은 시편 16편이 다윗 자신에게 맞아떨어질 수 없지 않은가?'라고 말하고 있습니다. 이 시편은 분명 메시아에 관한 예언이어야 한다는 것입니다. 그러면 메시아가 누구인가? 그는 무덤에 머물지 않고 부활한 분이 아니겠느냐는 것입니다. 다른 말로 하자면 성령님께서는 여기서 논리를 사용하고 계십니다. 논리를 사용한 이 방법은 단지 이 설교에서만 그런 것이 아닙니다. 한 번 사용한 유일한 예가 아닙니다.

성경의 증거에 근거하여 이해력에 호소하는 이 방법은 여기 사도행전 2장의 설교에서만 세 번이나 나타납니다. 추리와 논리를 사용하는 이 방법은 다른 장에 기록된 베드로의 설교에서도 볼 수 있습니다. 베드로는 거듭거듭 증거를 제시합니다.

그런데 이상한 일이 있습니다. 성령님의 역사를 말할 때 언제든지 논리를 부정해 버리는 경향을 우리는 많이 봅니다. 성령님께서 오시면 그분은 가장 먼저 우리의 논리와 이성의 스위치를 꺼버리시는 것처럼 우리는 생각합니다. 그래서 이성의 스위치를 꺼버리고 나면 그다음에 성령님께 우리 자신을 완전히 맡기게 되고 그다음에 방언이 흘러나오게 된다는 식으로 설명합니다. 성령님께서 오시면 우리의 이성을 빼버리고 이성보다는 다른 차원으로 우리를 올려주신다고 생각합니다. 그래서 사람들은 "글을 이성적으로, 논리적으로, 추리적으로, 합리적으로 생각하는 거기서 제발 좀 발을 빼라"고 말합니다.

그러나 대단히 놀랍게도 사도행전 2장에는 이런 경향과는 전혀 다른 방법이 제시됩니다. 베드로는 성령님을 받았습니다. 그리고 무엇을 했습니까? 그는 논리를 전개하고 있습니다. 성령님께서는 우리의 이해력을 우리의 이성을 잘 사용하도록 인도하십니다. 성령님께서는 성경에서 증거를 찾아 입증하도록 우리를 인도하십니다. 성령님으로 말미암아 우리의 이성이 꺼져버리는 것이 아니라 오히려 더 분명하게 작동됩니다. 교회가 성경을 잘 읽으면 그것은 성령님께서 하시는 일입니다. 목사님이 서재 책꽂이에서 책을 빼서 읽고 그것을 잘 사용하면 그것은 성령님으로 말미암아 하는 일입니다. 어떤 사람이 좋은 책을 썼는데 그 책이 성경을 잘 해석해 주고 있으면 그것은 성령님으로 말미암아 한 일입니다. 성령님으로 하지 않고는 그렇게 될 수 없습니다. 이와 같이 여러분도 성령님께서 이렇게 여러분에게 역사하실 것을 바라십시오. 우리가 이렇게 하면 예수 그리스도를 언제나 중심에 두면서 그 일을 하면 그것은 성령님으로 말미암아 된 것입니다. 또한 공부할 때 단어 사전을 옆에 두고 사용하며 문법책을 사용하고 그래서 우리의 합리와 이성을 사용하면서 그렇게 예수 그리스도를 중심으로 성경을 읽는 것이 성령님께서 함께하시는 일입니다. 그렇게 읽고 공부해야 합니다. 이성을 사용하여 성경을 읽으며 그리스도를 보는 것을 배울 때 우리는 성령님께서 우리에게 역사하신다는 것을 확신할 수 있습니다.

강복선언(축도)의 바른 이해

고린도후서 13장 13절

모든 종교에는 그 종교 나름대로 정해 놓은 표현들이 있습니다. 그러나 많은 종교의 신자들이 그 표현을 모두 이해하고 알아들을 필요는 없습니다. 그들이 그 의미를 몰라도 그 표현은 신적인 능력으로 가득한 것이요 또 그들에게 복을 준다고 믿기 때문입니다. 결국 그 표현의 효과는 신자의 이해 여부에 달려 있지 않고 표현 자체에 담겨있기 때문이라고 생각합니다.

예를 들면 며칠 전에는 불교의 초파일 행사가 있었습니다. 그때 많은 절에서 불교의 스님들은 불경을 읽었고 불교의 신자들은 그것을 들었습니다. 저도 그것을 들었습니다. 그때 스님들이 읽는 불경은 산스크리트어로 되어 있습니다. 그래서 불경을 읽는 스님들조차도 그 뜻을 알지 못하는 경우가 많고 청중들 또한 그 말을 거의 알아듣지 못합니다. 그렇다고 해도 그들에게 문제가 될 것은 전혀 없습니다. 불경을 읽고 듣는 것 그 자체가 그들에게 복을 준다고 생각하기 때문입니다.

천주교도 마찬가지입니다. 오랫동안 천주교의 설교는 사람들이 알아들을 수 있는 그 나라 말로 했지만 그 내용은 도덕적 권면에 불과했습니다. 게다가 설교에는 은혜가 없고 오히려 다른 것 즉 성례를 시행하는 데 있다고 생각했습니다. 그런데 성례를 시행할 때는 대다수 청중이 알아들을 수 없는 라틴어로 했습니다. 그런데도 여전히 사람들은 그 의미를 몰라도 성례에 참석하고 떡을 받음으로 그 은혜를 자동으로 받는다고 생각했습니다.

참된 기독교는 다릅니다. 기독교는 비밀스러운 언어로 되어 있지 않습니다. 바울은 그 이유를 로마서 10장에서 설명했습니다. 예를 들면 로마서 10장 17절에서 이렇게 썼습니다.

"그러므로 믿음은 들음에서 나며 들음은 그리스도의 말씀으로 말미암았느니라"(롬 10:17).

그래서 기독교 교회에서는 신자가 들어야 하고 그래서 하나님과 그분의 구원 사역을 알아야 합니다. 그렇게 듣고 아는 것의 결과가 바로 믿음입니다. 우리가 알아들을 수 있는 언어여야 하기에 우리의 예배는 산스크리트어나 라틴어를 사용해서는 안 됩니다. 헬라어도 사용할 필요가 없습니다.

청중은 은혜를 받기 위해 예배의 모든 부분을 알아야 하고 이해해야 합니다. 예배의 요소요소가 다 청중이 이해하지 못하는 경직된 것이어서는 안 됩니다. 그래서 설교자는 예배의 여러 요소 즉 '예배로의 부름'부터 마지막 '복의 선포'까지의 의미를 가르침으로써 교인들에게 참된 유익을 줄 수 있어야 합니다. 그렇게 함으로써 교인들은 예배의 여러 요소를 이해하게 되고 큰 은혜를 받게 됩니다.

오늘 본문은 예배에서 많이 사용되는 표현 중 하나입니다. 예배를 마칠 때 목사님은 그 표현을 문자 그대로 또는 이를 확대한 형식으로 사용합니다. 그렇다면 교인들이 이 표현을 듣고 이해하고 받아들임으로써 어떤 은혜를 받게 됩니까? 오늘 본문의 의미를 다음과 같이 요약할 수 있습니다.

"바울은 삼위 하나님의 은혜를 교회에 약속합니다."

먼저 이 표현의 성격을 생각해 봅시다. 주보를 보면 이 순서를 '축도'라고 합니다. 이 표현에는 '축복'과 '기도'라는 두 가지 의미가 결합해 있습니다. 교인들은 축도를 하나의 기도라고 생각합니다. 그래서 그들은 목사님이 축도할 때 눈을 감고 기도하는 자세를 취합니다. 물론 바울의 말에 기도의 요소도 포함된 것이 사실입니다. 바울이 비록 사도일지라도 예수 그리스도의 은혜, 하나님의 사랑, 성령님의 교통하심을 자기 힘으로 줄 수 없습니다. 이것들은 하나님만이 주실 수 있기 때문에 사도 바울은 하나님께서 이 복을 교인들에게 주실 것을 부탁합니다. 하지만 고린도후서 13장 13절은 기도보다 더 넓은 의미를 가집니다.

기도는 하나님을 향해 말하는 것이지만 이 구절은 인간에게 말하는 것입니다. 하나님이 아닌 교인들에게 바울은 "너희 무리"라고 말했습니다.

그렇다면 사도 바울의 이 말은 그의 개인적인 소원입니까? 바울은 교인들이 은혜, 사랑, 교통하심을 받기를 단순히 소원하기만 하는 것입니까? 물론 소원의 성격도 포함되어 있습니다. 바울은 참으로 교인들이 이 복을 하나님으로부터 받기를 소원합니다. 하지만 소원은 언제나 불확실합니다. 우리는 다른 사람에게 쉽게 무엇을 소원할 수 있지만 소원한 그 내용을 우리가 줄 수 없다면 그 소원은 근거가 없습니다. 예를 들어, 우리는 누구에게 "건강하시기를 바랍니다"라고 말할 수 있습니다. 하지만 나는 그 사람에게 건강을 줄 수 없습니다. 그래서 그런 말은 나의 소원에 불과합니다. 그러나 바울의 이 말은 소원보다 훨씬 확실합니다.

구약에 나타난 축복의 말씀에서 이 사실은 분명해집니다. 구약의 제사장들이 이스라엘 백성들에게 축복하는 장면을 성경은 이렇게 말씀합니다.

> "그들은 이같이 내 이름으로 이스라엘 자손에 축복할지니 내가 그들에게 복을 주리라"(민 6:27).

즉, 제사장들이 하나님의 이름으로 백성들을 축복하면 하나님께서 제사장의 말대로 백성들에게 복을 주시겠다는 것입니다. 고린도후서 13장 13절은 민수기에 나타난 축복과 그 성격이 같습니다. 즉, 제사장이 하나님의 이름으로 구약시대 하나님의 백성들을 축복하신 것과 마찬가지로 바울과 오늘날의 목사는 하나님의 이름으로 신약시대 하나님의 백성을 축복합니다. 그래서 예배의 마지막 순서는 그 성격상 '축복의 말씀'이라고 할 수 있습니다.

그렇다면 이 축복의 말씀을 들은 모든 사람은 하나님의 복을 자동으로 받습니까? 그렇지는 않습니다. 하나님의 축복은 언제나 믿음을 통해 성취되며 자동으로 성취되지 않습니다.

이 사실은 다른 성경에서도 확실합니다. 예수 그리스도는 그분의 제자들에게 이렇게 말씀하셨습니다.

> "어느 집에 들어가든지 먼저 말하되 이 집이 평안할지어다 하라(5) 만일 평안을 받을 사람이 거기 있으면 너희의 평안이 그에게 머물 것이요 그렇지 않으면 너희에게로 돌아오리라 (6)"(눅 10:5~6).

여기서도 평안이 약속되는데 이 말씀을 받아들인 사람은 약속된 평안을 받습니다. 그러나 약속을 받아들이지 않는 사람은 약속된 평안을 받지 못합니다. 이와 마찬가지로, 고린도후서 13장 13절에 기록된 말씀의 성격도 약속입니다. 즉 믿는 사람은 약속된 복을 다 받겠지만 불신자는 그 말을 들어도 약속을 받아들이지 않기 때문에 복을 받지 못합니다.

사도 바울은 이 편지의 마지막에 이런 하나님의 약속을 전합니다. 또한 오늘날의 목사들도 예배의 마지막에 하나님의 약속을 전합니다. 이 복된 말씀을 전하는 방식만 봐도 분명히 알 수 있습니다. 목사가 손을 올려서 말씀을 전하는데 만약 교인들이 그것을 보지 못한다면 손을 올리는 의미가 있을까요? 목사가 손을 올리는 것은 교인들이 이것을 보고, 목사의 이 행동을 통해 하나님의 복이 정말 그들에게 약속된 것임을 확실히 알게 하기 위해서입니다. 그렇다면 고린도후서 13장 13절은 기도가 아닌 약속임이 분명합니다. 그러므로 이 축복의 말씀에 임하는 우리의 자세는 기도하는 자세가 아니라 하나님의 약속을 믿는 자세여야 합니다.

다음으로 이것도 중요합니다. 사도 바울은 여기서 하나님의 이름으로 무엇을 약속했습니까? 그전에 다른 하나를 먼저 생각해 봅시다. 우리가 일반적으로 하나님께 소원하는 것이 무엇입니까? 일반적으로 사람들은 그들의 신에게 좋은 직업이나 재산 혹은 가족의 건강을 기원합니다. 이같이 대부분의 사람은 안전한 생활을 위해 기도하고 그들의 신에게 이것을 빕니다. 그렇다면 하나님께서도 사도 바울을 통해 이런 축복을 우리에게 약속하십니까?

아닙니다. 하나님께서는 최우선으로 우리에게 약속하신 것은 은혜입니다. 그리고 이 은혜는 주 예수 그리스도의 것입니다. 즉, 이 세상에 오셔서 인간으로 사시고, 고난받으시며, 죽으시고, 부활하시고, 승천하신 우리 주님이 하나님의 아들로서 우리를 위해 이미 얻어두신 바로 그 은혜입니다. 이 은혜, 즉 죄 사함, 칭의, 영화 등은 하늘에 있습니다. 그래서 이 축복의 말씀을 받아들이는 자는 예수 그리스도의 모든 은혜 즉 죄 사함, 칭의, 성화 등을 다 받을 것입니다. 만일 우리가 우리의 받고 싶은 복만을 생각한다면 그것은 우리의 죄인 됨을 간과하는 것이 아닙니까? 그래서 우리는 돈이나 건강 등의 복만을 기대하는 것입니다.

그러나 우리는 하나님 앞에서 죄인이며, 그 결과로 하나님께 벌 받아야 할 존재입니다. 하나님께서는 이런 우리에게 꼭 있어야 할 예수 그리스도의 은혜를 약속하십니다. 이것은 우리 인간의 근본적인 문제를 해결하는 것입니다. 이 얼마나 놀라운 축복입니까?

사실 이 은혜 하나만으로도 충분합니다. 다른 서신서의 인사말에서 바울은 단지 은혜만을 언급할 때도 있습니다. 그런데 바로 여기 고린도후서에서 바울은 하나님의 복이 은혜보다 더 많은 것을 포함하고 있음을 보여줍니다. 그것은 하나님의 사랑과 성령님의 교통하심입니다.

이 사실은 사도 바울이 다른 교회보다 고린도교회에 더 많은 복을 약속하고 있음을 의미하지 않습니다. 다른 교회들도 고린도교회와 같은 완전한 복을 받습니다. 사실 예수 그리스도의 은혜는 하나님의 사랑과 성령님의 교통하심을 다 포함합니다. 하지만 바울은 여기서 은혜라는 복을 강조하기 위해 보통 때보다 더 넓게 기록했습니다. 이제 그것을 살펴봅시다.

하나님의 사랑이란 무엇입니까? 하나님이 나를 사랑하십니다. 이해할 수 없습니다. 어떻게 그것이 가능합니까? 우리가 이에 관해 묵상한다면 이 하나님의 사랑이 얼마나 놀라운지 조금은 깨달을 수 있습니다. 하나님께서는 그분이 우리를 사랑하고 계심을 우리에게 약속하십니다.

그것이 다는 아닙니다. 이 약속에는 성령님의 교통하심이라는 복도 포함되어 있습니다. 이 표현이 여러 가지를 의미할 수 있지만 문맥을 볼 때 이것은 우리가 누리는 성령님을 의미합니다. 즉, 우리의 마음으로부터 죄와 사탄을 대적하시는 성령님께서 우리 안에 거하신다는 약속입니다. 죄인인 우리는 성령님보다 더 좋은 선물을 받을 수 없습니다. 우리는 죄인이므로 주 예수 그리스도의 은혜와 하나님의 사랑이 필요한 것처럼 우리 안에서 죄를 대적하시는 성령님이 필요합니다. 하나님은 이 완전한 복을 우리에게 다 약속하십니다.

우리는 이 복을 부분적으로 받을 수 없습니다. 우리는 이 삼위 하나님의 약속을 모두 받거나 아니면 전혀 받지 못합니다. 우리는 믿음으로 삼위 하나님의 약속을 모두 받거나, 불신앙으로 이 모든 것을 다 부정할 것입니다.

교인들은 주일마다 이 약속을 듣고 있지만 그것이 얼마나 놀랍고 중요한 것인지를 계속 깨달아야 합니다. 교인들은 이를 통해 "그리스도가 나를 위해 죽으셨다. 하나님은 친히 나를 사랑하신다. 나는 성령님을 받는다"라는 사실을 다시금 깨닫습니다. 이보다 더 적합한 예배의 마무리는 없습니다.

끝으로 중요한 한 문제가 남아 있습니다. 그 약속은 누구를 위한 것입니까? 바울이나 목사는 누구에게 이 놀라운 약속을 말합니까? 바울은 이것을 넓은 의미로 기록하지 않고 "너희 모두에게"[1]라고 썼습니다. 여기서 "너희"는 이 서신의 서문에 언급된 사람들을 가리킵니다. 고린도후서 1장 1절을 보면 "고린도에 있는 하나님의 교회와 또 온 아가야에 있는 성도"들을 의미합니다.

그러므로 교회와 성도들만이 이 약속의 대상입니다. 그래서 우리는 바울이 선포한 이 복을 학교에서 받을 수 있는 약속으로 여겨서는 안 됩니다. 이 약속은 하나님께서 교회와 성도들에게만 주신 약속입니다.

또한 이것은 모든 사람이 받을 수 있는 약속도 아닙니다. 예를 들어, 음악회나 다른 행사의 마지막에 할 수 없습니다. 그것들은 일반적인 모임이지만 이 복의 약속은 특별한 모임 즉 교회에서만 할 수 있기 때문입니다. 바로 이 때문에 이 약속이 예배의 마지막 순서로 나오는 것은 사도 바울의 의도와 잘 어울립니다.

그런데 이 약속의 대상을 성도의 일부로 제한시켜야 하는가의 문제가 대두될 수 있습니다. 예를 들면, 어른만이 이 약속을 받고 어린이는 이 약속의 대상에서 제외됩니까? 하지만 사도 바울은 교회의 어린이들도 거룩하다고 말씀합니다(고전 7:14). 그러므로 교인의 자녀도 이 약속을 받을 수 있습니다.

그렇다면 교회에서 큰 죄를 범한 사람은 어떻습니까? 그들은 이 약속에서 제외되어야 합니까? 우리가 알고 있는 바에 따르면 고린도교회는 문제가 많은 교회였습니다. 바울은 자주 교인들을 책망해야 했고 또 때

---

1 편집자 주: 한글개역성경과 한글개역개정성경에는 "너희 무리"라고 번역되었으나, 성경 원어는 "너희 모두"입니다.

로는 권징을 언급해야 했습니다(고전 5:3). 또한 고린도후서 10장에서 13장은 심각한 권면으로 가득합니다. 그러면 그들도 하나님의 이 복을 약속받습니까?

바울은 일부러 고린도후서에 나오는 복의 선포에서 "너희" 다음에 "모두"라는 말을 붙였습니다. 다른 서신에서는 "너희"만 나오지만 고린도후서에서만 "너희 모두"란 표현을 사용했습니다. 결국 바울의 책망을 먼저 들은 사람들도 이제 바울을 통해 하나님의 복을 약속받을 수 있습니다. 그들도 바울의 말을 듣고 회개하면 그들에게 약속된 완전한 복을 받을 것입니다. 하나님의 복은 가장 심각한 죄를 지은 교인에게도 약속된 것이기 때문입니다.

그렇다면 하나님의 이 세 가지 복은 누구를 위한 것입니까? 한마디로 말하면, 교회를 위한 것입니다. 그러므로 교인들이 이 마지막의 말씀, 즉 하나님의 복의 약속을 잘 이해하고 받아들이면 기쁘고 평안하게 그리고 감사한 마음으로 이 세상에서 살아갈 것입니다. 아멘![2]

---

2 이탤릭체로 된 부분은 테이프에는 없는 부분입니다. 설교가 미완성임을 느껴 '경건회 설교 녹취록'을 참고하여 마지막 부분을 완성했습니다. "또한 이것은" 이후 부분은 편집자가 추가했습니다. 이에 대한 저자의 사상은 다음 책을 참고하십시오. 고재수, 『교의학의 이론과 실제』 (천안: 고려신학대학원 출판부, 2007), 452-455.

교회 성장
에베소서 4장 11~14절

한국에서는 교회가 매해 성장합니다. 이는 매우 감사한 일입니다. 이런 교회 성장은 하나님의 특별한 은혜의 선물임이 틀림없습니다. 왜냐하면 성경에서 이러한 양적 성장을 하나님께서 반드시 약속하신 것은 아니기 때문입니다.

고린도전서 1장 26~28절에 따르면 교회는 일반적으로 작고 약한 것으로 표현됩니다. 교회사를 살펴보면 교회는 일반적으로 작고 약했던 것을 알 수 있습니다. 이 같은 사실에 비추어 볼 때 한국교회에 이런 놀라운 양적 성장이 있다는 사실은 우리가 대단히 기뻐할 일입니다.

그러나 성경에는 교회의 또 다른 성장이 있습니다. 사도 바울이 이에 관해 에베소서 4장 13절에 썼습니다.

"우리가 다 하나님의 아들을 믿는 것과 아는 일에 하나가 되어 온전한 사람을 이루어 그리스도의 장성한 분량이 충만한 데까지 이르리니"(엡 4:13).

이 성경 본문에는 수적 성장이 아니라 신앙의 성장을 말씀합니다. 어린이가 어른으로 자라는 것처럼 신자들도 믿음에서 자라야 합니다. 이 신앙 성장은 양적 성장보다 더 중요합니다. 교회가 수적으로 성장해야 한다고 말씀하는 성경 구절은 없습니다. 하나님께서는 어떤 때는 이 양적 성장을 주시고 또 어떤 때는 주시지 않습니다.

그러나 하나님은 신앙에 있어서는 신자가 성장해야 한다고 말씀하십니다. 이 성장은 꼭 필요합니다. 어린이들은 자라야 합니다. 자라지 않으면 부모님들이 걱정하시고 그들을 병원에 데리고 갈 것입니다. 어린이처럼 신자도 믿음에서 꼭 자라야 합니다. 이런 교회 성장이 왜 그렇게 중요합니까? 사도 바울은 에베소서 4장 14절에서 그 대답을 썼습니다.

"이는 우리가 이제부터 어린아이가 되지 아니하여 사람의 속임수와 간사한 유혹에 빠져 온갖 교훈의 풍조에 밀려 요동하지 않게 하려 함이라"(엡 4:14)

이 구절에서 사도 바울은 교회의 질적 성장이 중요한 것은 이단의 바람이 불기 때문이라고 합니다. 화란에는 이런 교훈이 있습니다. "하나님이 교회당을 하나 지으시면 사탄도 교회당을 하나 짓는다." 주님의 복음이 전해질 때 사탄은 가만있지 않고 매우 활발히 활동한다는 뜻입니다. 사람들이 복음을 듣지 못하게 사탄은 복음과 비슷한 다른 복음을 폅니다.

한국에서는 교회가 100년 동안 잘 성장해 왔습니다. 물론 그동안 사탄도 그냥 두고 보지 않았습니다. 그는 많은 종류의 이단을 펼쳐왔으며 그래서 한국에서도 이단의 바람이 많이 불고 있습니다. 이에 대하여 한국교회가 어떻게 저항할 수 있겠습니까? 성경에 깊이 뿌리박고서 자라는 것 외에는 다른 방법이 없습니다. 사탄은 이단의 바람으로 교회라는 나무를 쓰러뜨리려고 합니다. 이렇게 이단의 바람이 거세게 불기 때문에 교회가 성경 말씀에 깊이 뿌리박고서 자라는 것 외에는 다른 방법이 없습니다. 나무가 덩치가 커도 뿌리가 깊지 않으면 태풍은 그 나무를 쉽게 쓰러뜨릴 것입니다. 이와 같이 이단의 바람이 강하기 때문에 교회도 성경 말씀에 깊이 뿌리박고 거기서 자라야 합니다.

그런데 이런 교회 성장을 어떻게 이룰 수 있겠습니까? 사도 바울은 그 문제에 관해서도 답을 썼습니다. 에베소서 4장 11~12절입니다.

> "그가 어떤 사람은 사도로, 어떤 사람은 선지자로, 어떤 사람은 복음 전하는 자로, 어떤 사람은 목사와 교사로 삼으셨으니(11) 이는 성도를 온전하게 하며 봉사의 일을 하게 하며 그리스도의 몸을 세우려 하심이라(12)"(엡 4:11~12)

신앙 성장 즉 그리스도의 몸을 세우기 위해 하나님께서는 사도와 선지자, 복음 전하는 자와 목사와 교사를 주셨습니다. 그런 사람들을 통해 하나님께서는 교회가 신앙적으로 성장하도록 계획하셨습니다. 물론 지금은 사도와 선지자가 없습니다. 그렇지만 하나님께서는 지금까지도 교회에 목사와 장로를 주셨습니다. 하나님께서는 목사와 장로들에게 교회의 신앙 성장이라는 과제를 맡기셨습니다. 이는 매우 중요한 과제입니다.

그렇다면 목사와 장로들이 어떻게 함으로써 교회를 성장하게 하는지 생각해 봅시다.

무엇보다도 이를 위해 목사들이 열심히 공부해야 합니다. 물론 신학교에서 많은 것을 배웠습니다. 그러나 신학교에서 공부한 것은 시작에 불과합니다. 신학교를 졸업한 후에도 목사로 일하는 동안 하나님께서 성경에서 주신 계시를 공부하는 일을 지속해야 합니다. 그렇게 함으로써 목사가 하나님과 하나님의 사역과 하나님의 뜻을 항상 새롭게 발견할 수 있고 거기서 목사의 믿음도 성장합니다. 목사가 믿음에서 자라지 않으면서 어떻게 성도에게 자라야 한다고 말할 수 있겠습니까? 반대로 목사가 믿음에서 자라야 교인들의 믿음도 성장시킬 수 있습니다. 지금까지 목사 자신의 신앙은 성경 연구를 통해 자라야 한다는 것을 교회 성장을 위한 첫 번째 조건으로 살펴보았습니다.

둘째로 교인들은 좋은 설교를 통해 믿음이 자랍니다. 설교가 주로 교인들이 알아듣기 쉬운 이야기에 불과할 때 사람들은 이런 설교를 재미

있다고 생각하겠지만 결국 이런 식의 설교는 그들의 신앙을 성장시키거나 그들의 생활을 변화시킬 수는 없습니다. 예를 들어 어린아이가 과자와 콜라를 먹고 싶다고 해서 계속 그것을 주면 어떻게 되겠습니까? 결국 그 아이는 제대로 자라지 못하고 병들게 될 것입니다. 이와 비슷한 내용을 히브리서 기자가 5장 13~14절에 썼습니다.

"이는 젖을 먹는 자마다 어린아이니 의의 말씀을 경험하지 못한 자요(13) 단단한 음식은 장성한 자의 것이니 그들은 지각을 사용함으로 연단을 받아 선악을 분별하는 자들이니라(14)"(히 5:13~14).

설교는 단단한 식물과 같습니다. 사람에게 좋은 음식이 필요한 것처럼 교인에게는 영양가가 많은 음식인 설교가 꼭 필요합니다. 그래서 신자들의 성장을 위해 때로는 설교가 좀 어려워도 괜찮습니다. 여기서 어려운 설교는 신학으로 가득한 설교를 말하는 것이 아닙니다. 신학 논문은 설교가 될 수 없습니다. 어려운 설교란 성경에서 어렵지만 중요한 본문을 선택하여 전하는 것을 뜻합니다. 목사들은 피상적인 이야기 말고 성경적인 설교를 준비해야 합니다. 이렇게 할 때 목사들은 교인들이 하나님의 약속을 알고, 하나님의 뜻을 행하고, 하나님의 말씀을 깊이 연구하도록 자극할 수 있습니다.

또한 교회에는 목사뿐 아니라 장로도 있습니다. 주님께서는 장로들에게도 교회 성장의 과제를 맡기셨습니다. 교회가 회사가 아니듯 장로들은 교회라는 회사의 경영자가 아닙니다. 교회에는 재정적인 면이 있는데 그 재정 관리가 장로들이 관심을 가져야 할 전부는 아닙니다. 교회는 또한 조직적인 면도 있는데 그것 역시 장로들이 가져야 할 주된 관심사가 아닙니다.

사도 베드로는 장로에게 "목자"[1]라는 말을 썼습니다. 목자는 양에게 관심이 있습니다. 이와 같이 장로는 교인에게 관심이 있어야 합니다. 그래서 장로들이 교인들을 심방하고 교인들이 일상생활 가운데 하나님과 동행해야 함을 권면할 때 사도 베드로는 그런 분이 참 좋은 장로라고 생각할 것입니다. 장로가 교인과 같이 대화하고 교인에게 용기를 북돋우고 만일 필요하다면 그들을 공궤할 때 그 장로는 교회의 신앙 성장에 기여하고 있는 것입니다.

목사와 장로들이 이와 같이 할 때 즉 교인들에게 참으로 성경적인 음식을 먹여줄 때, 교회는 신앙에서 자라며 강해져서 이단의 바람에도 흔들리지 않고 이를 이겨낼 것입니다. 하나님께서는 교회의 이런 신앙 성장을 기뻐하십니다. 아멘!

---

1 편집자 주: 베드로전서 5장 1~4절을 참고하십시오.

4부 ____ 부록

영문 강의안

강연 1 General Life

강연 4 Life Niek Korea

강연 5 A Colleague's Perspective on Dr. N. H. Gootjes' Service as a Professor at Korea Theological Seminary

화보 제1회 신학강좌 이모저모

강연 1(영문)

General Life

Dinie Gootjes

In the first place I want to thank the organizing committee for all the work they did to make it possible to have this day of lectures about the life and work of my husband. I also thank the Korea Theological Seminary, Kosin Press Corp., Reformed Journal, Bible Study Group of Reformed Pastors, Bible Study Group of Pastors Dreaming a Catholic Church.

My husband was born on July 16, 1948, as the son of Hendrik Gootjes and Zwaantje Gootjes-Kooistra. He was the second son, with three brothers and no sisters. They lived in the city of Leeuwarden in the north of the Netherlands. There they were members of the local Liberated Reformed church.

His dad first managed a fruit and vegetable store, while later he became a dispatcher for an international trucking company. It was not a Christian company, but his dad always made sure that all drivers were home for the Sunday, so that if they wanted, they could go to church.

My husband went to a Christian elementary school and high school. There it became clear that he was good at math, better than at languages. When he started to concentrate his study on languages, especially Latin and Greek, his math teacher was disappointed, but he could hardly protest when a student wanted to become a minister. Our children are also good at math, and they certainly don't get that from me… My husband always found learning languages difficult, but he worked very hard, and, in the end, he could speak, read or write 10 different languages. Toward the end of his high school years there came a great sadness for the family when my husband's father died unexpectedly at the young age of 50. That event cast a shadow over the family that never completely went away.

From a young age my husband wanted to be a minister. As a child he even preached to his brothers, standing on a kitchen chair. So, after finishing high school he went to study theology at the seminary of the Liberated Reformed churches in Kampen. He especially loved New Testament studies under Dr. Jacob van Bruggen. After graduation he decided not to enter the ministry right away, but to first get his drs. degree. In the end he chose to pursue further studies in Dogmatics: he thought it was a very important subject, while hardly anyone was pursuing it in Kampen.

Besides studying, my husband also had hobbies. He loved to read, especially detective novels, and he loved music. He was a good organist. As a student he wanted to take lessons, but his parents could not afford them, so his older brother Kees, who was already working then, generously paid for them. My husband played large church organs, and a small harmonium, a pump organ. We had a pump organ in our first house in the Netherlands, then to my husband's delight we managed to find a small pump organ here in Korea, and later in Hamilton we even had a big organ with an electric motor, two keyboards, and a full foot pedal board. That was a great joy. My husband often played the organ to relax after coming home from work; he loved Bach, but also played and sang

German Lieder from Schubert and Schumann.

While he was studying for his drs. degree at Kampen, my husband was also involved with a mission summer camp, where young people from our churches ran a program for the children of campers. They told them bible stories, taught them songs, and did crafts with them in a large tent. The program was very popular, because the parents could enjoy a quiet morning while their children were kept busy in the tent. Via a friend I also got involved with that program, and that is how we first met. Then one evening, when I was at a horse-riding school, helping with the riding lessons, one of my brothers came racing over to me on his bike: "Come right now, Niek Gootjes wants to talk to you". I quickly jumped on my bike, still wearing my oldest pants and dirty boots and smelling of horses. Even after seeing me like that, my husband still liked me, so I guess it was true love. We got engaged in 1975, and in 1976 we got married. We had a lot of guests from all over the country, and many didn't have a car, so my husband had the great idea to rent a big bus to move the guests from my parents' house to city hall, the restaurant and the church. Everybody loved it.

While we were preparing for our wedding, my husband also became eligible for call. He receives calls from 7 churches, and we visited them all. After much thought and prayer, we decided to go to Leiden, a historic city in the west of the Netherlands.

In Leiden we had a very happy time. My husband loved the preaching, catechism teaching, and the contact with the members of the congregation. He was also very popular with the wives of the elders and deacons. Before my husband arrived in Leiden, council meetings often lasted until midnight or even later. But when my husband chaired the meeting, they usually were done by 10:30 or 11:00. He did not want to waste the time of busy elders and deacons, who often had to go to work early the next day. In Leiden there also was a good university library, and the church consistory gave him permission to use some of his time to work on a Ph. D.

In August 1977 our first child was born, our son Henk (Haeng Goon). (This is a recent picture of him and his family.) Two years later Albert (Yo Han) was born. While we lived in Korea, we received two more children: Kees (Ne Li) and our only daughter Jentine (Yeon I). Later in Canada we had one more son, Gerard. He does not have a Korean name, but he really loves kimchi. All our children are now married to believing spouses, and we have 12 grandchildren.

My husband was a happy and thankful father, who loved his children. He liked playing with them, but he especially loved reading books to them. He started that at a very early age. Every evening, he would sit in his big chair, with children sitting on his lap and around him. He read many, many books to them, from baby books with just a few words per page, to thick volumes like Tolkien's The Lord of the Rings. He even read all of The Lord of the Rings twice, the first time for Henk and Albert, and some years later again, now for Kees and Jentine.

On the day that our second son, Albert, was born, we received a sudden phone call, while we were both resting and looking at our new baby. "Congratulations" the caller said without any other introduction, "You can go to Korea and teach there". That call was actually quite a shock. We had never really considered going to a faraway country because the mission field did not seem an option, but now there was Korea. We had also only been in Leiden for less than three years, and we really loved it there. And we knew so little about Korea. To be honest, after that phone call I first had to look on the map to see where it was. But my husband had met Prof. Park Sungbok in Kampen, so he had learned a bit about Korea. He had even eaten kimchi! It was a difficult decision, but in the end we felt that the Lord was calling him there, so he accepted the call to the Seminary of the Kosin churches.

By the providence of the Lord, the city of Leiden, where we lived, was the only place in the Netherlands where the Korean language was taught at university, so for one semester we became students again. We learned things like "Hankook mali orioptchiman, chaemi issumnida". Then in February 1980, we left the Netherlands to go to Busan.

We lived in Korea for nearly a decade, until 1989, 10 years that were both difficult and a blessing, and I will speak about our life and work during these years this afternoon. At the end of those 10 years, we thought we would be returning to the Netherlands and that my husband would serve as a minister again. But then we received a call from the seminary of the Canadian Reformed churches in Hamilton, Canada. My husband only had experience as a minister for three years, but as a professor for more than nine years, so he followed the road where most of his experience lay. But the choice to go to Canada was difficult. My husband himself said: "In a way the work of a minister is more rewarding than that of a professor. A minister may serve the Lord more directly among His people".

We arrived in Hamilton in September 1989. There was

- A new house (at the outside it was Canadian, lots of snow in winter; inside we had many things that reminded us of Korea)

- A new church

- A new seminary with new colleagues

- A new car: Morris Mini in Leiden, station wagon for the whole family in Hamilton

- A new hobby: garage sales, finding antiques, and if necessary, fix them

- And, after four months, a new baby: Gerard

For 10 years all went well in Canada. My husband had far fewer students than in Korea, but he had many more subjects to teach: the whole field of Dogmatics, not just part, like in

Korea, Ethics, introduction to Philosophy, Symbolics, a general survey of Theology, and Apologetics. For Dogmatics he concentrated on the Belgic Confession, and in 2008 his book "The Belgic Confession, Its History and Sources" came out. It was his most important book, the result of many years of lectures. Before that there had been a number of shorter books about for example, abortion and euthanasia, and watching movies, some written together with his students.

In 2001 we came to an important milestone: our 25-year wedding anniversary and 25 years in the ministry. We had a celebration as a family, and our church and the seminary also organized a celebration. For ourselves, my husband and I visited the Netherlands, including our old congregation in Leiden, and we went to London, which we had visited 25 years ago on our honeymoon.

A few highlights after that were the day in 2004 when my husband could confer the Master of Divinity degree on our son Albert, who had studied at the seminary in Hamilton, and the day in 2006 when my husband officiated our daughter Jentine and our son-in-law Matt's wedding.

But already in 2001, my husband started showing early

signs of illness (though we did not know at the time). He would forget what we had talked about, sometimes lost his way while driving, and often had problems with his computer. In 2008 it became so bad that he could no longer teach at the seminary. In the beginning we thought that he was over worked, but early in 2010, he was diagnosed with early onset Alzheimer's disease. That was a great shock, and a difficult thing to accept for all of us.

My husband continued to live at home for five years, but in 2013 it became clear that the situation was impossible. So, in June 2013 my husband entered Shalom Manor, a nursing home in Grimsby, a 30-minute drive from our home in Hamilton.

Shalom Manor was started 45 years ago by deacons of the Christian Reformed churches in the area. It is a Christian home and geared towards Dutch culture. Shalom Manor has been a blessing for all of us, a place where he received loving care during the last 10 years of his life, and where we were always welcome and felt at home. My husband lived there until August 20, 2023, the day the Lord took him Home.

I am grateful that the churches in Korea have organized

this day to remember my husband, a year after his passing. His years in Korea were in many ways his most productive years as a theologian: he taught many students here, and built lasting relationships with some of them; he organized special seminars on redemptive-historical preaching for small groups; and he published quite a number of books in Korean, some of which are still being reprinted today. But as we remember him today, let us remember that he wanted his work to be for the greater glory of our Lord Jesus Christ and for his church.

강연 4

Life Niek Korea

Dinie Gootjes

Before I tell the story of our life in Korea, I would like to quote some words from my husband himself about our life in Korea. Talking about the end of his ministry in Leiden in a speech for our Canadian church, he said: "It was an end which we had neither sought, nor desired. We felt at home in the ministry, and we loved the work in the congregation of Leiden. We missed the work in the congregation, particularly during those first lonely years in Korea, when we could not contribute much to the Korean church and to the seminary. But we realized that the Lord had led our lives in a different direction: we were called to work in Busan, for the Korean churches."

In a speech for the seminary in Canada, he said: "When our family went to Korea to teach at the seminary of our sister churches, the Kosin churches, our son Henk was just over two years old, and Albert was nine months. We arrived in time to attend the graduation ceremony of the graduating students at the seminary in Busan. It was a ceremony which lasted for about two hours, and with the exception of my name, I could not understand a word of it. Although my wife and I had followed a Korean language course in Leiden, it was impossible for me to grasp what was going on. As a result, we spent much of the early years in Korea for language training. I taught one course in that first semester: a Latin course. That was something special, as a Dutchman teaching Latin to Korean students in English! And because of the language barrier, I was totally out of everything. After having been minister of a fairly large congregation in the Nether lands, that was a hard transition. I remember that I taught a Latin class one afternoon with half of the few regular stude nts present. The reason for the absence was that an attack had been made on the American consulate in Busan, where four people had been killed. The police had found out that the main suspect of this attack was probably a former student of the Kosin University, and the consequences of this were discussed all over the school. No one taught any classes that afternoon, except that one Dutchman who didn't know anything.

Gradually we learned to express ourselves in Korean, gradually our students learned to understand us, and we became part of the seminary staff. The professors had much patience with us, and the students even more. It was the contact with the students which gradually replaced the loneliness of those early years. I have learned to admire Korean students for their openness, eagerness and friendliness. And so, to my surprise, I began to like the teaching."

For me, these words from my husband sum up the joys and the difficulties we experienced in our years in Korea. There were the feelings of loneliness and not quite belonging in Korean society, and the struggles to communicate in the difficult Korean language, but there was also very soon a love for our brothers and sisters in Korea, and a growing love of the work of teaching, where the students slowly took the place of the members of our congregation in the Netherlands. That all took time.

Our new life started on February 14, 1980. We arrived in Korea, together with Prof. Kim Batteau, his wife Margreet and their children Jesseka and Lukas. We arrived at Busan airport, where we were met by a delegation of Kosin Seminary and Prof and Mrs. Theodore and Grace Hard. During our first weeks in Korea, we enjoyed the hospitality of the family of Prof. Lee Kun Sam, while the Batteaus lived with Prof. Hard. When our container with furniture arrived, we were able to move to our first Korean home, 201 Oolim Mansion, while the Batteaus moved into #401. One of the first people we talked to there was a student, Mr. Yoo Haemoo, who with his wife Ock Hyeonsoon rented a room in the same building. Later, when we moved to the Thaeyangyeolchip close by, they became the first of a series of live-in assistants who helped my husband with his lectures in the Korean language, and in general helped us with our life in a country with a different language and a different culture. They all were an important part of our life in Korea. We also received much help from colleagues at the seminary, especially Dr. Park Sungbook and Dr. Lee Bomin, from our language teachers, and from our ilhanun adjumo ni(일하는 아주머니).

Besides a new house and new work, we also found a new church. We all became members of the Songdo Cheil Kyohwe. For most of our time in Korea we went there every Sunday morning to worship the Lord and to listen to the sermon. At first we could hardly understand a word of what was said. Every time we recognized a word, like Hananim or kido or Jesunim, we would look at each other triumphantly: we were learning! Over the years we came to understand most of the sermons, and we learned a few hymns. One of those, koruk, koruk, koruk, we sang in Korean at my husband's funeral last year, together with the English and Dutch versions, as a reference to the three countries where he had lived and worked. In the afternoon we would listen to a Dutch sermon on cassette tape or visit an English service. Although especially in the beginning it was hard to communicate, we were always thankful for the friendliness and welcoming smiles of our brothers and sisters in our Korean home church.

Once we were settled in our new home, the first thing we

needed to do was learn the Korean language. We had made a little start in Leiden, but because Korean is so different from any other language we knew, we found it very difficult. Around the same time that we went to Korea, a friend of my husband went to Indonesia as a missionary. A year later, we received a letter in which he told us that he had held his first sermon in the Indonesian language. For comparison, my husband did not give his first speech in Korean until two years after we had arrived. My husband had been a student till the age of 28. After that he had found great joy in working in the congregation of Leiden as a minister. Now he had to go back to being a student. The seminary found private teachers for us, and the next 2 ½ years the main focus of our days was studying Korean, including doing homework in the evenings. My husband found it very hard to be a student again, but the conviction that it was the Lord who was leading him to this new kind of work, kept him going. After two years of private study in Busan, he went to Seoul for one semester to study at the Myeong Do Institute. After that, he was ready to start teaching theology in Korean.

In the summer of 1981, we moved from our apartment to

the thaeyangyolchip(태양열 집) near the Dongyang cement factory. The house had been built for an American missionary, Rev. Ralph English, but after he left Busan, we rented it. It had enough room for our family, a Korean student family, and later a Dutch teacher for our children. Soon we found out that we also shared the house with a family of chinae(지네). When I saw one, I would call my husband. He then got the big cook's knife from the kitchen and beheaded it. The chinae must have been afraid of him, because both I and our little son Kees were bitten, but they never dared to bite my husband. There also was a large, wild garden, where the children could play and where in the spring halmonis(할머니) from the neighbourhood came to pick ssuk(쑥). With our ilhanun adjumoni(일하는 할머니) we also made our own ssukttok(쑥떡) at the pangakan(방앗간). My husband had a nice study in the basement, where he had room for his books. There he prepared his lectures, but he also continued his work on his doctoral thesis, which he had started in Leiden.

In October of 1981, Henk and Albert got a little brother whom we called Kees. Around that time, we also had visitors from the Netherlands: my husband's mother and my parents.

The plan was that they would leave before the baby came. But, Kees was a social boy, he wanted to see his grand parents, so he came a week or two earlier than expected. The funny thing was that when two years later we expected our daughter Jentine, my mother and younger brother were with us. This time we had planned for our guests to be in Korea when the baby was born, but Jentine did not want to come yet, she was born a few weeks after the due date. That meant that my mother was back in the Netherlands when Jentine decided to appear at last. You can never schedule children!

In 1982 Jesseka, the oldest daughter of the Batteau family, needed to start elementary school, and our own son Henk would have to start school the next year. We knew we would not be allowed to stay in Korea for the rest of our lives, so we wanted our children to follow the Dutch curriculum. We were very happy when a high school friend of mine, who was a teacher, was willing to come to Korea to set up our very own "Dutch International School" in January 1983. The seminary generously allowed us to use a classroom on the top floor of the building. They painted the room and gave us a black board, and a very necessary stove to heat the room in winter.

And so, we had a succession of teachers from the Netherlands, who stayed one or two years, and who taught all grades, starting with kindergarten. The children often played in front of the seminary, and the seminary students taught them soccer and Korean style ping pong.

At last, in the beginning of 1983, my husband was able to start the work he had come to Korea for: he taught dogmatics, Latin and Greek in Korean. At first, he was very much tied to his written text, he basically read his lectures out word for word, and if one of the students had a question, a lot of English was needed from both sides. But slowly, over the years, his Korean improved, so that in the end he could lecture more freely, and was able to understand most questions, and answer them in Korean. My husband loved the contact with the students during the lectures, but also outside the classroom. He was very honoured when several times the graduating students invited him to accompany them on their graduation trip. Once they even visited the place of origin of the Koh(고) family: Cheju-Do.

Every summer our family and the Batteau family would take turns to go on furlough for three months, to report to the churches in the Netherlands about our work, to meet relatives and to take some rest. We usually had the even years, but we had a special trip in the beginning of 1985: my husband went to Kampen for the defense of his doctoral thesis, which he had written on the spirituality of God. We took the two youngest children along with us, while Henk and Albert stayed in Korea with our Dutch teacher. We had a strange trip out. There was a snow delay in Seoul, our luggage got lost, and in the Netherlands, there had been a severe snowstorm, so the trains were not running, and we had to take a bus part of the way to my parents' house where we would be staying. When my mother-in-law heard that our baggage had been lost, she seemed to be very nervous, but she didn't say why, until she sidled up to me and whispered: "Does Niek have his notes with him or are they in the lost suitcase?". I could reassure her that he had all his papers and his clothing for the dissertation defense with him in his cabin luggage. But for the first days in Holland, we only wore the clothes we had been wearing on the plane, till the airline found our luggage and delivered it to us.

January 21, 1985 was the great day: we all went to the

Broederkerk in Kampen, where the thesis defense ceremony would be held. According to Dutch custom my husband had two paranymphs who stood beside him during the ceremony. One was his brother Jan Pieter, the other his long-time friend the Rev. Hilbert Gunnink. Although my husband had started his doctoral studies with Dr. Doekes, in the end Prof. Kamphuis was his supervisor. After the ceremony there was a reception and later a dinner with close friends and family. There were even some Korean faces in the crowd. After two weeks in the Netherlands, we went back to Korea, where the older children had had a great time without us. They had even attended a Korean wedding!

When the next year we were in the Netherlands for our regular furlough, there was an unpleasant surprise for our family: the thaeyangyeolchip had been sold, and the new owner wanted the house emptied while we were still in the Netherlands. Our friends the Batteaus arranged for our possessions to be stored, and they even succeeded in finding a new house for us. Soon we could move into a beautiful house in Songdo. We all loved living there, and my husband has never had such a beautiful study as his room on the second floor of that house. It had big windows with a view of Songdo and the sea, and there was a pond and a small rock garden on the balcony right in front of his study. It was too bad that we could only live there one year. After that, we moved to Daeshindong, close to Dong-A University. In our nine years in Korea, we lived in four different houses. We came to hate moving house. It was always a lot of work, also for my husband, who had to pack his books in numbered boxes, so that they could be put back on the shelves in the right order. When after our time in Korea we moved to Canada, we took great care to find a house with enough room for our family and with a good study, so that we would not have to move again in many years. We succeeded in that: I am now still living in the house we bought in 1989.

Besides his work of teaching at the seminary, my husband also led a redemptive-historical preaching group. Moreover, he sometimes spoke for the young people of our church and for other student groups. He also preached in churches around Busan. In the beginning he needed an interpreter for his sermons, and often that was Prof. Park Sung Bok. My husband noticed that the church members were laughing several times during his sermon, while he had not said anything funny. When later he asked Prof. Park why the people had been laughing, he answered that Dutch sermons were too serious, church members need to laugh a bit too, so he had just worked a few jokes into his translation.

As in time my husband learned more about the situation in Korea and the issues facing the churches, he also started to write books in Korean. Just like with his lectures, he wrote them right away in Korean, and later students helped him correct his language till they were ready for publication. His last book was a special case. The final weeks of our stay in Busan, before we returned to the Netherlands and then moved on to Canada, our family lived in a room of the Aerin Youth Hostel, and almost daily my husband and his student helper Mr. Kwon Sookyong worked hard to get his last book finished before our departure. And they succeeded: it got done on our very last evening in Korea!

The next day we went to the airport, accompanied by friends, and left Korea. Though there were difficulties and frustrations during our time in Korea, we have always been thankful for our years among our Korean brothers and sisters in the Lord. At the end of 1989, the year that we left Korea, my husband wrote in our annual newsletter to family and friends: "Then came the goodbye to Korea. On the one hand, that didn't come unexpected, we had seen it coming for a long time. On the other hand, it touched us deeply. Work that we had started almost ten years ago, and that was now growing roots, we had to leave behind. Years of communion with Korean friends had to come to an end. We have experienced much in Korea, many beautiful things, also hard things. We were ready to leave, we did not regret leaving, but it was something that affected us deeply. At the same time, we are thankful that our lives have been enriched by our experiences in a different culture and a different church life."

As my husband said, we experienced that the church of our Lord is not confined to one country or one continent. We truly saw that, as the Heidelberg catechism says in LD 21, the Son of God gathers his church out of **the whole human race**. Praise be to that Lord of all creation.

강연 5

A Colleague's Perspective on Dr. N. H. Gootjes' Service as a Professor at Korea Theological Seminary

J.M. (Kim) Batteau

Honorable faculty, staff, students, alumni and friends of Korea Theological Seminary and the Kosin Presbyterian Church, honored guests, including our dear friends and sister and brother in the Lord, Dinie Gootjes and her son Albert!

It is with deep nostalgia that I stand here this afternoon, having been asked by the organizing committee to present "A Colleague's Perspective on Dr. N. H. Gootjes' Service as a Professor at Korea Theological Seminary." My wife Margreet and I would like to thank the organizing committee for inviting us, and making this trip possible.

There are certainly many possible "perspectives" on the life and work of Prof. Gootjes. This is my own.

I first got to know Professor Gootjes, in 1979, when we were getting ready to go to Korea to teach at Korea Seminary, then located in Busan. My first impression was of a typical young minister in our denomination, at that time called the Reformed Churches in The Netherland (Liberated) (in Dutch: the Gereformeerde Kerken in Nederland (Vrijgemaakt). He was a friendly, helpful, and knowledgeable person. He and his wife Dinie were still getting over the great surprise of being asked to go to teach in Korea. Just as my wife Margreet and I were. This was a first! Two ministers from Holland going, on behalf of our church federation, to teach as "missionary Professors" at a sister church's theological seminary. And then, way over in South Korea! Wow!

We had not known each other before then. But in the course of 8 years in Korea we got to know each other, personally, and as families. That was delightful!

I want to characterize Professor Gootjes, particularly as to his role as missionary-Professor, by the following words: he was Dutch, Reformed, Loyal, Disciplined, Productive, Independent, and ecumenically Progressive: DRLDPIP!

1: First, Prof. Gootjes was definitely *Dutch!*

Originally coming from Leeuwarden, in the province of Friesland, in the north of The Netherlands, he studied theology in Kampen at the theological college (seminary) of the Reformed Churches (Liberated). His Dutchness was crystal clear, certainly if you compared him to me, someone born and raised in the United States.

Prof. Gootjes's native language was Dutch, and he had a personality, including habits and preferences, which struck me as typical of Dutch people. He was rather reserved by nature. However, he could lighten up considerably after getting to know you. He was more of an introvert than an extrovert. Certainly not loud like many of us Americans! Usually soft-spoken. However, his bursts of laughter could be raucous and contagious! He was neither pushy nor ostentatious. He enjoyed Dutch cuisine as his basic fare, if he could get it, I think. Though he was certainly up to trying all the different dishes and tastes of the Korean kitchen. I think his breakfasts and lunches remained typically Dutch his whole stay in Korea: for breakfast, porridge, without sugar, and for lunch, slices of bread, with something on it, preferably cheese, if that was available.

His education and training was thoroughly Dutch. Going to the highest level High School in The Netherlands, he learned Latin and Greek very well there, so he could go right into reading the Greek New Testament, and the Latin Church Fathers at seminary, without any problem. That is a background which few of us Americans have had, or have! He had also learned English, German, and French well at High School, so he was able to read theological works in these modern languages without any problem. Again, an advantage most of us Americans have not had or have.

At the Theological "College" (in Dutch, "Hogeschool") in

Kampen (now called the "Theological University," and located in Utrecht), he excelled as a student. Dutch theological education was then quite demanding (it has become rather less so now, is my impression). You were expected to know Greek, Hebrew, and Latin, at a high level. Your knowledge of Old and New Testament, the Reformed confessions, dogmatics, and church history was expected to be thorough.

In Kampen, the atmosphere was one of Reformed, Biblical, but also self-critical orthodoxy, influenced by John Calvin, Abraham Kuyper (Senior), Herman Bavinck, and Klaas Schilder, especially the latter. There had been a split in the 1960's, whereby the denomination of some 90,000 members, including children, lost perhaps a third of the members to a new, more liberal group. The latter called itself informally the "Reformed Churches (outside the church federation)", whereas the majority, more confessionally strict, remained in what was called informally the "Reformed Churches (within the church federation). Or in Dutch: the "buitenverbanders" and the "binnenverbanders."

2. Second, and connected with what I've just mentioned, Prof. Gootjes was a thoroughly *Reformed* believer and theologian.

Kampen was the seminary of the "binnenverbanders"! And that in an intense way. All the Professors, such as J. Kamphuis, C. Trimp, J. Van Bruggen, and J. Douma, were deeply convinced that the Dutch Reformed confessions, the Belgic Confession, the Heidelberg Catechism, and the Canons of Dort, were to be consistently maintained as the confessional standards of the federation. The "buitenverba- nders" allowed differences about, for example, the issue of "what happens to you when you die." Some promoted and preached that a Christian doesn't go to heaven when he or she dies. They said that you don't have a "soul" or "spirit" distinct from your body. You remain buried in the ground, until Jesus returns and you rise again with a new body. This was in contradiction with the Heidelberg Catechism, which says in Lord's Day 22 that our soul at death "shall immediat- ely be taken up to Christ its head..." The "binnenverbanders" were adamant: the Bible says we have a soul that goes to heaven directly when we die.

That's part of our "comfort in life and death" as Lord's Day 1 of the Heidelberg Catechism calls it. And at the seminary in Kampen, that was clear!

Prof. Gootjes came to Korea with this background and with these convictions. Further, he brought the effects of the earlier history of the Reformed Churches (Liberated) with him to Korea. For example, the influence of Klaas Schilder. Schilder, who died in 1952, led a renewal of the Reformed Churches in the 1930's. Schilder, appreciated the great leader, Abraham Kuyper, who died in 1920, with Kuyper's emphasis on the authority of Scripture and the importance of seeing Christ as Lord of all of life. But Schilder came to question Kuyper's theology at several points. One was the matter of the covenant and baptism. According to Kuyper, in line with a number of 17th century Reformed theologians, God makes His covenant in the deepest sense with the elect. In a broader sense, the covenant is made with the children of believers, assuming the children to be already regenerate, born again. So infant baptism is to be administered to the children assuming them to be regenerate. Schilder came to disagree with this. In Schilder's view, God makes His covenant with believers and all their children, and this regardless of whether the children are elect or not. The promises at baptism are given to all who are baptized. If the children, by God's sovereign grace, come to believe in Christ, then the promises made at baptism are, happily, fulfilled. But if the children turn away from the Lord, and do not believe in Christ personally, then they are still "covenant children," but unbelieving covenant children. An enormous conflict in the churches ensued. Finally, in 1944, in the midst of the Second World War, the General Synod of the churches removed Schilder from his position as Professor of Dogmatics in Kampen, and put him under church discipline as a schismatic. This led directly to a large number of church members, led by Schilder, protesting this decision, leaving the denomination. They said they were continuing the true church. They said they were "liberating themselves" from the Synod's unbiblical decisions. Thus was born, or as they expressed it, there came a Reformation of the Reformed churches, now having the nickname the Reformed Churches (Liberated) (the "Gereformeerde Kerken (Vrijgemaakt)).

This has been quite a long section concerning the churches which Prof. Gootjes and I represented in Korea when we came. But the commitment to the Reformed faith, as maintained at the church Liberation in 1944, was part of our heritage. It was certainly vital to Prof. Gootjes personally, and in the way he taught theology in Busan. For him, one must hold to the authority of Scripture, and, in subordination to that, the Reformed confessions. But within commitment to the Reformed confessions there should be theological room, according to the Liberated Reformed tradition. Room to seek more light from the Word of God, to have deep discussions about theological issues, and even to have disagreements on some of them. This without splitting from each other. The church should not canonize one set of theological opinions, as long as there is clear and consistent commitment to the confessions. The church is *semper reformanda,* Latin for "continually reforming." This is what Prof. Gootjes held to as a Reformed theologian. And this he communicated to his students in his lectures in Busan.

3: Third, Prof. Gootjes was characterized by being *loyal.*

Most importantly, he was loyal to his Lord, the Lord God. This was, for him, at the heart of being Reformed. And this was clear in his life. He was not a saint, nor an angel, but rather a sinner saved by grace. His shortcomings, failures, and foibles were there. He was a person a firm convictions, even about subsidiary issues. And sometimes, to some of us, a bit rigid in his views. But the way he prayed, for example in chapel services in Busan, made evident where his loyalty lay. Here was a man who, by grace, was sincere and devoted to God.

He was therefore loyal to the callings God had given him. As a husband, a father, a church member, a minister, and, in Busan, a Professor of dogmatics. We as his colleagues then, and his many students at that time, can testify to his loyalty: to them, to the Kosin Presbyterian church, and to Korea Theological Seminary. One had a sense of his being faithful in his relationships within and outside the seminary. He was not "politically" motivated, jostling for a position of power, and did not gossip behind people's backs, trying to pull them down. He did not betray the trust put in him as a Professor.

He was loyal.

He was loyal in faculty meetings. He was loyal in giving his lectures. He was loyal to us as colleagues. He was loyal to me, too.

4: Fourth, part of that loyalty was also expressed in his being a man of great *discipline.*

Prof. Gootjes was a man of iron discipline. A man of punctual routine. A man who made the most of the time God gave him.

That was evident in the way he learned the Korean language. He learned it well, and could speak and write it fluently. Learning it well required discipline. Something not all of us missionaries in Korea at that time could achieve. Sadly! But Prof. Gootjes made a point of practicing his Korean, conversing at length with his assistants, learning new vocabulary, and writing Korean with growing skill. I admired him for it!

He was disciplined in the way he prepared his lectures. They were not a matter of minor importance to him, something he did improvising, unprepared. No. His lectures were a matter of personal commitment: to the seminary, to the students, to his Lord.

He was disciplined in the way he worked on his dissertation. He received his doctorate in theology from the Theological College in Kampen, on January 21, 1985 with the successful defense of his dissertation, *De Geestelijkheid van God*, in English, "God's Spirituality," that is, how does God exist as Spirit? What does that mean? He received his doctorate in 1985. But for many years before then, and certainly during his years as Professor in Busan, Prof. Gootjes worked arduously, and with great discipline, to read, digest, weigh, and write about this difficult subject. What is meant by saying that "God is Spirit," as the Apostle John writes in John 4, verse 24: "God is Spirit (in Greek: *pneuma*), and those who worship Him must worship in spirit and truth"? The first of the 18 carefully formulated "propositions" (Dutch: "stellingen"), he published with the dissertation, reads: "It is be understood that 'God's Spirituality' means that God, who as Creator and Redeemer gives life, does not have a body." This is a succinct, clear summary of the entire dissertation. Prof. Gootjes asked me to make an English translation of his extended summary at the end. The last sentences are as follows: "In describing God as spirit we establish how we, taught by Scripture, come to know God in our lives. The relationship which God has with us creatures is, among other things, thereby delineated, in that the Creator has no body, and has all of life at his disposal." (*De Geestelijkheid van God*, p. 237)

We may say that this dissertation was the culmination of intense study and writing, carried on amidst the many demands of teaching starting in 1980. Prof. Gootjes's discipline was the key!

5: Fifth, Prof. Gootjes was *productive*.

As far as productivity is concerned, Prof. Gootjes exceeded what most of us Professors achieved in the 1980's. We have just mentioned the great achievement of writing his disserta tion. We can also mention his producing lectures over the course of 9 years, of his preaching, at chapel and congregational services, of his participating in faculty meetings and discussions with assistants and of course, with students, in class. He was an active and involved person in all these roles!

But perhaps the best measure of his productivity as a theologian is the number of books and articles he wrote, in Korean, English, and Dutch at that time.

In 2010, a volume of his collected articles appeared, *Teaching and Preaching the Word: Studies in Dogmatics and Homiletics*. Some of the chapters in this book are English translations of articles written in Dutch in the 1980's. In the selective bibliography at the end of this work (p. 411-413), we read a list of the books and more articles he wrote in the 1980's, written in Korean, Dutch, and English.

In *Teaching and Preaching the Word*, we find the following articles:

*"Man as God's Steward," originally written in Dutch and

published in the academic journal of the Reformed Churches (Liberated), *Radix,* in 1980.

*"The Witness of the Spirit in Relation to Scripture," originally written in Dutch and published in the magazine *Radix* in 1985. I was happy to have been asked to make the English translation.

*"These Things Happened as Examples for Us," about preaching and the issue of "redemptive-historical" contrasted with "example preaching," responding to a recent work of Prof. C. Trimp. Originally written in Dutch in the popular magazine *De Reformatie* in 1986 to 1987.

*"The Baptism with the Holy Spirit and the Meaning of Pentecost," originally written in Dutch and also published in the magazine *Radix* in 1987.

At the end of *Teaching and Preaching the Word*, there is a bibliography, a list of books and articles he wrote in Korean:

Books:

Between Exegesis and Sermon: the Practice of Redemptive-Historical Preaching (Korean; 1987)

Baptism of the Holy Spirit and the Experience of Believers

(Korean; originally 1980's; 2nd ed. 1991)

Lectures on the Ten Commandments (Korean; originally given in the 1980's; 1993)

The Theory and Practice of Dogmatics (collected articles) (Korean; originally 1980's; 2nd ed. 2001)

Christ, Church and Culture (Korean; originally 1980's; 2nd expanded ed., 2008)

And the following articles in Dutch and English from this period:

*"Bedoelen jullie dat een Christen zich zo kan voelen: Een kennismaking met de charistmatische Beweging" (*De Reformatie* (1985)

*"The Sense of Divinity: A Critical Examination of the Views of Calvin and Demarest" (*Westminster Theological Journal* (1986))

*"Special Revelation in its Relation to General Revelation" (*Westminster Theological Journal*, 1985)

Happily for us all, this productivity continued after Prof. Gootjes moved to Hamilton, Ontario, Canada, in 1989. See the many articles in *Teaching and Preaching the Word: Stud ies in Dogmatics and Homiletics,* written during his time as Professor in Canada. And consult the continuation of the bibliography list at the end of the book, quoted above. It's quite impressive!

6. Sixth, Prof. Gootjes was typified by not only his Reformed theological commitment, but also by his *independent thinking* within that distinct framework.

While Prof. Gootjes was without question a very Dutch, a very Reformed theologian, with a great sense of loyalty and an obvious discipline, resulting in an impressive list of publications, we would be amiss if we did not mention his striking independence of mind and expression.

I remember many conversations with him, in which this characteristic was prominent in the way he reacted to certain theologians, certain exegetical questions, and certain burning issues of the day.

One time we were discussing Calvin. I mentioned the fact

that Calvin seemed to have a good exegetical sense in discussing a passage of Scripture in his commentaries. He does not necessarily go along with the church tradition or even current Protestant exegetical majority on certain texts, and preserves his own independence of opinion. For example, regarding the doctrine of eternal election to salvation, he is very careful to look at the important texts in a fair and honest way. He doesn't want to quickly make the point that the text "proves" one thing or other. He even "leaves things in the middle," saying a text or phrase could mean A or B or C. Often he will say, "Exegete #1 says this about this text, and exegete #2 says something else. I cannot be dogmatic about it, but, whatever we say about the details, certain things are clear." And then he will proceed to give his own interpretation. Prof. Gootjes said, "Yes, Calvin is a 'sober-minded' exegete. I like that." By using that phrase, "sober-minded," "nuchter" in Dutch, Prof. Gootjes was also describing himself as an interpreter of Scripture. It might have had something to do with his "Dutchness" in general, Dutch people being rather proud of their "sober-minded" approach to life, in contrast to "those wild Americans." But I think at the root Prof. Gootjes wanted to preserve his own right, as a Christian and a theologian, to look carefully at texts and subjects, before coming to his own conclusions.

His being an admirer of Calvin, did not mean that he always agreed with all of Calvin's opinions. On the issue of the "Baptism with the Spirit," that was clear, in the article he wrote about it, mentioned above. Calvin saw the "baptism of the Spirit" as definitely connected to the Pentecost event described in Acts 2. But he saw it broader, as the "outpouring of the Spirit" prophesied about in the Old Testament prophets, and connected to the application of redemption at the coming of Christ throughout the book of Acts, and after wards in church history. Calvin was thus of the opinion that the "baptism of the Spirit" was not confined to Pentecost, but was continued in God's work of regeneration, seen as the beginning and continuing of sanctification of individual Christian believers. Prof. Gootjes disagreed here. He saw the "baptism with the Spirit" as referring to the Pentecost event exclusively, whereby the church was filled with power. Individual believers, by being incorporated into the church, are thus receiving the benefits of this one-time "baptism of the Spirit" described in Acts 2. At that time, in Korea, I tended and tend still to agree with Calvin and other theologians on this point, and thus I disagreed, and continue to disagree with Prof. Gootjes here. Nevertheless, we remained good friends and colleagues! And we agreed that the Pentecostal movement and theology was wrong in expecting a "second experience" for all Christians, whereby they speak in tongues as evidence of this "baptism with the Spirit."

In fact, Prof. Gootjes was quite hesitant to "join the consensus" on any theological topic. In this, he was perhaps following the lead of his (and my) Prof. of New Testament, Jacob Van Bruggen. Van Bruggen, in his many commentaries, continually surprises us by differing with the "conservative theological consensus" on any given text. Various examples could be given. The New Testament scholar, Herman Ridderbos, was a conservative theologian at the "other seminary" in Kampen, the seminary of the Reformed Churches (Synodical). That was the larger group which did not follow Schilder at the time of the "Liberation" in 1944.

Ridderbos in different books describes the "kingdom of God" as being "already and not yet." In this he was following the American Biblical Theology expert of a generation past, Geerhardus Vos. God's Kingdom has come to earth with Jesus, but will only be completed at Jesus's Second Coming. Van Bruggen in his commentaries, disagrees with this interpretation. He says that the "kingdom of God" is exclusively future in character. When Jesus returns, then only will God's kingdom come. Prof. Gootjes expressed to me that he agreed with Van Bruggen on that point. So we see Van Bruggen and Gootjes "being different" on this point. This typifies not only Van Bruggen, but also Prof. Gootjes.

He took a "Van Bruggian" approach to exegesis and interpretation in general. Thus Prof. Gootjes did not necessarily side with the "conservative theological consensus," or even the "orthodox Reformed theological consensus," in fact, he often differed with it.

In this, he was probably earlier stimulated by the example of Klaas Schilder himself. Schilder, while admiring Abraham Kuyper, chose to differ with Kuyper on issues such as the covenant, baptism, and common grace. On various topics, Prof. Gootjes was totally committed to the authority, clarity, and sufficiency of Scripture, the "Sola Scriptura" principle of the Reformation. He was also fully in agreement with the content of the Reformed confessions, as summaries of the Bible's message. But he was ready to look anew at Bible texts and themes, analyze and interpret them, and, sometimes, come up with some "new insights." In this he was truly "Schilderian" as well as being "Van Bruggian," as we have seen.

To be honest, and as I mentioned about the issue of the "baptism with the Spirit," I did not always personally agree with the conclusions Prof. Gootjes came to on all he wrote about. Nevertheless, we remained cordial colleagues and good friends. Something I remain grateful for.

7: Seventh, while preserving his "independent mind," Prof. Gootjes was marked by a desire to be what I would call "ecumenically Progressive."

A certain phrase recurred in our private conversations, and sometime in public discussion. That phrase was: "this approach brings us forward." And the opposite he also expressed: "this approach does not bring us forward, but is regressive."

Since Abraham Kuyper, in The Netherlands, it has been characteristic of what is often called "neo-Calvinism" to want to do three things: 1) Continually return to Scripture, the "sola Scriptura" principle of the 16th century, with the Reformed confessions fully supported as good summaries of Scripture; 2) Reject non-Biblical ideas and movements in an antithetical, often polemical way; and 3) Attempt to Go Forward in theology and church life, develop new ideas and approaches, which can "bring us forward" instead of backward or stand still.

Kuyper wanted not merely to repeat the past (the Puritans of the 17th century), but to be innovative and "in rapport" with modern times, while avoiding the sins and errors of modernity. Schilder did this using the Covenant and other

Biblical concepts as a way of deepening and enriching church life, including having consequences for education and politics.

Prof. Gootjes showed his ecumenism in seeking to be loyal and open to the Presbyterian Church in Korea and other places in the world, seeing the Kosin Presbyterian Church as a truly Reformed body. Schilder and his successors in Kampen had rejected the Westminster Confession's view of the church. The Westminster Confession, in Chapter 25, speaks of two churches, 1) the "invisible church," all the elect, in all church formations, and 2) the "visible church," all the denominations and congregations in the world, Biblical, but with different degrees of purity. Schilder and his immediate successors rejected this idea. To them, there was one true church, with an "invisible" and a "visible" side, with the three marks of the true church described in Art. 27-29 (pure preaching, pure administration of the sacraments, and church discipline). Therefore, to them, the Presbyterian churches in the world were not confessionally acceptable as truly Reformed. But in the 1960's, this began to change, led by

Prof. J. Kamphuis. And later, Prof. Gootjes also accepted the Presbyterian churches, in Korea and elsewhere, as genuinely Reformed.

While Prof. Gootjes certainly adhered to the Articles 27 to 29 of the Belgic Confession of faith, which speak differently than the Westminster Confession about the church, this did not prevent him from wholeheartedly cooperating in being of member of a local Presbyterian church in Busan, and in loyally participating in the life of the seminary, with all his heart.

In the years that we lived in Korea, we noticed a growing world-wide interest in Kuyper and Bavinck in Presbyterian and Reformed circles, and even the evangelical world at large. On the one hand, Prof. Gootjes, was glad with this development, since Kuyper and Bavinck were gifted, devoted Reformed theologians, who contributed to a new Reformation and to Reformed ecumenism in their day. On the other hand, he had his misgivings. He felt that on certain subjects they were not reliable. For example, in the areas of baptism,

Kuyper's idea of presumed regeneration, the pluriformity of the church, and Kuyper's cultural ambitions, including how Kuyper saw the Holy Spirit working in non-Christians. So to revive Kuyper and Bavinck, including such positions, would "not be bringing us forward," in Prof. Gootjes's words.

The "Forward" part meant for him to attempt to help each other to see things in Scripture which would have a new, positive impact for change in church life. "Redemptive-historical" preaching, for example, here following the lead of Schilder and others in the Liberated Reformed tradition.

The "us" part in the "bring us forward" phrase, meant Presbyterians and Reformed churches, theologians, missionaries, and ordinary Christians around the world, joined together in organizations such as the ICRC, the International Conference of Reformed Churches.

The phrase "This brings us forward!" is perhaps the most typical of Prof. Gootjes's style, and deepest motivation. He was ecumenically Progressive. His desire to be so can motivate us all still. He has passed away. But his writings, and voice remain. Let's listen to it. With the constant question: "How does this bring us forward?"

Conclusion

In conclusion to this memorial lecture, I would like to pay tribute to my colleague and friend, Prof. Niek Gootjes. His early onset Alzheimer's disease cut short a life that could have continued to serve the Lord by serving the church by serving seminaries, dedicated to the Glory of God. In God's providence, it was not to be.

We ought not to attempt to slavishly imitate Prof. Gootjes, or even demonstrate our loyalty to his memory by subscribing to all his views on all subjects. That would neither be wise nor proper. And Prof. Gootjes, always the "sober-minded," "nuchtere" person and theologian would certainly not approve. What we all ought to imitate, with gratefulness to the Lord for the gifts, the energy, the fruitfulness of Niek Gootjes's life, is his wholehearted devotion to the Gospel of our Lord Jesus Christ in all our endeavors.

고재수 교수 기념 신학강좌 열고,
그의 삶과 신학 조명

2024년 10월 29일, 고려신학대학원에서

    고재수 교수의 별세 1주기를 맞아 그의 신학과 삶을 기리기 위한 '고재수 교수 기념 신학강좌'가 2024년 10월 29일(화) 고려신학대학원 강당과 강의실에서 열렸다. 이번 강좌는 고려신학대학원(원장 최승락 교수)이 주최하고, 고신언론사(사장 최정기 목사)가 주관했으며, 고재수 교수의 개혁주의 신학에 영향을 받은 목회자들을 중심으로 준비위원회가 조직되어 진행됐다.

    이날 약 600여 명의 성도가 참석하여 고인의 신학적 유산을 기리고, 그의 삶의 자취를 돌아보는 뜻깊은 시간을 가졌다.

    오전 강의는 김재윤 교수(고려신학대학원)의 사회로 진행됐다. 강의에 앞서 총회장 정태진 목사 인사 후, 고 교수의 생애를 소개하는 영상이 상영됐다. 이어 고서희 사모가 '고재수의 생애'를 주제로 남편의 신앙과 사역 여정을 회고했다. 계속해 유해무 교수(고려신학대학원 은퇴)가

'고재수의 신학과 고신교회'를, 최승락 교수(고려신학대학원 원장)가 '고재수의 삶과 신학을 고신교회가 어떻게 계승·발전시킬 것인가?'를 주제로 강연을 이어갔다.

오후 강의는 안재경 목사(온생명교회)의 사회로 진행됐다. 먼저 고서희 사모가 '고재수의 삶—고려신학대학원 교수 사역을 중심으로'를 발표했다. 이어 박도호 교수(전 고려신학대학원)는 '동역자가 본 고재수의 고려신학대학원 교수 봉사'를, 마지막으로 권수경 목사(일원동교회)가 '고재수의 삶과 고신교회'라는 주제로 강연했다.

강좌의 마지막에는 질의응답 시간이 마련되어, 참석자들과 강연자들 간의 활발한 토론이 이어졌다. 이번 신학강좌는 고재수 교수가 남긴 개혁주의 신학의 정신을 다시금 확인하고, 그 신학적 유산을 오늘의 교회 속에서 어떻게 계승할 것인가를 모색하는 의미 있는 자리가 됐다.

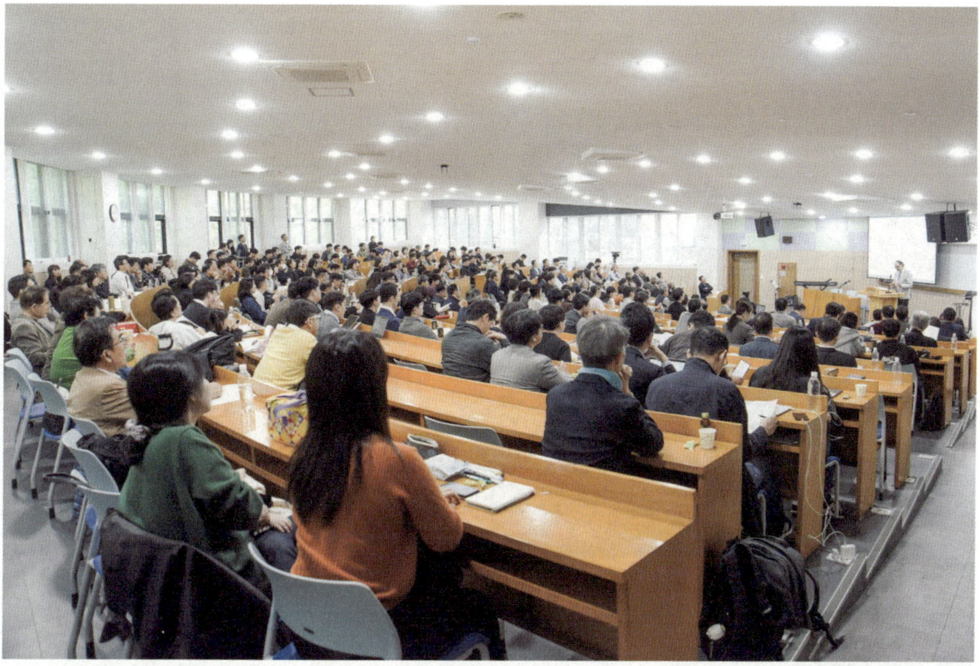

고재수 교수의 생애와 신학 _ 395

정태진 총회장

최승락 원장

김재윤 교수

유해무 교수

고서희 사모

권수경 목사

박도호 교수

안재경 목사

최정기 목사

고재수 교수의 생애와 신학
고재수 교수 기념세미나 자료집

2025년 11월 24일 초판 1쇄 발행

편집 강현복
발행인 최정기
기획책임 박진필
디자인 조은희
마케팅 최성욱
마케팅 지원 박수진
인쇄 금강인쇄
펴낸곳 고신언론사
주소 서울시 서초구 고무래로 10-5(반포동) 고신총회 고신언론사
전화 02-592-0981, 02-592-0985(FAX)
ISBN 979-11-94316-07-7

이 책의 판권은 지은이와 고신언론사에 있습니다.
양측의 서면 동의 없는 무단 전재 및 복제를 금합니다.